U0165442

警察與秩序法研究 三

任務與作用法制發展之新趨勢

陳正根 著

此書獻給

我的家人與故鄉朋友（彰化萬興）

序

　　法學研究為應用社會學科，在此警察法學為其一環，並不例外，必須因應社會情勢變遷，隨時代潮流而改變。近年來，黑心食品與毒品氾濫、萊蟲問題以及消防人員應否補蜂捉蛇等議題，具體如任務競合與脫警察化等問題，常受到關注與探討，乃屬行政任務法制之研究範疇，而我國警察法亦應隨時代演進而修正，在此吾人發表相關論文深入探究。另詐騙集團橫行社會，個人資料保護等資訊權議題，亦受到熱烈討論，在此警察法研究亦扮演相當重要角色，一方面必須達成維護治安之功效，另一方面亦應考量人權保障，故吾人針對德國警察資料蒐集法制之新趨勢發表論文探究。另因應其他作用法制之新發展，亦發表交通違規之舉發、集會遊行權以及警察內部行政調查等文章。基此，延續警察與秩序法研究（一）、（二）之論文集，針對上述領域所研究有關任務與作用法制之新趨勢等成果集結成本書。

　　本書的出版問世，感謝五南出版公司持續的鼓勵與推動，又在學習研究中，開課連續長達十幾年之警察法專題研究，針對各項議題均有討論，故對於警察與秩序法之論文集，具有深遠影響，國立高雄大學法學院優良的環境給我莫大的助

益。此外，許多師長與學校同學亦常提供寶貴的思考方向與建議，家人之支持與鼓勵，在此均無比感謝。

陳正根

於高雄大學法律系

目　錄

1

我國警察任務規範 之探討
——以任務競合與警察法修正爲核心

❧ 目次 ❧

壹、前言

　　我國警察法第2條規定任務條款，揭示四大任務：維持公共秩序、保護社會安全、防止一切危害、促進人民福利。自民國42年以來，我國警察法有數次簡略修正，然而此任務條款卻從未修正。數十年來，時代的巨輪與環境改變，此任務條款是否經得起檢驗，值得深思探討。由於警察任務係國家行政任務之一環，在行政任務橫向分配上，因具有高度強制力，往往與其他行政或刑事任務產生競合，本文在此首先擬針對警察任務競合之法理作一探究。其次，若要進一步探究警察任務競合理論，在純粹理論上，畢竟會牽涉法哲學與法社會學層面，在此並非法律學研究所完全能及，故擬從實定法的方向，探討任務競合在個別法規之檢驗適用。經由理論與個別法規適用之探討，本文擬針對我國警察法任務條款之修正，提出討論與建議，包括任務條款之存在必要性與其修正內涵，以供理論與實務參考。

貳、警察任務競合之法理概論

一、概說

　　警察任務係國家行政任務之一環，亦為行政任務之橫向分配，而一般行政危害防止任務，在此首先探討的是警察機關與一般行政機關間如何分配危害防止任務而言。基於國家行政任務之橫向分配，而有可能針對同一特定任務共同或前後實施行政行為，故探究警察與一般行政任務之競合，針對競合相關理論作一論述。又警察負有危害防止與犯行追緝之雙重任務，探討兩者之間競合關係，亦為重要理論基礎。

二、行政任務之橫向分配

一般行政危害防止（Gefahrenabwehr）任務分配，主要是就警察機關與一般行政機關間如何分配危害防止任務而言，而在民主法治國的權力分立、依法行政等原則之支配下進行，其為避免整體公共行政之警察化，即避免造成每一行政機關皆有警察，如衛生、建築、環保、電信警察等。因若不避免，此舉將使各該機關，在名稱不當暗示與制度上不確定授權認知下，時時對人民採用下令與強制之手段，混淆保育行政與干預行政。另亦避免將行政中狹義給付行政中屬專業、特殊且較有可預見性之危害防止任務交給警察，而應將其脫警察化（Entpolizeilichung）[1]。另在組織意義上之警察，所指即警察機關與警察人員，在一般行政機關「危害防止」任務分配上，儘可能扮演輔助、承接性角色，以免影響警察治安功能。而危害防止有需要使用射擊武器或類似強制力之器械，宜由組織意義上之警察行之[2]。

而行政危害防止任務分配之標準，難以認定，由於國家機關設官分職，在組織關係上必須求和諧，有效率，既言組織，就不能等個案發生再逐一審酌分配，必須在組織成立當初，即賦予特定管轄與任務。針對分配之標準，有從法益保護觀點出發者，認為由警察機關負責法律秩序（Rechtsordnung），一般行政機關負責人類共同生活基本規範有關之社會秩序。另應將絕對法益（absolute Güter）之保障，由擁有強制力之警察

---

1 二次世界大戰後，德、日兩戰敗國受佔領國政策之影響，警察防止危害之任務皆受到重分配的命運，主要是將衛生、建築、環保、勞動、稅務等昔日行政警察事務權限，劃歸一般行政機關，這種轉變在德國被稱為脫警察化（Entpolizeilichung）或警察除權化。參閱許文義，從時代潮流更探討當前警察法演進之趨勢—以德國法為例，警學叢刊，第30卷第1期，1999年7月，頁321-348。

2 李震山，警察法論—警察任務編，正典出版公司，2002年10月，頁75-76。

機關負責，而由一般行政機關負責相對法益（relative Güter）之保障，其只需以管理監督或給付方式即可達成[3]。學者提出以下兩個分配標準：其一，某危害之防止在時間上是否具有不可延遲性（Unvorhersehbarkeit），即危害是否有急迫性。其二，危害防止之執行是否應經常使用強制力（Zwang）。若此兩標準同時存在，該危害防止則應賦予警察，其餘原則上交由一般行政機關負責之，若一般行政機關在執行確有困難者，再依輔助性原則及職務協助原則由警察機關介入，以防危害防止任務產生疏漏，影響人民權益[4]。

三、警察與一般行政任務之競合

警察與一般行政任務之競合，主要在於前述國家行政任務之橫向分配，而有可能針對同一特定任務共同或前後實施行政行為。在此主要針對危害防止任務而言，因警察負有危害防止之任務，而與其他行政機關競合。經分析，依據德國警察任務法理論，所適用法理與原則，有輔助性原則、職務協助與特別法原則。首先論述輔助性原則（Subsidiaritätsprinzip），所指係行政機關在危害防止任務上，無法達成或未能及時防止之急迫危害，警察予以支援干預。國內許多文獻亦有翻譯稱「補充性原則」，然而因許多學術領域亦常引用補充性原則，例如在國庫行政下，認為國營事業基於補充性原則，應經營私人企業所無法達成有關國計民生之事業等，另亦有在憲法、哲學或社會學出現[5]。

3 Vgl. Wolfgang Seidel, Die Problematik der Verteilung der Gefahrenabwehr auf verschiedene Behörder, 1965, S. 195 ff.

4 李震山，警察行政法論—自由與秩序之折衝，元照出版公司，2016年10月4版，頁54-58。

5 蔡佩潔，警察法上之補充性原則，中央警察大學學報，第49期，2002年，頁

　　由上，警察法上所論補充性原則之意義，究竟為何？國內學說見解不一，其涉及之面相及廣度亦有不同之論釋[6]。有認為警察法上之補充性原則包含有下列之範圍與特徵：（一）就人民私權（Privatrecht）之保護，或私權紛爭之介入（例如勞資爭議紛爭），警察相對應於民事法院之保護，應退處補充性地位。（二）就執行職權與其他行政機關之關係上，亦處於補充性之地位。（三）就政府政策之推動，警察亦僅具補充性地位，即不應積極或推動某特定之政府政策。

　　故補充性原則之論述運用，即使將範圍縮小在警察法，其稱為警察法補充性原則，通說上亦還有包含職務協助（Amtshilfe）與保護私權之廣泛內涵。而職務協助係為行政協助之一種類型，所指為因機關間不相隸屬關係所形成之協助，其有被動性、臨時性與輔助性等特質，在我國係分為警察依行政程序法第19條之協助與警察依行政執行法第6條之協助。依行政程序法之協助，其要件有：（一）因法律上之原因，不能獨自執行職務者。（二）因人員、設備不足等事實上之原因，不能獨自執行職務者。（三）執行職務所必要認定之事實，不能獨自調查者。（四）執行職務所必要之文書或其他資料，為被請求機關所持有者。（五）由被請求機關協助執行，顯較經濟者。（六）其他職務上有正當理由須請求協助者。而依行政執行法之協助，其要件有：（一）須在管轄區域外執行者。（二）無適當之執行人員者。（三）執行時有遭遇抗拒之虞者。（四）執行目的有難於實現之虞者。（五）執行事項涉及其他機關者。

312-313；詹鎮榮，補充性原則，月旦法學教室，第12期，2003年10月，頁34-36；陳愛娥，警察法上的補充性原則，月旦法學雜誌，第83期，2002年4月，頁22-24。

6　林明鏘，論警職法第28條之權限概括條款與補充性原則，收錄於警察法學研究，新學林出版公司，2011年7月，頁71-75。

又保護私權係指警察得接受私權受侵害者之請求，暫時介入保障其私權，同時預防不當「私力救濟」所引致之不良後果，其亦爲落實憲法保障基本權利之精神，並消弭民法自助性救濟行爲。然而警察爲保護私權，發動公權力行爲前，應注意之要件如下：（一）事件必須是緊急的，即危害防止不可遲延。（二）需能證明該權利救濟是足夠的可信的（hinreichend Glaubhaft），若非明顯而係有疑問之法律問題之決定，並非警察保護私權之任務。（三）權利救濟將無法遂行之狀況應是顯然的。（四）警察之協助並非以滿足權利立即得到救濟爲目的。（五）警察之協助不能有事先代替法官「決定」之嫌，必須要權利救濟措施體系沒有缺漏，在緊急狀況下，尤其需要[7]。

而德國學者亦有不以輔助性或補充性原則之觀點，而通稱爲警察之緊急權限（Eilkompetenz）[8]，以警察緊急權限以解釋警察與危害防止行政機關在任務之競合，在此輔助性原則之要件下，警察擁有緊急權限之干預權，而在德國巴登符騰堡邦警察法第2條第1項，即規定此項警察緊急權，其規定爲：若另有機關依法執行第1條第1項所指之警察任務，針對急迫危害（Gefahr im Verzug）無法及時或到達採取行動，警察有必要採取暫時性措施，但須立即告知該機關。經分析，在此具體上有以下要件：必須是關係危害防止之任務、執行任務機關必須有事物管轄權（sachliche Zuständigkeit）、必須存在急迫性危害、該機關無法及時或到達、警察所採取爲暫時性措施（vorläufige Maßnahmen）[9]。

7　李震山，前揭註4，頁85-88。

8　Vgl. Wolf-Rüdiger Schenke, Polizei-und Ordnungsrecht, 4. Auflage, 2005, Rn. 11 ff.

9　Vgl. Würtenberger/Heckermann/Riggert, Polizeirecht in Baden-Würtemberg, 5. Auflage, 2002, Rn. 188 ff.

上述警察緊急權限，在我國有類似規定，依據警察職權行使法第28條規定：「警察為制止或排除現行危害公共安全、公共秩序或個人生命、身體、自由、名譽或財產之行為或事實狀況，得行使本法規定之職權或採取其他必要之措施。警察依前項規定，行使職權或採取措施，以其他機關就該危害無法或不能即時制止或排除者為限。」國內通說上，亦有稱為上述規定係警察補充性原則，故訂在作用之職權法不妥當，應訂在組織法。就此如前述視為一種權限，訂在職權法或即時強制，並未不當。

在此更進一步比較探討，其實職務協助與保護私權之共同要件，警察協助措施均應為被動的，但警察輔助原則或緊急權限並非一定要完全被動，警察亦可經合義務性裁量（pflichte Ermessen），在無其他機關或力量可支援下，可主動最終採取合適措施，予以防止危害。在此亦說明為何補充性原則不能全部涵蓋上述三項原則與原理，又德文Subsidiarität之意義為輔助，若是補充，其德文則為Ergänzende，在文義上仍有所不同[10]。故國內通說雖以補充性原則論述警察與一般行政機關之任務競合，然實無法詳細區分職務協助、保護私權以及支援行政機關急迫危害等原則之適用，而此三項任務原則係各有不同的內涵，如能明確區分適用不同法理，對於警察任務法之實務與研究較有助益。

另探討警察與行政任務之競合理論，有一「特別法原則」（Spezialitätsprinzip），但此原則並不成熟，並沒有成為通說，只有少數文獻提及，大部分文獻皆以「警察依法之特別任務」視之[11]。在實務上，以衛生行政法、交通法規或環保法規為多，在此皆需要警察強制公權力之協助，逕以明文規範警

10　Vgl. Markus Thiel, Polizei-und Ordnungsrecht, 2. Auflage, 2013, S. 59 ff.

11　Vgl. Pieroth/Schlink/Kniesel, Polizei- und Ordnungsrecht, 2. Auflage, 2004, Rn. 2.

察在該行政領域之協助任務，如此可能違反警察任務法競合原理，無法適用輔助性原則等法理，故前述認為特別法原則無法獲得眾多文獻之認同，其應有檢討改進之空間。相關法規如精神衛生法、道路交通管理處罰條例與噪音防制法等等，相關適用探討，於本文後面第三章深入探討。

四、警察危害防止與犯行追緝任務之競合

警察負有危害防止與犯行追緝（Strafverfolgung）之雙重任務，通常認為警察依行政法規執行危害防止任務，而警察亦依刑事訴訟法執行犯行追緝任務，原本此雙重任務似乎是平行線。但廣義公法法律關係可能在同一時間產生兩種事實情況，此事實情況產生危害防止與犯行追緝之任務，若有警察採取措施處理，則有任務競合之發生[12]。針對上述兩種任務，在德國警察法理論，亦有以預防性警察措施（präventive Maßnamen）與壓制性警察措施（repressive Maßnamen）於以區分，亦即有關查證身分、鑑識身分、蒐集資料、通知、管束、驅離（Platzverweisung）等屬於預防性措施，而有關搜索、扣押、物之保管與處置等屬於壓制性警察措施。以搜索（Durchsuchung）為例，在德國法即有任務競合之情況，尤其針對住宅之搜索[13]，一方面可以單純危害防止為目的，如搜尋意圖自殺之人，另一方面則可以追緝刑事犯罪為目的，如追緝藏匿之通緝犯。故在此預防性措施之搜索，係依據警察法實施，而壓制性措施之搜索，係依據刑事訴訟法。

由上，在我國警察職權行使法並無規定搜索之權限，僅在即時強制之第26條規定：「警察因人民之生命、身體、財產

---

12 Vgl. Drews/Wacke/Vogel/Martens, Gefahrenabwehr, 9. Auflage, 1986, S. 219-229.

13 Vgl. Markus Thiel, Polizei-und Recht, 2. Auf, 2014, S. 50 ff.

有迫切之危害，非進入不能救護時，得進入住宅、建築物或其他處所。」並無廣泛全面性危害防止之搜索條款，擴大警察一般搜索權，不能事事仰賴檢察官之令狀，如針對車輛之後車廂以及旅館飯店房間之初步搜索權，在此值得討論空間。

首先觀察競合任務在具體事件上，如拒絕酒測問題，有學者以此論述此競合關係，其認為道交條例第35條第4項允許汽車駕駛人拒絕酒測，此規定已阻礙影響刑法第185條之3處罰服用酒精之立法規範目的。按道交條例第35條第4項允許汽車駕駛人拒絕酒測之規定，在實務上，除有該條例第35條第5項之肇事情形外，將使刑法第185條之3無適用之可能。因為我國目前相關法制將酒醉駕車之處罰規範區分為「行政違規」之道交條例第35條與「刑事犯罪」之刑法第185條之3。而前者之行政違規者若未因而肇事，儘可能對之依據道交條例第35條第1項進而吹氣酒測，而不得採取血液檢測。至於後者之犯罪嫌疑，則依據刑事訴訟法第205條之2並無授權司法警察得採取血液之授權規定。因此，道交條例第35條第4項允許汽車駕駛人拒絕酒測之規定，實際上恐有減損或掏空刑法第185條之3立法目的之虞[14]。

另一具體事件，拒絕交通稽查問題，為現行道路交通管理處罰條例第35條第4項「拒絕酒測」罰9萬元，而同條例第60條第1項「拒絕停車接受稽查而逃逸者」罰3千至6千元，罰

14　蔡庭榕，交通違規吊銷駕照之法律研究，警察法學，第14期，2015年7月，頁151-155。在此更進一步認為，道交條例有關酒駕處罰規定之實務作法，有關調查以發現真實酒精濃度之職權作為或勤務程序時，基於發現違規或犯罪事實之需要，應可以法律授權由警察於進行酒測時，讓受測相對人得以選擇呼氣酒測或抽血酒測，兩者擇一。在此，並非現行接受酒測或拒測受罰之二擇一，且拒測及吊銷駕照並無法達到調查以發現真實酒精濃度之目的。且因呼氣檢測需當事人積極配合，恐有不自證己罪之問題，而抽血檢驗則是當事人消極忍受，若有法律明確規定授權，則較無自證己罪之疑慮，然恐需考量侵入性鑑識措施之問題。

則比例相當懸殊，造成部分駕駛人產生僥倖心理，蓄意駕車逃逸躲避稽查。在此警察針對停車交通稽查之任務係為危害防止任務，而針對停車酒測稽查則可能轉換為刑事偵查，如果人民首先就以逃避交通稽查為手段，其目的係逃避處罰較重的酒測，在此警察面對交通稽查與停車酒測之任務，就有交錯而競合之問題，而形成處罰之漏洞。反面而言，警察執法人員若以交通稽查為手段，而偵查酒駕犯罪為目的，此種任務之競合，則將違反正當程序與目的正義。故學者認為，有關道交條例第35條之酒駕處罰之法規範與執行爭議問題，改進之道應可將行政與形式兩方面均加以明確規定其構成要件與罰則，並且區分其輕重，且在行政與刑事調查之職權程序分別明確規範配置之[15]。

　　因刑法與行政法在本質上、目的、手段各有其不同，因此從警察任務與作用中區別雙重功能（Dopellefunktion）[16]，旨在避免警察利用行政手段為犯罪偵查，或利用司法作用以防止行政危害，惟在實務運作上，往往無法截然劃分兩項作用。而在同一時間內，警察應優先防止刑事危害或行政危害，則屬競合的問題[17]。但任務競合時，就實務運作而言，在無明確法律依據時，屢有犯罪偵查行為「吸收」危害防止之結果，因在我國警察法學在任務定位、職權行使、救濟賠償等程序，並未建立一套周延體系理論。警察為完成危害防止及犯行追緝任務，必要時都必須採取措施或行使具體警察職權（Polizeiliche Befugnisse），任務雖然不同，具體職權內涵實質上並無差異，但為避免雙重任務競合、分離衍生之有關問題，德國在其

---

15 同前註。

16 Vgl. Scholler/Schloer, Grundzüge des Polizei-und Ordungsrechts in der Bundesrepublik Deutschland, 1993, S. 81 ff.

17 Vgl. Christoph Gusy, Polizeirecht, 5. Auflage, 2003, Rn. 147 ff.

各邦警察法及聯邦所訂刑事訴訟法中都有各一套而內容大約一致的警察具體職權行使之具體規定[18]。如搜索與鑑識措施，在德國警察法與刑事訴訟法[19]，針對其要件均有規定，此亦可爲我國效法之處。而在實定法上之競合問題，係指在刑事訴訟法相關規定，本文於後面第參節有相關論述。

五、小結

職務協助與保護私權之共同要件，警察協助措施均應爲被動的，但警察輔助原則或緊急權限並非一定要完全被動，警察亦可經合義務性裁量，在無其他機關或力量可支援下，可主動最終採取合適措施，予以防止危害。警察爲完成危害防止及犯行追緝任務，必要時都必須採取措施或行使具體警察職權，任務雖然不同，具體職權內涵實質上並無差異，但爲避免雙重任務競合、分離衍生之有關問題，德國在其各邦警察法及聯邦所訂刑事訴訟法中都有各一套而內容大約一致的警察具體職權行使之具體規定。如搜索與鑑識措施，在德國警察法與刑事訴訟法，針對其要件均有規定，此亦可爲我國效法之處。

參、任務競合在個別法規之檢驗與適用

一、概說

探討警察任務競合之理論，無論如何畢竟是抽象與艱澀的，若要更進一步了解，可能應從法哲學或法社會學之角度，

18　李震山，前揭註4，頁337-340。

19　Vgl. Franz-Ludwig Knemeyer, Polizei-und Ordnungsrecht, 10. Auflage, 2004, Rn. 400 ff.

如此將會超出法學研究領域，更是困難。故從實定法運作下觀察，係一條不錯的途徑方式，在此從行政法個別法具有代表性著手，如在社會行政秩序法上之精神衛生法與遊民自治法規，以及交通法規與環保法規上，另實務上受相當重視的食品安全衛生管理法，又包括犯行追緝之刑事訴訟法。上述法規均有警察任務之存在，甚至在相關法條上規定警察應有作為，故在此探討對其任務競合之檢驗與適用。不過，行政法規相當繁多，基於篇幅有限，具有代表性個別法難免遺漏，但任務競合之適用類似者亦多，故所提雖僅及於一部分，相關理論與適用亦可類推，在此敘明。

二、精神衛生法與遊民自治法規

依據精神衛生法規定，針對精神疾病者之強制治療[20]，在此需要警察公權力的運用，因此即有警察任務在該法存在的影子。依據該法第42與45條規定，針對精神疾病者之強制治療，主要係緊急安置、強制住院與社區治療等。依據該法第32條，即規定了警察機關或消防機關之協助義務，該條第1項規定：「警察機關或消防機關於執行職務時，發現病人或有第三條第一款所定狀態之人有傷害他人或自己或有傷害之虞者，應通知當地主管機關，並視需要要求協助處理或共同處理；除法律另有規定外，應即護送前往就近適當醫療機構就醫。」在此規定，所謂「協助處理或共同處理」以及相關行政程序將形成任務之競合。

---

20 陳正根，從人權保障探討精神疾病強制治療，月旦醫事法報告，第9期，2017年7月，頁34-38。整體而言，嚴重精神疾病之強制治療可從三個階段探討，分別為：緊急安置、強制住院以及強制社區治療。針對強制治療法理基礎之論述，依據精神衛生法之相關規定，係以嚴重精神病人為主要客體，由專科醫師之鑑定，並經審查會審查決定而予以實施，故精神疾病之強制治療為一項特別衛生行政程序，應適用正當法律程序。

　　依據警察任務法理論，在此包含適用職務協助、補充原則或特別法原則。該條所規定「除法律另有規定外，應即護送前往就近適當醫療機構就醫」，此係爲特別法原則之適用，亦即依據該條款，警察執行職務遇有精神疾病者，如爲有傷害他人或自己或有傷害之虞者，除通知主管機關外，仍有義務強制送醫。然而所必須注意者，依據精神衛生法第2條規定，針對精神疾病者之主管機關，在中央爲行政院衛生福利部，在直轄市爲直轄市政府，在縣（市）爲縣（市）政府[21]。故警察並非主管機關，依據前述理論，僅僅應適用職務協助或輔助原則（警察法上之補充性原則），從警察職權法理論觀點，應僅規範「通知主管機關」，至於強制送醫並非警察任務[22]，以概括特別法條款交付警察工作或業務，應有相當充分理由或理論基礎，故在此有需探討的空間。

　　依據遊民自治法規相關規定，警察在處理遊民問題上，扮演重要的角色[23]。目前依據社會救助法第17條第1項規定：「警察機關發現無家可歸之遊民，除其他法律另有規定外，應通知社政機關（單位）共同處理，並查明其身分及協助護送前往社會救助機構或社會福利機構安置輔導。」另依據社會救助法第17條第2項規定：「有關遊民之安置及輔導規定，由直

21　吳文正，探討我國精神衛生法之強制醫療，台灣法學雜誌，第175期，2011年5月，頁66-68。對於強制社區治療之規定，依據精神衛生法第46條第1項規定：「強制社區治療項目如下，並得合併數項目爲之：一、藥物治療。二、藥物之血液或尿液濃度檢驗。三、酒精或其他成癮物質篩檢。四、其他可避免病情惡化或提升病人適應生活機能之措施。」第2項規定：「強制社區治療得以不告知嚴重病人之方式爲之，必要時並得洽請警察或消防機關協助執行。」

22　主要強制送醫，除了使用強制力，必須要有其他精神醫學之專業能力，並非警察之管束，而係爲一種重要醫療過程，在此認爲警察應無法擔負這樣的工作。

23　Vgl. Katja Reitzig, Die polizeirechtliche Beschlagnahme von Wohnraum zur Unterbringung Obdachloser, 2002, S. 21 f.

轄市、縣（市）主管機關定之。」依據上述規定，各縣、各省轄市以及各直轄市可以針對遊民之收容輔導等事項制定相關規定，此規定性質爲自治規則或自治條例[24]。在實務上，我國地方遊民管理規範呈現著自治規則與自治條例並列的狀態，亦即部分縣市以自治規則的形態訂定遊民規範，而部分縣市則以自治條例制定公布。在此所要探討之任務競合所適用之法理，係以自治條例爲主。

從現行較爲進步完善的遊民規範觀察（例如桃園市遊民收容輔導自治條例、高雄市遊民收容輔導自治條例、台南市遊民安置及輔導辦法），最重要的規定仍然在於遊民之處理，亦即發現遊民後，在地方行政機關中，針對遊民各項問題應由何種單位或機關應負責，仍是規範的重點。一般來說，遊民之處理分工爲：（一）遊民之身分調查、家屬查詢、違法查辦等事項，由警察機關辦理，係屬緊急傷病患由消防局辦理。（二）遊民之醫療補助、諮商輔導及社會福利救濟等事項，由社會局辦理。（三）遊民罹患疾病之診斷醫療等事項，由衛生局辦理。（四）遊民工作輔導由勞工局辦理。

探討遊民管理自治條例中有關遊民處理之規定，最主要負責的兩個機關爲警察秩序機關與社政機關。而警察秩序機關則爲廣義的警察定義，實務上包括消防、衛生等機關，均負責有關危害防止等事項，而社政機關主要提供社會救濟等福利給

24　依地方制度法，地方行政機關有權就自治事項訂定「自治規則」，依地方制度法第27條第1項規定：「直轄市政府、縣（市）政府、鄉（鎮、市）公所就其自治事項，得依其法定職權或基於法律、自治條例之授權，訂定自治規則。」請參閱李震山，行政法導論，三民書局，頁307-308。另依地方制度法第25條規定，自治法規經地方立法機關通過，並由各該行政機關公布者，稱自治條例；又依第28條規定區分，應以自治條例定之事項爲：一、法律或自治條例規定應經地方立法機關議決者。二、創設、剝奪或限制地方自治團體居民之權利義務者。三、關於地方自治團體及所經營事業機構之組織者。四、其他重要事項，經地方立法機關議決應以自治條例定之者。

付等事項[25]。依據警察任務輔助性原則，警察針對遊民應在於危害防止事項，或者在社政機關在第一時間無法到達或無法達成，才由警察機關介入。然而社會救助法第17條第1項規定，仍係一種特別法原則，警察發現遊民應有所作為，不僅要通知社政機關，仍要共同處理，在此亦有探究空間。例如在颱風夜或寒流來襲，發現無家可歸之遊民，在此原來安置之任務應為社政機關，然而因可能在半夜，社政機關並無人員配置，此時由警察先對遊民短暫安置。

從任務之競合而言，社會法與警察之觀點是一體兩面的，此亦為警察機關與行政機關之任務區分，因長期解決遊民問題是社會行政所應努力之目標，而針對警察而言，則是需要在短時間內有效排除遊民所造成之危害。相對於警察之任務，社會行政機關之任務在於儘可能避免遊民之發生，並能採取徹底解決遊民之長期措施，亦就是指一個長期住所的保障與安全，如果遊民無法得到長期之協助，則這是社會行政機關之任務，而不是警察機關之任務[26]。

三、交通法規與環保法規

在交通法規任務競合上，主要係指警察與公路主管機關

---

25 陳正根，遊民與基本人權之保障，臺大法學論叢，第39卷第4期，2010年12月，頁146-148。依據德國警察與秩序法的原理，地方行政機關對於遊民的安置有管轄權，因為針對非自願性遊民所形成公共安全的危害，地方危害防止機關採取適當措施排除危害是有其事務管轄權（sachlich Zuständigkeit）。原則上，依據德國各邦警察與秩序法等相關規定，地方自治團體是受國家委任執行危害防止的任務，其下轄有警察與秩序或行政機關，而執行勤務警察僅在急迫危害（例如火災、重大災難發生）形成，採取迅速以及不可延遲的干預措施（unaufschiebbares Einschreiten）。

26 同前註，頁122-124。警察與秩序機關（Polizei- und Ordnungsbehörde）所採取的措施往往以提供一緊急場所安置遊民以清除或預防危害狀態，亦僅可能藉由此一緊急住所保護遊民之基本生存權。

（交通部監理站）之間[27]，在交通危害（發生前）之預防，如交通號誌故障、標誌毀壞、標線不清，若因狀況急迫，公路主管機關不能或不可能適時防止危害時，方由警察機關介入。在此公路主管機關可依道路交通管理處罰條例第4、5、6條等採取必要且有效之措施，但警察機關之介入處理僅係暫時性排除危害之措施，例如以指揮代替故障之號誌，但不必為此專設檢修號誌、標誌、標線之單位[28]。

從交通行為而言，應可分為駕駛行為及經營管理行為，前者如駕駛人違規左轉，後者如違規營業。前者係警察機關負責之任務，但若由立法明定，交由非警察人員執行，亦無不可，例如將路邊違規停車之稽查，交由交通助理協助執行。針對交通違規經營管理行為，若非立即處置即會肇致危害或事後不易追查者，其取締事項交給警察機關，反之，應由公路主管機關負責之。另因物之狀況所肇致之危害，若因行駛時顯有危險，且非具機械專業知識亦可辨識者，其稽查宜由警察機關執行，其餘由公路主管機關處理之。由此，道路交通安全法制，縱然將對人、對車、對路或對交通運輸者分別規範，各法領域中仍難規避危害發生之急迫與否及行政行為責任人之認定等問題，必要時，須由立法者為預先規制。否則，上述情形，均可適用警察任務之職務協助或輔助性原則，是否採取警察措施均屬行政裁量，則無預先規制力，俟危害發生後，在處理上恐緩不濟急[29]。另在交通危害發生後，有關責任鑑定與裁罰權之任務，已明確規定在公路法第67條以及道路交通管理處罰條例第8條，在此警察任務與公路行政機關任務，即以特別法原則解決

---

27 Vgl. Christof Hoffmann, Grundrechte und straßenrechtliche Benutzungsordnung, 2004, S. 3 f.

28 李震山，前揭註4，頁59-64。

29 同前註。

任務競合之問題。

　　有關環保法規，密切影響日常生活者，以廢棄物清理法、空氣汙染防制法與噪音管制法為主，在此警察機關任務與環保行政機關任務之競合，主要係危害防止任務之競合[30]，因兩者均負有任務。除了特別法所定之警察任務外，針對環保行政機關在危害防止無法達成或未能及時實施防止行為，警察依據輔助性原則（補充性原則），負有環境危害防止任務。上述三項法律，其中央主管機關均為行政院環境保護署，地方則為縣市政府。而經檢視三項法律，其中廢棄物清理法與空氣汙染防制法並無任何條文規範警察任務，亦即僅能適用補充原則與職務協助，請求警察適時介入實施危害防止之任務，在此與前述精神衛生法及遊民規範有所不同[31]。

　　然而噪音管制法，則如同精神衛生法，規範警察任務，依據該法第6條規定：「製造不具持續性或不易量測而足以妨害他人生活安寧之聲音者，由警察機關依有關法規處理之。」以及第21條規定：「警察機關依第六條規定進行查察時，知悉有違反第九條第一項所定情事者，應即通知直轄市、縣（市）主管機關處理。」前述第6條規定，應由警察機關依法處理，

---

30 Vgl. Landel/Vogg/Wüterich, Bundesbodenschutzgesetz, 2000, § 4 Rn. 50 ff.

31 陳正根，環保危害防止在刑事罰與行政罰之界限──兼論違反廢棄物清理法之處罰，臺灣環境與土地法學雜誌，第14期，2015年2月，頁86-90。環保法中，廢棄物清理法係典型立法運用刑事罰與行政罰，故可兼論該法之處罰作為印證適用理論。該法行政刑罰之典型規定中，以第46條第1項所規定最為重要，係針對任意棄置有害事業廢棄物之處罰。一般而言，在此刑事處罰大都僅針對行為責任人，然而在行政罰方面，就可能存在多數責任人，尤其針對狀況責任人。而我國廢棄物清理法第11條所規定一般廢棄物清理責任人係以土地或建築物之所有人、管理人或使用人為清除之責任人，其所負責任則係屬狀況責任。針對該法違規行為事實之調查，則應係依據行政程序法所規定職權調查主義，在環保行政機關之處罰程序上，環保行政機關應調查系爭案件是否滿足全部的處罰要件要素及有無減輕責任之事由存在，包括阻卻違法事由或無過失責任之事由存在。

在此所指之法律為社會秩序維護法，依據社會秩序維護法第72條第3款：「製造噪音或深夜喧嘩，妨害公眾安寧者，處新臺幣六千元以下罰鍰。」[32]在此係以警察任務補充環保任務之不足，但並非適用警察任務之補充性原則，蓋補充性原則係在一般行政機關無法達成或未能及時完成任務，予以介入，此仍適用特別法原則。然而，由此警察機關對於噪音管制之專業能力並無高於環保機關[33]，且針對有科學數據之噪音事件交由專業機關，卻將不確定標準之噪音事件交由警察機關，如此立法方式與目的，確有檢討之空間。

四、食品安全衛生管理法

依據食品安全衛生管理法，針對食品之查核與管制，需要干預強制力，故在此有任務競合之問題[34]。在此有關任務競合，係指警察機關與主管行政機關在食品安全危害防止之任務，而主管行政機關，依據該法第2條規定：「本法所稱主管機關：在中央為衛生福利主管機關；在直轄市為直轄市政府；在縣（市）為縣（市）政府。」再對照相關法規，在中央即為衛生福利部，而在地方方面，依上述規定為直轄市政府或縣市政府，惟目前均設置地方衛生機關負責，如市政府衛生局、縣政府衛生處等。

從危害防止任務競合觀察，原本警察機關與衛生主管機關之任務競合，因食品安全衛生管理法並無警察任務之規定，故應僅適用警察任務之補充原則，只能等衛生行政機關針對食品

---

32 林煥木，警察取締妨害安寧工作相關法律問題之探討，警專學報，第3卷第2期，2002年6月，頁56-60。

33 Vgl. Hoppe/Beckmann/Kauch, Umweltrecht, 2. Auflage, 2000, S. 1-10.

34 程明修等著，建構食品安全行政法體系之徬徨歧路，台灣法學雜誌，第242期，2014年2月，頁86-90。

查核管制措施，無法達成目的或有特殊困難，請求警察機關強制力介入。然而於103年12月10日修法增訂第42條之1：「為維護食品安全衛生，有效遏止廠商之違法行為，警察機關應派員協助主管機關。」查其立法理由：「為彰顯政府維護食品安全衛生之決心，協助主管機關於稽查食品案件時，排除障礙並保護相關執勤人員人身安全，爰增訂本條明定警察機關應派員協助主管機關稽查。」其實係因當時社會背景係所謂黑心食品橫行，黑心廠商不顧道德任意販賣經變裝加工之食品，包含飲料之塑化劑、劣質食用油等。為強化衛生主管機關查核與管制能力，故借助警察強制力，以利順利達成取締黑心廠商與食品[35]。

然而行政機關借助警察強制力之標準何在，前述警察補充性原則或警察職務協助，是否無法適用，何以須訂定特別條款，亦即採用特別法原則。其理由似以個別法之所處社會環境等因素而有所不同，前述警察任務競合在個別法規適用，亦已有精神衛生法針對精神疾病者以及社會救助法針對遊民，另噪音管制法針對製造不具持續性或不易量測之行為人，依據特別法原則訂定警察任務之特別條款，驅使警察以協助或支援行政主管機關之任務。不過值得注意的是，精神疾病者與遊民之狀況，往往基於人權的考量，為保障其生命與身體，在一定要件下，驅使警察在此負有危害防止任務，或為秩序法上之考量，賦予警察在急迫時介入的義務。而在噪音管制法，其特別條款之警察任務，事實上係為配合社會秩序維護法有關噪音之取

---

35 蔡佩潔，設置衛生警察之商榷，中央警察大學警政論叢，第14期，2014年10月，頁39-41。每當爆發食品安全問題時，我們的因應之道，除了修法加重處罰外，就是希望設置「衛生警察」，加強查緝。衛生機關本有法律所賦予強制力，警察機關係協助衛生行政機關之執行力，而非再專責負擔此衛生行政中有關危害防止任務，故成立衛生警察，值得商榷。而衛生主管機關執行危害防止任務時，若有困難可請求警察協助，其方式可以個案為之，或警察人員派駐協助專案工作。

締，以維護環境安寧之任務。

　　檢視主管行政機關在食品安全衛生管理法之查核與管制措施，是否須訂定特別條款，驅使警察支援協助任務之達成，首先觀察其查核與管制措施之類型，在該法第41條第1項有所規定，主管機關為確保食品符合規定得執行相關措施，其措施簡述如下：（一）進入製造、加工、調配、包裝等所執行現場查核及抽樣檢驗。（二）為前款查核或抽樣檢驗時，得要求前款場所之食品業者提供原料或產品之來源及數量、作業、品保、販賣對象等，並得查閱、扣留或複製之。（三）查核或檢驗結果證實為不符合本法規定之食品、食品添加物、食品器具等，應予封存。（四）對於有違反第8條第1項、第15條第1項、第16條、中央主管機關依第17條、第18條或第19條所定標準之虞者，得命食品業者暫停作業及停止販賣，並封存該產品。（五）接獲通報疑似食品中毒案件時，對於各該食品業者，得命其限期改善或派送相關食品從業人員至各級主管機關認可之機關（構），接受至少四小時之食品中毒防治衛生講習；調查期間，並得命其暫停作業、停止販賣及進行消毒，並封存該產品[36]。

　　前述查核與管制措施之類型，業者應配合，不得規避、妨礙或拒絕。在此若需要警察強制力介入，可能係在業者不配合下，提出請求，在警察任務法理論上，應僅適用補充原則以及警察職務協助原則，況且該法已經規定，業者若不配合查核與管制，主管機關可依該法所定之食品查核檢驗管制措施辦法，採取進一步措施，如該辦法第5條規定：「主管機關執行各項查核時，得請求其他機關協助或邀請學者專家參與，其經費預算由主管機關編列。[37]」在此警察亦應視為被請求協助機關，

故該辦法第6條規定，主管機關得依行政程序法第19條或行政執行法第6條之規定，商請警察機關協助。由此，衡量該法第42條之1與上述辦法第6條，警察措施介入食品安全衛生管理，仍屬職務協助或基於輔助原則（補充原則）。故民國103年12月10日修法增訂第42條之1，仍屬宣示性質，並無擴大警察介入之職權或強化主動權限。檢討如此立法，實際行政成效仍有限，卻混淆警察任務法之理論，似有檢討改進之空間。

五、刑事訴訟法

警察任務在刑事訴訟法上之競合問題，在理論上如前述危害防止與犯行追緝之任務競合，而在實定法上，則除了警察依刑事訴訟法外，即是與警察行政法之任務競合。警察在刑事訴訟法上之任務，依據該法第229條規定，警政署署長、警察局局長或警察總隊總隊長於其管轄區域內為司法警察官，有協助檢察官偵查犯罪之職權。又依據該法第230條規定，警察官長為司法警察官，應受檢察官之指揮，偵查犯罪。另依據該法第231條規定，警察為司法警察，應受檢察官及司法警察官之命令，偵查犯罪。由上述規定，警察於犯罪偵查中似應為檢察官之從屬機關。

基於實踐警察在刑事訴訟法有關協助偵查犯罪之任務，又制定調度司法警察條例，在此依據該條例，已將警察機關與檢察機關定位於上下隸屬關係，亦受許多檢討批評。警察機關與檢察機關原屬不同機關，在任務法理論上，係屬國家任務之橫向分配，因此在危害防止與犯罪偵查上會有競合關係，惟依據刑事訴訟法相關規定，此種上下隸屬關係，已經偏離了橫向分配的本質。故有觀點認為，應將檢察機關之檢察官定位於起

訴機關，而警察機關才是偵查主體，或者兩者平行之雙偵查主體。如此，將警察機關亦視爲偵查主體之觀點，係因實務上之需要以及正視警察與檢察官係爲功能與性質不同之機關，經由在刑事司法體系之分工，以發揮最大的任務功能[38]。

檢察官與司法警察人員隸屬關係不同，而其摘奸發伏，偵查犯罪任務則常競合爲一。依據前述理論，警察與檢察官之間並非一般組織法上隸屬之從屬關係，而係任務或職權上之從屬關係。警察從事犯罪偵察任務，雖爲檢察官之輔助人員及延伸之手臂，但卻非屬一般行政法上之「職務協助」關係。因此，警察與檢察官於犯罪偵查中之關係，以揉合從屬與輔助兩種關係，實務運作上，依調度司法警察條例第10條授權訂定「檢察官與司法警察機關執行職務聯繫辦法」，此種「聯繫關係」應是經細加體會斟酌，避免工作情緒與效率上受到不必要困擾之潤滑規定[39]。

前述理論上，警察依據刑事訴訟法之犯行追緝任務，係爲法定任務，並非適用行政法之補充原則、職務協助與特別法原則。另在程序法上，即產生刑事偵查與行政調查之競合與轉換，相關理論前已敘述，在此以個別法論述，例如警察職權行使法與刑事訴訟法之任務競合，在刑事訴訟法規定之搜索與警察職權行使法規定之查證身分，在任務上有所競合而產生問題。檢察官可逕向法院申請搜索票而依刑事訴訟法實施搜索，警察僅能經檢察官同意向法院申請搜索票而進行搜索，雖有緊急搜索之規定，但必須在於犯罪有事實足認現行犯或脫逃人確實在內者或有明顯事實足信爲有人在內犯罪而情形急迫者等要

38　Vgl. Jost Benfer, Rechtseingriffe von Polizei und Staatsanwaltschaft, 3. Auflage, 2005, S. 2-8.

39　李震山，前揭註4，頁330。

件[40]。

故現行刑事訴訟法僅給予警察「緊急搜索權」，但其要件嚴格，且犯罪常迫在眉睫，警察被刑事訴訟法給綁住了，所以僅是協助犯罪偵查的角色。在德國警察法中，無論在聯邦或各邦，均有一般搜索，未來警察職權行使法爲了迫切解決實務困擾，應將此部分「一般搜索」（初步搜索）納入[41]。雖然各國搜索權均有令狀主義，如對住所地搜索，但並非所有搜索都需令狀，如警察對於車輛後車廂的開啓要求或公共場所之進出調查。故警察自身在犯罪偵查的角色，透過警察職權行使法，可不侷限於「協助」任務，不能有責無權。

六、小結

從任務之競合而言，社會法與警察之觀點是一體兩面的，此亦爲警察機關與行政機關之任務區分，因長期解決遊民問題是社會行政所應努力之目標，而針對警察而言，則是需要在短時間內有效排除遊民所造成之危害。由此警察機關對於噪音管制之專業能力並無高於環保機關，且針對有科學數據之噪音事件交由專業機關，卻將不確定標準之噪音事件交由警察機關，如此立法方式與目的，確有檢討之空間。警察措施介入食品安全衛生管理，仍屬職務協助或基於輔助原則（補充原

---

40 張瑋心，行政「檢查」與「搜索」之界線，檢察新論，第18期，2015年7月，頁201-205。刑事偵查係檢察官爲蒐集證據調查犯人及事實眞相，以判斷應否提起公訴，所從事之行爲。行政調查一般採較爲廣義之定義，指行政機關爲達成特定之行政目的，所從事之各種資料蒐集活動。上述兩種行爲，在本質皆係國家公權力主體基於特定目的之蒐集資料行爲，故在公權力主體、特定目的及資料蒐集等方面，有其共通性存在。惟二者之間主要差異，可從目的、主體、方法、開始時點、終結時點、判斷違法蒐證之準據法以及行政程序法之適用與協助偵查等方面作觀察。

41 謝碩駿，警察機關的駭客任務—論線上搜索在警察法領域內實施的法律問題，臺北大學法學論叢，第93期，2015年3月，頁10-15。

則）。故民國103年12月10日修正食品安全衛生管理法，增訂
第42條之1，仍屬宣示性質，並無擴大警察介入之職權或強化
主動權限。檢討如此立法，實際行政成效仍有限，卻混淆警察
任務法之理論，似有檢討改進之空間。警察自身在犯罪偵查的
角色，應透過警察職權行使法，訂定有關搜索之職權措施，可
不侷限於「協助」任務，不能有責無權。

肆、我國警察法任務條款之修正

一、概說

　　我國警察法第2條規定任務條款，其有四大任務：維持公
共秩序、保障社會安全、防止一切危害與促進人民福利。自民
國42年公布以來，經過數十年，該條款從未修正。然而經由
任務競合理論與實務之探討，隨著時代巨輪與環境之改變，我
國現行警察任務條款能否禁得起考驗，值得探討。在此主要從
功效與法制發展，探究警察任務條款之存在必要性，甚至警察
法之存廢。如任務條款存在有其必要性，則就需在此討論任務
條款之修正內涵。

二、任務條款之存在

　　在國家行政任務之分配，以橫向水平分配，產生許多不同
內涵之任務，如規定在組織法上，即所謂不同的事物管轄權，
如環保、衛生、交通、建築、警察、稅務等等，在行政法之範
疇，相對於總論，又可稱行政法各論。然而在行政法制之研究
上，探討各論之任務法相關規定與法理者，幾乎僅有警察法，
在實定法上規定任務條款（Aufgabesnormen），亦僅有警察

法[42]。故警察任務條款之存在，與其他各論比較，是否有其特別意義或功能，或者任務條款僅係時代之產物，在現代法治國家下，是否也沒有存在必要，在此值得我們探究。

警察之任務，係以行政組織法上之警察機關為前提之概念，國家為增進人民福祉，乃設置各種行政機關，實施各種行政活動。各種行政機關係為擔當部分國家目的而設置，而所謂之警察任務乃指做為組織體之警察所擔任事務範圍。學者認為，關於警察任務之規定，具有以下法的意義：（一）在警察機關與其他行政機關之關係上，使警察之任務明確化。（二）為達成警察任務，警察得實施必要之活動（為達成任務而實施之必要的活動，若不涉及限制人民之權利、自由，縱無個別的法律根據，亦得行之）。（三）於未發動為完成任務所應採行的措置場合，警察將被追究責任。（四）除法令另有規定外，警察不得從事其任務以外的活動[43]。

針對任務條款存在意義，另亦有學者認為其具有以下機能：（一）開啟、關閉活動領域。（二）可為活動義務之根據。（三）可為活動請求之根據，並有助於請求人之決定。（四）決定行政活動態樣之方向。（五）對於無法預測之發展，予以矯正。（六）可為立法者之自我拘束及結果責任之根據。在此行政機關之權限行使，首先必須審查該事務之處理，

---

42 Vgl. Denninger, Polizeiaufgabe, in Lisken/Denninger, Handbuch des Polizeirechts, C. H. Beck, 4. Auflage, 2001, E. Rn. 299-305.

43 梁添盛，我國警察任務規範之商榷，中央警察大學學報，第46期，2009年6月，頁214-216。警察任務規範與警察權限規範明確劃分，此項劃分之基本觀點在於警察須於其任務領域內，因公共安全或秩序受到一般或具體危害而開啟時，始能採取行動。為防禦該危險，警察可使用一般適於防禦危險之方法，若防禦方法不觸及人民權利範疇時，則警察基於任務之授予，即可行動。反之，若警察行為方法侵入人民之權利範疇時，則除任務之授予外，警察尚需一項法定之權限。該項法定權限乃排除個人權利非受警察干涉領域之屏障，並進而限制個人自由行動之權利。於此，特別權限具體告示警察，其可採之行為與該行為之界限為何。

是否屬於自身之行政任務，再參照任務規範，確認在該事件在行政措施是否必要。如有必要，宜採何種措施，最後，依據權限規範，確認此措施是否為法所允許，始可確定行政機關是否存有該當行動之法義務與權限。另實定法有關警察任務之規範，具有法的拘束力，警察為完成實定法所規定之任務，負有應積極地行動之法義務。在行動時，若所採措施為任意手段，在警察任務範圍內，即可行之。如採係強制手段，則非有其他特別法之授權，不得為之[44]。

　　由以上論述，在法理上，警察法任務條款有其存在之意義，但因我國警察法任務條款之規定，太過於簡略，產生爭論，在於我國現行法制有無任務條款存在之必要性。依據警察法第2條之規定：「依法維持公共秩序，保護社會安全，防止一切危害，促進人民福利。」依警察法施行細則第2條規定：「一、依法維持公共秩序，保護社會安全，防止一切危害為警察之主要任務，促進人民福利。二、依法促進人民福利，為警察之輔助任務。」即使以施行細則補充說明警察任務，亦僅再簡單分為主要任務與輔助任務，而上述規定均使用「公共秩序」、「社會安全」、「危害」及「福利」等不確定法律概念[45]，在我國相關學術論著非常有限情況下，實不易形成警察任務架構或體系的共識。

　　另警察任務規範之概括條款（Generalklausel）完全納入不確定法律概念（unbestimmte Rechtsbegriffe），有違法律明確性原則之疑慮，而有合憲性（Verfassungsmäßigkeit）問題[46]。而亦有論者認為，警察任務條款經常為其他機關在制定

44　同前註。

45　Vgl. Tettinger/Erbguth/Mann, Besonderes Verwaltungsrecht, 10. Auflage, 2009, Rn. 440 ff.

46　Vgl. Pewestorf/Söllner/Tölle, Polizei-und Ordnungsrecht---Berliner Kommetar, 2009, S. 49 ff.

或修正其本身主管業務法令，做爲請求警察協助之依據，故一個值得思考的方向，係任務條款是否可將其刪除。因警察法之制定有其時代背景，在當時我國的警察組織法、作用法未備的情況，有其歷史性任務。但目前我國組織法已備，於職權規範上，警察職權行使法亦已制定。目前各相關機關法律如已可提供整體國家力量面對各種危害時，各機關如何發揮行政一體，非修正警察法可以解決問題。在此思考架構下，兼之目前法制已燦然大備，可更宏觀的思考警察法的存廢問題。

另一思考整體警察法基本問題，當然亦包括任務條款，警察法是否基本法性質[47]，在我國及日本均曾討論過，學說上亦有憲法效力說，但此學說受到挑戰，即立法機關之立法自由可以不受任務條款的限制。就任務條款的功能而言，目前法制燦然大備，中央行政機關組織基準法於103年制定，包含警政署及其所屬各警察機關的組織，已均有個別組織法規範，個別組織法中並明定機關存在的目的，各地方警察機關，依地方制度法制定之組織規程，亦提到地方警察機關的任務及業務，均已完備，現有警察任務之規定，可以發揮何種功能，應予釐清。而警察任務規範之功能，依一般學說認爲，僅具組織規範之性質，尚不可行使作用法的權限，故任務條款已未如當初警察法制定時那麼重要，且警察職權行使法第1條有關警察行使職權的目的，已包含警察任務，是否需執著於其目的，或有無存在之意義，於目前法制大備，組織規範井然有序，如有調整警察職權之必要，宜著手研修警察職權行使法。

針對上述問題之探究，有關任務條款之法律明確原則，依據大法官釋字第432號認爲：「法律明確性之要求，非僅指法律文義具體詳盡之體例而言，立法者於立法定制時，仍得衡

---

47 Vgl. Stefan Zeitler, Allgemeines und Besonderes Polizeirecht für Baden-Württemberg, 1998, Rn. 2 ff.

酌法律所規範生活事實之複雜性及適用於個案之妥當性，從立法上適當運用不確定法律概念或概括條款而爲相應之規定。」又第491號認爲：「法律以抽象概念表示者，其意義須難以理解，且爲一般受規範者所得預見，並可經由司法審查加以確認，方符法律明確性原則。」探究上述觀點，警察法第2條之任務條款尚難謂有違背憲法明確性原則之虞[48]。而有關警察任務條款之存廢，同時包括警察法之去留，主要亦在於我國警察法僅有二十條，隨著時代變動，亦僅稍做修正，發揮功能有限，故論者以警察組織法已完備，應可檢討廢止警察法。

不過，綜合評論而言，假使警察法之存在仍僅以此二十條概略規定，或者警察任務條款，亦僅現行警察法第2條之簡略規定，當然適用功能不彰，即有釜底抽薪之方法，一舉廢了警察法。然而考量警察任務之專業性，且與其他機關任務之競合，前述之輔助原則、職務協助與保護私權等法理原則，警察任務條款係有存在之必要性，惟現行警察任務條款若要存在，應經由補充修正。在此論述，警察任務條款可有兩種方式存在：（一）警察任務條款經由補充修正，仍存在於警察法，然而同時警察法亦應補充修正，修訂並整合相關法規，成爲體系龐大之警察法，包括總則、警察任務、警察職權與措施、職務與執行協助、警察強制與損害賠償及補償等。（二）認識到修訂龐大體系警察法，依目前現實環境與條件，幾無可能，然而現行警察法簡略規定亦無功效，故可考量修訂補充任務條款，然而抽離出警察法，置入警察職權行使法，修訂成爲「警察任務與職權法」，屆時警察法亦可功成身退，完成時代使命，考量予以廢止。

48　參閱司法院大法官釋字第432、491號理由書。

三、任務條款修正內涵

我國警察任務條款係規定於警察法第2條：「警察任務為依法維持公共秩序，保護社會安全，防止一切危害，促進人民福利。」並於警察法施行細則第2條第1款，再深入規定：「本法第二條規定之警察任務區分如左：一、依法維持公共秩序，保護社會安全，防止一切危害，為警察之主要任務。二、依法促進人民福利，為警察之輔助任務。」前述已提到如此規定係一種非常簡略規定，雖然警察任務只是大方向，然而四項任務均為不確定法律概念[49]，故所發揮的功效有限，而有是否存在必要性之討論。

我國警察法歷年來修正不多，於民國42年6月15日總統令公布，至91年6月12日第四次修正，係配合行政程序法第174條之1將該法第18條授權訂定各級警察機關學校武器彈藥統籌調配辦法，以符規定。期間第一次修正於民國75年將第15條修正增列「警察專科學校」，第二次修正於民國86年再於第15條將「中央警官學校」配合改制，修正為「中央警察大學」，第三次修正係配合精省政策，乃修正第3、4、15、16條及刪除第7條。內政部依據該法發布「警察法施行細則」。以上修正均未涉及警察任務條款，究其原因，在於數十年來，我國立法效率不彰，倘若提出一個深入詳細且合適之任務條款修正案，能否沒有長期延宕，而順利通過修法確有相當困難，又前述考量警察任務之專業性，且與其他機關任務之競合，關係前述之輔助原則、職務協助與保護私權等法理原則，其他機關意見若加入討論，在現實環境上，順利通過修正更是難上加難[50]。

---

49 Vgl. Zeitler/Trurnit, Polizeirecht für Baden-Württemberg, 3. Auflage, 2014, S. 20 ff.

50 有關警察法未來修正之方向，審視我國民國42年6月15日總統令公布之警察

　　配合社會環境變化與時空性所需，我國傳統警察任務之概括規定，顯不合時宜，允宜參考各國立法例，研議具體明確警察任務內涵，以導引警察正確發展方向，有效規劃警察業務及實施執法活動。因此，我國未來進行警察任務修正時，下列相關事項值得參考：（一）任務規定，不宜太概括，依據任務分配之法理性質，參酌德國法規定，配合我國特性，似以具體明確為原則。（二）然由於警察任務亦具有「補充性原則」之特性，故在任務具體類型化之後，仍宜留有彈性規定，以資適用。（三）為因應反恐作為，是否修正警察法，增設因應反恐之單位，而使其任務範圍更為廣泛[51]。

　　另一個問題，我們是否有能力擬定一個，深入詳細且合適之任務條款修正案，在此所謂「深入詳細且合適」，係針對不確定法律概念之研究以適應與符合我國社會之需求，然而目前我國法律哲學與法律社會學之研究仍不發達，又針對不確定法律概念司法審查之判決，可以參考之法理文獻付之闕如。故以此觀點，警察任務條款亦只能稍作修正，而警察任務就像門窗一樣，開大、開小都不合適，應該適中。警察任務確定後，要在法律上定職權，而職權確認後，再來規劃勤務、業務，這是一連貫相關的。在此，針對警察任務條款之修正，若考量前述困難的環境，僅能就部分調整，可將各界逐步獲得的共識做一調整，仍然維持「警察任務為依法維持公共秩序，保護社會安全，防止一切危害，促進人民福利」之簡略概括條款，但因「防止一切危害」是不可能的，可修正為「協助防止危害」，至於「促進人民福利」，當時立法有其時代背景，但依實務

法，除了警察任務之規定外，其餘有關職權、警械使用、武器管理、集會遊行警察強制與損害賠償等均有特別法規定，故針對該法之修訂，首先應以任務規範為重。

51　蔡庭榕，警察任務，收錄於蔡震榮主編，警察法總論，2015年10月3版，頁72-73。

狀況及行政組織法基本法理，則可加以刪除。如此，簡略修正後之警察任務條款，其規定爲：「警察任務爲依法維持公共秩序，保護社會安全，協助防止危害。」

若考量上述簡略修正警察任務條款，立法之功效不大，徒增困擾，還有另外一條路，即按照過去百年的作法，採取移植繼受外國法。先經由移植繼受警察任務條款，透過我國實務之印證，再做檢討修正，未來慢慢形成融入我國法體系。在此可參考德國聯邦與各邦統一警察法標準草案第1條警察之任務[52]，其任務範圍包括防止公共安全或秩序之危害、職務協助、保護私權與其他依法任務，顯然較詳細、深入且合適，其規定：「1.警察任務在於防止公共安全或秩序之危害。警察在該任務內，亦得對犯行追緝爲準備並對犯行爲預防（犯行之預防性抗制），並得爲防止未來危害，採取準備措施。2.唯有在無法即時獲得司法保護，且非得警察之協助，無法遂行其權利或權利之施行將更爲困難時，警察有依本法維護私法上權利之責。3.警察依本法第25條至第27條之規定，協助其他機關執行任務。4.警察另應完成其他法規所賦予之任務。」又可參考該草案第1條a規定：「除第1條第1項第二句情形外，警察僅得於其他機關不能或不可能適時防止危害時，防止該危害。警察應將該事件中對其他機關任務履行有關重要訊息，立即通知該其他機關，第10條c第二句規定不受影響。」

---

52 Vgl. Muster eines einheitlichen Polizeigesetzes des Bundes und der Länder, Erster Abschnitt, Aufgaben und allgemeine Vorschriften, § 1, § 1a, Aufgaben der Polizei. 在德國並無統一之警察法，其所屬各邦則自有其個別之警察或秩序法規，之所以如此，係因聯邦並無警察法之獨占立法權（Ausschlißliche Gesetzgebung），亦無與各邦競合立法權（Konkurrierende Gesetzgebung）及頒定通則（Ramenvorschriften）之權（德國基本法第73條、第74條及有關條文規定之參照）。質言之，一般警察法之立法權屬於各邦所有，但爲加強聯邦與邦、邦與邦間共同抗制犯罪的能力，聯邦政府考量各邦警察法重要原則與內容的一致性，乃由聯邦與各邦內政部共同商議訂定「草案」之方式，藉供各邦修訂警察法之參考。

　　另可參考日本警察法第2條規定：「1.警察之任務為保護個人之生命、身體及財產、預防及鎮壓犯罪、偵查犯罪、逮捕嫌疑犯、取締交通違規暨維持其他公共安全與秩序。2.警察之活動，應嚴限於前項任務之範圍。於遂行其任務時，應本不偏不黨且公平公正之旨，不得有涉及干預日本國憲法所保障之個人權利及自由等濫用其權限之情形。」又日本警察官職務執行法相關規定與警察任務密切關係，亦可參考，其第1條第1項：「本法之目的為規定必要之手段，使警察官得以忠實地遂行警察法（昭和29年法律第162號）所規定之保護個人生命、身體及財產、預防犯罪、維持公安暨其他法令等職權職務。」及其第8條規定：「除本法之規定外，警察官應遂行刑事訴訟法及其他相關法令暨警察規則所規定之職權職務。[53]」

四、小結

　　警察任務條款可有兩種方式存在：（一）警察任務條款經由補充修正，仍存在於警察法，然而同時警察法亦應補充修正，修訂並整合相關法規，成為體系龐大之警察法，包括總則、警察任務、警察職權與措施、職務與執行協助、警察強制與損害賠償及補償等。（二）認識到修訂龐大體系警察法，依目前現實環境與條件，幾無可能，然而現行警察法簡略規定亦無功效，故可考量修訂補充任務條款，然而抽離出警察法，置入警察職權行使法，修訂成為「警察任務與職權法」，屆時警察法亦可功成身退，完成時代使命，考量予以廢止。簡略修

53　梁添勝，我國警察任務規範之商榷，中央警察大學學報，第46期，2009年6月，頁11-19。於我國及日本，在美濃部達吉氏所提倡之「警察權界限論」的影響下，學說主張：基於警察公共原則，警察權僅得為維持公共安全與秩序之消極的目的而發動。因之，與公共安全及秩序之維持無直接關係之私生活、私住所及民事上之法律關係，原則上警察權不應干預。

正後之警察任務條款，其規定為：「警察任務為依法維持公共
秩序，保護社會安全，協助防止危害。」簡略修正警察任務條
款，立法之功效不大，徒增困擾。還有另外一條路，採取移植
繼受外國法，如德國與日本警察法。先經由移植繼受警察任務
條款，透過我國實務之印證，再做檢討修正，未來慢慢形成融
入我國法體系。

伍、結語

警察與一般行政任務之競合，在實務上，以衛生行政
法、交通法規或環保法規為多，在此皆需要警察強制公權力之
協助，遂以明文規範警察在該行政領域之協助任務，如此可能
違反警察任務法競合原理，無法適用輔助性原則等法理。未來
警察職權行使法為了迫切解決實務困擾，應將此「一般搜索」
（初步搜索）納入。雖然各國搜索權均有令狀主義，如對住所
地搜索，但並非所有搜索都需令狀，如警察對於車輛後車廂的
開啟要求或公共場所之進出調查。警察自身在犯罪偵查的角
色，應透過警察職權行使法，訂定有關搜索之職權措施，可不
侷限於「協助」任務，不能有責無權。

修訂龐大體系警察法，依目前現實環境與條件，幾無可
能，然而現行警察法簡略規定亦無功效，故可考量修訂補充任
務條款，並可抽離出警察法，置入警察職權行使法，修訂成為
「警察任務與職權法」，屆時警察法亦可功成身退，完成時代
使命，考量予以廢止。或採取移植繼受外國法，如德國與日本
警察法。先經由移植繼受警察任務條款，透過我國實務之印
證，再做檢討修正，未來慢慢形成融入我國法體系。

（發表於中央警察大學法學論集，第33期，2017年10月）

2

從德國聯邦與各邦警察法探討我國警察法之修正

壹、前言

　　由於德國人重視法治與紀律，其法學研究與發展均值得效法，而針對警察法學亦不例外，故本文擬以德國警察法為參考，探討我國警察法之修正。首先探究德國警察法之發展，其中包含警察概念與現代警察法之發展，並探究德國警察法標準草案，經由介紹與論述以作為立論之基礎。另因德國係一分權國家，警察法屬於各邦立法之權限，在此針對德國南北各一重要之邦，即巴伐利亞與柏林邦所制定之警察法，作一探討介紹，亦為參考。近年來，修正我國警察法之呼聲日起，本文依據前文論述德國警察法之規範基礎，提出修正我國警察法之參考，包含實定警察法以及個別法、警察職權行使法、警械使用條例以及集會遊行法，以供理論與實務參考。

貳、德國警察法之發展

一、概說

　　探究德國警察法之發展，足以作為我國警察法研究與修訂之參考，在此首先論述警察概念與現代警察法之發展，尤其對於現代德國警察法發展之三階段為重點。而重點亦在於德國內政部制定所謂「聯邦與各邦統一警察法標準草案」，該草案雖非國會通過之法律，然而各邦均已參考並立法，故在此深入介紹該草案之規範重點，以作參考。

二、警察概念與現代警察法之發展

　　警察此一詞彙源於希臘，在德國大約於15世紀中葉引

用這個名詞，屬於政治與法律之語言[1]。羅馬人取希臘字
Politeia，將其拉丁化而成爲Politia，這個字的希臘語意是城
邦（Staat）的意思，而Politeia又是從Polis派生而來的字，和
英文中的政治（Politics）與政策（Policy）來自相同字源，
Politeia一辭涵義甚廣[2]，所有影響城邦居民生存福利的事務皆
涉及之，包括治理城邦之技藝（art）的整個觀念。又Politeia
一語本係國家制度之意，其後傳入德國爲Polizei，係良好的秩
序之意，當時該字之使用，是指國家整個政策，不限於警察方
面，只因彼時國家干涉人民生活過甚，而干涉又假手於警察，
由是良好的秩序遂變成警察之意[3]。

　　針對德國警察法之發展，其中最重要者係爲普魯士一般
法，其於1797年頒布，在該法中強調警察任務與國家任務之
不同，將福利措施排除於警察任務外，而定義警察職位爲「爲
維持公共安寧，安全與秩序，與爲排除對公眾，或個人現時之
危害而設的營造物」。在頒布該法之際，警察仍享有由國君所
頒授的法官職位，因此當時所頒布的法律有關法院管轄部分，
除民事與刑事司法外，仍有警察管轄權之名稱存在。警察司法
管轄權與一般刑事司法權之不同在於，其不講故意或過失，亦
無須程序，即可對行爲人處以違警罪[4]。

　　雖然警察概念產生於中世紀，但歐洲大陸首先設立專屬
之警察機關，發生相當晚，大約在18世紀前段，在法國巴黎
首先設立。之後，德國各邦先後設立，如柏林於1742年設置
專屬的警察行政機關。而德國於1848年3月革命後，普魯士國

1　Vgl. Würtenberger/Heckmann/Riggert, Polizeirecht in Baden-Württemberg, 5.
　Auflage, 2002, S. 1 f.

2　Vgl. Pieroth/Schlink/Kniesel, Polizei-und Ordnungsrecht, 2. Auflage, 2004, Rn. 2.

3　李震山，警察法論─警察任務編，正典出版公司，2002年，頁4。

4　Vgl. Naas, Stefan, Die Entstehung des Preußischen Polizeiverwaltungsgesetzes von
　1931, 2003, S. 7 ff.

王大力著手警政改革，乃模仿英國倫敦警察模式設置現代化的制服警察。現代警察概念，則從二次世界大戰後，針對警察任務之限縮而形成，此即所謂的「脫警察化」。亦即從以往視爲警察防止危害之任務，進一步作區分，將警察排除在行政任務防止危害外，所謂行政任務如建築警察、衛生警察、營業警察、醫療警察等。在此，警察被限制在執行警察勤務以及行政執行任務上，警察的主要任務在於保護人民生命及財產、維護法秩序、預防及偵查犯罪及犯人之移送法院等，且警察以處理公共事務，不介入私法、私人領域爲原則。從德國警察概念之發展，可以得出第二次世界大戰前，警察概念集中在行政事務上，警察任務是防止危害，仍屬以功能性來論述警察[5]。

　　德國現代警察法自1950年發展至今，概可區分爲三個階段：第一階段是增列概括授權之重要基本原理、滋擾者之責任、比例原則與警察特別賠償之規定。第二階段是爲防範與日俱增犯罪、暴力犯罪與恐怖主義，擴大滿足警察工作之典型職權。第三階段是依據聯邦憲法法院人口普查之判決，個人資料之蒐集與使用，應受制於合目的性。因此，立法者本身應將資料適用之目的，在各領域中專門化且爲周詳之規定，此表現於警察法中則爲資料蒐集與處理之廣泛職權規定。而此三階段之演進，主要是以警察職權之概括規定，經具體規定，進而精緻規定。故德國警察法中職權規定之發展，係從早期概括條款之適用，經典型措施之實施，到資料保護職權之詳細規定，在在顯示警察任務與職權乃隨著時代變遷與國家發展而不同。而警察法中職權規定之詳簡，對人權影響至深甚鉅。是以，爲落

5　蔡震榮主編，警察法總論，一品文化出版社，2015年10月3版，頁28-31。但在當時有警察刑法典在南德若干邦制定之，普魯士邦並不區分犯罪不法與警察不法，而將違警罪列入刑法之中。二次大戰後，各邦有警察刑法典者全部廢除，有些罪列入刑法典中，部分則轉爲社會秩序違反法中，該法仍爲秩序機關處罰之根據，與我國仍屬警察機關所專用有所不同。

實憲法保障人權之精神，實有將警察職權具體化與精緻化之必要[6]。

　　針對德國警察法之發展，整體而言，在德國基本法（1949年3月23日）公布前，屬於第一代警察法，特徵是警察得依概括條款之授權採取干預措施，任務廣及一般行政之危害防止。基本法施行後到德國聯邦憲法法院於1983年作成人口普查判決前，是屬第二代警察法，強調警察事務為邦事務，警察任務、職權皆有具體化規範。而1983年迄今屬第三代警察法，強化警察職權在個人資料保護及危害未具體發生前之防止，法規範亦隨之作大幅變動。如今，德國警察法制需配合歐洲聯盟條約與規章而調整，歐盟化的結果，使之邁向另一新里程，格外值得正視[7]。

三、德國聯邦警察法標準草案

　　在德國並無統一之警察法，其所屬各邦則自有其個別之警察或秩序法規，之所以如此，係因聯邦並無警察法之獨占立法權（Ausschließliche Gesetzgebung），亦無與各邦競合立法權（Konkurrierende Gesetzgebung）及頒定通則（Ramenvorschriften）之權（德國基本法第73條、第74條及有關條文規定之參照）。質言之，一般警察法之立法權屬於各邦所有，但為加強聯邦與邦、邦與邦間共同抗制犯罪的能力，聯邦政府考量各邦警察法重要原則與內容的一致性，乃由聯邦與

6　許文義，從時代潮流變革，警學叢刊，第30卷第1期，1999年7月，頁326-330。

7　李震山，警察行政法論─自由與秩序之折衝，元照出版公司，2016年10月4版，頁23-30。歐洲的統合不僅在經濟上或政治上產生新局面，其影響也擴及至社會及文化等層面。歐盟各會員國為使內政進一步合作，尤其在公共秩序與安全維護方面，因而推動歐洲警察署的成立。「歐洲警察署公約」於1998年經各會員國國會一一通過生效，該署正式成立運作。

各邦內政部共同商議訂定「草案」之方式，藉供各邦修訂警察法之參考[8]。

　　經長期醞釀訂成所謂「聯邦與各邦統一警察法標準草案」（Musterentwurf eines einheitlichen Polizeigesetzes des Bundes und der Länder），經各邦內政部長會議於1987年6月11日議決通過，旋又於1977年11月25日經同會議通過其修訂案。當今德西十一邦中以該「標準草案」為藍本而修訂邦警察法者計有：巴伐利亞、布萊梅、尼德薩克森、北萊茵西發倫、萊茵發倫斯等五邦，至於柏林邦則早在該草案公布前，便以起草委員會所提之初稿為藍本，率先公布施行其「公共安全與秩序維護法」，巴登符騰堡邦於1976年3月3日修訂公布之警察法亦大部分與「標準草案」相契合，足見該草案已發揮其預期「統一整合」之功能。1990年10月3日兩德統一，德東各邦警察法亦以德西諸邦之警察法為藍本，作大幅度興革[9]。

　　有關德國「聯邦與各邦統一警察法標準草案」之內容，其共分六章，總共有53條，第一章規定任務及一般規定，第二章規定警察職權，第三章規定執行協助，第四章規定強制，第五章規定損害賠償、返還及補償請求權。一般而言，主要內涵應以第一章任務與第二章警察職權為主。有關警察任務（Aufgaben der Polizei）在第1條規定：「1.警察之任務係排除公共安全與秩序之危害。警察在該任務範圍內，亦得對犯行追緝為準備並對犯行為預防（犯行之預防性抗制），並得為防止未來危害，採取準備措施；2.唯有在無法即時獲得司法保護，且非得警察之協助，無法遂行其權利或權利之施行將更為困難時，警察方有依本法維護私法上權利之責；3.警察依本法

8　Vgl. Pieroth/Schlink/Kniesel, Polizei-und Ordnungsrecht, 2. Auflage, 2004, S. 33-36.

9　李震山，前揭註7，頁56-60。

第25條至第27條之規定，協助其他機關執行任務（本法第50條至第52條）；4.警察另應完成其他法規所賦予之任務。[10]」

　　該草案第一章任務及一般規定，其一般規定主要針對比例原則、責任人、對物狀況責任、無責人之要求等。如第2條比例原則（Grundsatz der Verhältnismäßigkeit）規定：「1.警察應就無數可行及適當措施中，選擇對個人或公眾傷害最小者為之；2.措施不得肇致與結果顯然不成比例之不利；3.目的達成後，或發覺目的無法達成時，措施應即停止。」第5條對物狀況責任規定：「1.危害係因物所引起，措施及於對該物有事實管領力之人；2.措施亦得及於物之所有權人或其他權利之人。但對物有事實管領力者，未經物之所有權人或有權利人同意而行使該物者，不在此限；3.危害係無主物所引起者，措施得及於拋棄該物所有權之人。」

　　另在第二章警察職權（Befugnisse der Polizei），主要規定警察一般職權、資料蒐集、查證身分、資料儲存變更利用、傳喚、驅離、管束、各類型搜索、住所之侵入及搜索、扣押、保管等。如第19條住所之侵入及搜索（Betreten und Durchsuchung von Wohnungen）規定：「1.有下列情形者，警察得不經住所所有人之允許，侵入其住所並搜索之：（1）有事實足以認為，於該住所內有得依第15條第3項得予強制傳喚或第17條得被管束人；（2）有事實足以認為，於該住所內有得依第25條第1款予以扣押之物；（3）為防止身體、生命、人身自由或有重要價值之物所受目前之危害有必要者。（4）住所包括住宅及其附屬空間、工作房、營業處所及其他周邊圍定之土地。2.有第1項第2款與第3款需於夜間（刑事訴訟法第104條第3項）侵入及搜索住所。3.為防止緊急危害，有下列情

形之一時，隨時皆可侵入住所：（1）依事實線索，據經驗認為在該住所：a.有約定、預備或從事犯罪行為之人；b.聚有無停（居）留許可證明之人；或c.有藏匿之人犯。（2）該住所供賣淫之用。4.工作房、營業處所或其他公眾得出入之空間，及土地或關閉後仍許在場停留者，得因防止危害之目的（第1條第1項）於工作、營業或停留時間內侵入。[11]」

　　在第三章執行協助（Vollzugshilfe），其規定執行協助之要件與程序。如第25條執行協助規定：「1.當其他機關須採用直接強制而無足夠可支配之人力，或不能用其他方法自行執行其處分時，警察依該機關之請求給予執行協助；2.警察只對其執行之方法負責。其他準用職務協助之原則。職務協助之義務不受影響。」在第四章強制（Zwang），其規定行為之強制、強制處分之方法、代履行、直接強制、使用射擊武器之規定、特殊武器等。如第33條直接強制（Unmittelbarer Zwang）規定：「1.當實施其他強制處分室礙難行，或施行將無結果，或不合目的時，警察得行使直接強制處分。直接強制處分之方式及方法適用第60條以下各條之規定；2.不得以直接強制要求意見表達。[12]」

　　在第五章損害賠償、返還及補償請求權（Schadensausgleich, Erstattungs-und Ersatzansprüche），其規定損害賠償義務要件、損害賠償之內容、方式及範圍、請求權時效等。如第45條損害賠償義務要件（Zum Schadensausgleich verpflichtende Tatbestände）規定：「1.依第6條合法要求而受有損害之人，應予相當補償。因警察非法處分而受損害者亦應賠償之；2.經警察同意者，自願協助警察執行任務，或將其物提供使用，因

11　Vgl. Rachor, F. Polizeihandeln, in Lisken/Denniger, Handbuch des Polizeirechts, 4. Auflage, 2006, S. 400-410.

12　Vgl. Rachor, a.a.O., S. 415-420.

而受損害之人，亦應予補償；3.其他補償請求權，尤其國家賠償請求權不受影響。」在第六章終結規定，其規定他邦或聯邦警察之職務行爲、於本邦管轄範圍以外之警察職務行爲[13]。

四、小結

　　針對德國警察法之發展，其中最重要者係爲普魯士一般法，其於1797年頒布，乃爲警察法研究之重要文獻，亦爲現代警察法之根源。德國現代警察法之發展分爲三個階段，第三階段強化警察職權在個人資料保護及危害未具體發生前之防止，法規範亦隨之作大幅變動。德國聯邦內政部制定所謂「聯邦與各邦統一警察法標準草案」，各邦均以此草案爲藍本制定警察法，故亦爲我國及世界各國修訂警察法之重要參考。如今，德國警察法制需配合歐洲聯盟條約與規章而調整，歐盟化的結果，使之邁向另一新里程，格外值得正視。

參、德國各邦警察法之探討

一、概說

　　德國有十六邦，係爲聯邦分權國家，依據德國基本法規定，警察法之立法權限屬於各邦，故各邦自訂警察法，即有十六邦警察法。然而德國聯邦內政部制定德國聯邦與各邦統一警察法標準草案作爲各邦參考，因此其內容同質性高，在此介紹二邦之警察法爲代表，一爲南部之巴伐利亞邦，一爲北部身爲首都之柏林邦。

13　Vgl. Rachor/Frister/Lisken/Mokros, K. Rechtsschutz, in Lisken/Denniger, Handbuch des Polizeirechts, 4. Auflage, 2006, S. 1111-1121.

二、巴伐利亞

在巴伐利亞邦，制定「巴伐利亞邦警察任務與職權法」（Gesetz über die Aufgaben und Befugnisse der Bayerischen Staatlichen Polizei），共七章，總共78條，第一章一般規定（Allgemeine Vorschriften），主要規定警察概念、警察任務、比例原則、對物之狀況負責、對無責任人之要求（Inanspruchnahme nicht verantwortlicher Personen）等。如第10條對無責任人之要求規定：「1.有下列情形之一時，警察之措施得及於第13條或第14條指有責任人以外之人：（1）措施不能或不可能適時及於第13條或第14條指有責任之人，或措施雖及於有責任之人亦無效果；（2）警察與秩序機關無法或無法適時獨自或委託他人防止危害；及（3）措施須對非義務人無重大危害且不傷其重要義務。2.前項之措施，唯有在無其他方法得以防止危害時，方得行使。3.第7條第4項適用於相關事項。[14]」

第二章警察職權規定（Befugnisse der Polizei），主要規定一般職權、查證身分及檢驗文件、鑑識措施、傳喚、驅離、管束、搜索住所之程序（Verfahren bei der Durchsuchung von Wohnungen）、人之搜索等。如第13條查證身分及檢驗文件規定：「1.有下列各款情形之一者，警察得查證其身分：（1）爲防止危害；（2）當其滯留於某地；a.據實際線索，依經驗認爲該地：（a）有約定、預備、實施犯罪行爲之人；（b）聚有無停（居）留許可證明之人；或（c）有人犯藏匿。b.該地

14　Vgl. Berner/Köhler, Polizeiaufgabengesetz, 17. Auflage, 2004, S. 22-26. 與此條文相對者爲第8條對物之狀況負責：「1.危害係因物所引起，措施及於對該物有事實管領力之人；2.措施亦得及於物之所有權人或其他權利之人。但對物有事實管領力者，未經物之所有權人或有權利人同意而行使該物者，不在此限；3.危害係無主物所引起者，措施得及於拋棄該物所有權之人；4.第7條第4項適用於相關事項。」

有人賣淫。（3）當其滯留於交通設施、民生必需品生產儲存設施、大眾交通工具、政府辦公大樓，或其他特別易受傷害之標的物，或滯留於直接不遠之處，且有事實足以認為，於該類標的物內或周圍將可能實施犯罪行為，且該犯罪行為會危害該標的物內或周圍之人或危害標的物本身；或（4）於警察為防止刑事訴訟法第100條a或集會法第27條所指之犯罪行為所設之管制站。（5）在通路街道30公里縱深之邊界區域以及針對公共國際交通機構有關未經允許闖越國家邊界之預防與禁止或未經允許之停留，以及逾越邊界之犯罪抗制；或（6）針對私權之保護（第2條第2項）。2.警察為查證身分得採取必要措施；如令關係人停止前進以查詢身分，並令其交付所攜帶證明文件以便查驗，當關係人之身分無法或有相當困難加以確定時，可將其留置。合於第三句要件下，關係人及其隨身攜帶之物得被搜索。3.關係人依法有義務隨身攜帶之證明文件，警察得令其交付查驗之。[15]」

如第28條扣押物或拍賣價金之返還、費用規定（Herausgabe sichergestellter Sachen oder des Erlöses, Kosten）：「1.扣押之要件一經消失，應即將該物返還予被扣押之人。若物不可能返還前述之人，得返還任一能證明其對該物有權之人。因物之返還，將構成新的扣押要件，不得返還該物；2.物已變賣則返還其價金。若有權人不存在或無法查獲，其價金依民法規定寄存。物變賣後三年，價金返還請求權消滅；3.扣押、變賣以及依據第27條第4項規定之措施（收費與花費）應付費用。保管費用與使用規費，由第7條或第8條之有責任人負擔。返還之同時得附收保管費用，物拍賣之費用可由價金抽取，費用可依行政強制程序徵收。其餘適用費用法；

---

15 Vgl. König, Bayerisches Polizeirecht, 2. Auflage, 1985, S. 33-40.

4.民法第983條之規定不受影響。[16]」

　　第三章資料蒐集與運用規定（Datenerhebung und-verarbeitung），主要規定資料蒐集之基本原理、公共活動與集會以及針對特別受危害客體之資料蒐集、對住宅科技方式干預之特別規定、有關秘密調查者干預之特別規定、資料之儲存、變更與利用、公共領域內之資料傳遞、查察追蹤、資料之更正、註銷與封存、答覆權等。如第32條公共活動與集會以及針對特別受危害客體之資料蒐集規定（Datenerhebung bei öffentlichen Veranstaltungen und Ansammlungen sowie an besonders gefährdeten Objekten）：「1.當就事實重點足以認為，違反重大秩序與刑事犯罪之可能，警察得針對有關公共活動與集會之危害責任，經由錄影與錄音之科技手段予以蒐集個人資料。當此措施無可避免應針對第三人時亦可實施；2.警察於下列情形，得公開對人攝影、錄音或錄影：（1）為防止個案所生之危害；（2）於本法第13條第1項第2款所稱之處所，而該處所屬公眾得出入者；或（3）有事實足認為，將為重大秩序違反行為實施之處所，而該處所屬公眾得出入者。於第2款、第3款情形，應以適當之方法，指明該攝影、錄音或錄影；3.有事實足以認為，於本法第13條第1項第3款所稱之標的內或鄰接處，將有犯罪行為之施行，而對人、該標的或其他該標的內之物，造成危害者，警察得在該標的內或鄰接處，對人攝影、錄音或錄影；4.依前項所蒐集之資料，若非對具重大之秩序違反行為之追緝，或對犯罪追緝有必要者，至遲應於兩個月內註銷之；5.經由警察或與公共集會與遊行相關之攝影、錄音與錄影適用集會法第12條a以及第19條a。[17]」

16　Vgl. Schmidbauer/Steiner/Roese, Bayerisches Polizeiaufgabengesetz, 1999, S. 100-105.

17　Vgl. König, a.a.O., S. 133-140.

　　如第34條對住宅科技方式干預之特別規定（Besondere Bestimmungen über den Einsatz technischer Mittel in Wohnungen）：「1.於下列情形，警察得於住宅內外（第23條第1項第二句），經由科技方式之隱密干預蒐集個人資料：（1）當為聯邦與邦的安全與生存之危害防止或為生命、健康或為人身自由或為公共利益之維持所展現之事物，有關針對危害之責任以及基於第10條要件下所稱之人。（2）當刑事預防犯罪之資料蒐集所必要時，有關就事實足以認為，欲犯重大犯罪之虞以及所欲接觸與伴隨之人。2.此措施之最高期限為三個月且僅能由法官發令；若就命令之要件仍續存在，每次期限延長不能超過三個月。第24條第1項第二句與第三句準用之。針對急迫性危害，警察措施得經由第33條第5項所稱勤務機構首長發布。而一個法官之裁定應事後儘速確認。3.科技方式針對住宅內外隱密干預之命令，除了基於行為人保護外，由第33條第5項第一句至第三句所稱機構負責發布。在此針對基於危害防止目的而所得知識之其他運用係被允許的，而此措施之合法性事前由法官確認之；針對緊急危害應儘速由法官裁定事後確認之。第24條第1項第二句與第三句準用之。如此干預性所錄製資料，若非刑事追緝與危害防止所需要，應儘快於干預完成後予以銷毀。4.錄音與錄影係由本身錄製機具所架設且為相關人所適用，並非資料蒐集所針對的，若非刑事追緝所需要，應儘速銷毀。5.若措施沒有阻礙到目的，且非由公開調查官員所為，而可能產生繼續利用與公共安全之可能性，則當事人應被通知。然而當針對當事人刑事調查程序的情況已經伴隨而來，此通知應停止。6.邦政府應每年通知邦議會有關第1項，就法官審查需要所依據第3項科技方式的干預。由邦議會所選出的委員會基於報告的基礎執行國會監督。7.信件、電郵與遠

距通信不受影響。[18]」

第四章執行協助規定（Vollzugshilfe），主要規定程序、剝奪人身自由之執行協助等。如第51條程序規定：「1.執行協助之請求以書面爲之，並應載明處分之理由及法律根據；2.情況緊急時，請求執行協助得不以書面方式爲之，但經要求時應即以書面證實之；3.執行協助之請求應該由下級警察機構在勤務範圍內執行協助。治安機關的指令引導其他行政機關之協助。4.請求經執行後，應通知請求機關。」如第52條剝奪人身自由之執行協助規定：「1.請求協助執行中，有以剝奪人身自由爲內容者，應附法官認可該剝奪人身自由之裁定書，或於請求時表明之；2.若前項法官裁定未於事前下達，請求機關事後未曾或遲延申請法官裁定時，警察應將所留置之人釋放；3.第19條及第20條準用之。[19]」

第五章強制規定（Zwang），主要規定強制處分之方法、代履行、強制金、直接強制、直接強制之告誡、對人使用銬鏈、使用射擊武器之一般規定、對人使用射擊武器、特殊武器、爆炸物等。如第55條代履行：「1.負行爲義務而不履行，且該行爲能由他人代履行（可代理之行爲）者，警察得自行執行或委託他人執行而向義務人收取費用。針對代履行之執行，當事人應負擔費用（繳費與款項）。其餘適用費用法；2.得規定義務人事先繳付代履行之預估費用，義務人不如期繳付代履行或代履行預估費用者，得依行政強制程序徵收之，義務一經義務人執行後，應即停止徵收預估費用。」如第65條對人使用銬鏈規定：「依本法或他法被留置之人，有事實足認爲其有下列情形者，得對其使用銬鏈：（1）將攻擊警察或第三

---

18 Vgl. König, a.a.O., S. 153-160.

19 Vgl. Scholz/Decker, Bayerisches Sicherheits-und Polizeirecht, 7. Auflage, 1994, S. 200-210.

人、實行抗拒、損害物品；（2）有逃亡或被營救脫逃之虞；
（3）將自殺或自傷。[20]」

如第67條對人使用射擊武器規定（Schusswaffengebrauch
gegen Personen）：「1.有下列情形，方得對人使用射擊武
器：（1）為防止目前身體或生命之危害；（2）為防止即將
或繼續犯重罪，或犯輕罪而使用或攜帶射擊武器或爆炸物者；
（3）為制止於逮捕或查證身分時企圖逃離，且有下列情形之
人：a.犯重罪之重大嫌疑；或b.犯輕罪之重大嫌疑，且經事實
足認為其隨身攜有射擊武器及爆炸物。（4）對在管束中或應
被拘提者逃亡之制止或掌握，且有下列情形者：a.因犯重罪經
法院判決，或有犯重罪之重大嫌疑；b.因犯輕罪經法院判決，
或有犯輕罪之重大嫌疑，且有事實足認為其攜帶射擊武器及爆
炸物。（5）為避免一在管束中之人暴力脫逃。2.執行少年之
拘禁、少年刑事拘禁、或避免少年從一開放處遇機構脫逃時，
不得依前項第4款使用射擊武器。[21]」

第六章損害賠償、返還及補償請求權規定
（Entschädigungs-, Erstattungs-und Ersatzansprüche），主要規
定賠償之請求、返還請求、補償請求、救濟途徑等。如第70
條賠償請求規定：「1.若針對經由第10條之警察措施，而就損
害係經由警察措施所造成以及受害人未經由其他方式請求，受
害人得要求補償。2.當非經由第7條或第8條之有責情況且已非
經由第10條的措施，而受警察措施以致死亡或受傷或承受無
可期待的傷害，在此亦適用賠償規定。而就法官指令之措施而

---

20 Vgl. Scholz/Decker, a.a.O., S. 215-220.

21 Vgl. Schmidbauer/Steiner/Roese, a.a.O., S. 230-235. 另第68條對人群中之人使用
射擊武器：「1.對人群中之人使用射擊武器，僅當在其運用嚴重暴力手段或
直接存在著可能性且運用其他措施亦無法防止時。2.雖然儘可能在此並非當
事人（第66條第4項），然而在人群中依據一再重複的射擊命令，仍無法去除
時。」

言，亦應賠償。3.如果死亡係為權利保留者亦準用民法第844條第2項規定予以賠償。4.若就措施係直接對人民保護或受害者之財產，則依據第1項至第3項規定之賠償請求不存在。5.若賠償義務所基於警察措施之動機係依據特別法規定，則適用此規定。6.賠償義務措施所適用者即為賠償義務之警察賠償主體。7.針對財產損害之賠償依據第1項至第3項，所考慮此財產上之利益由造成損害之義務措施所形成。而針對人身自由之非財產上損害得準用刑事措施賠償法第7條第3項規定。在此亦考量共同參與之有權利者。此賠償將以金錢負擔。[22]」

　　第七章終結規定（Schlussbestimmungen），主要規定基本人權之限制、與費用法之關係、警察機關之概念等。如第76條與費用法之關係規定：「就依本法費用（繳費與款項）支付所規定，費用法第3條並不適用。此費用並非費用法第6條與第8條，而係依據行政費用與職務行為之意義予以衡量。內政部得被授權，經由財政部同意規定繳費之法規命令與規定總共賠償之款項。從費用之收取得被考慮，就費用之便宜性所提出異議。[23]」

三、柏林

　　柏林邦制定「柏林安全與秩序維護法」（Allgemeines Gesetz zum Schutz der öffentlichen Sicherheit und Ordnung in Berlin），共71條，重要者為第1條秩序機關與警察之任務（Aufgaben der Ordnungsbehörden und der Polizei）：「1.秩序機關與警察之任務係排除公共安全與秩序之危害（危害防止）。在此任務範圍內，亦針對協助工作採取必要的準備與適

22　Vgl. König, a.a.O., S. 253-260.

23　Vgl. König, a.a.O., S. 263-265.

用於危害狀下之行為。2.秩序機關與警察有進一步完成其他法規所賦予之任務。3.警察在危害防止的範圍有預防犯罪與追緝犯行之任務（犯行的預防抗制）。4.唯有在無法即時獲得司法保護，且非得警察之協助，無法遂行其權利或權利之施行將更為困難時，警察方有依本法維護私法上權利之責。5.警察擔負其他機關或其他公共單位之執行協助任務。[24]」

第2條秩序機關之事物管轄（Sachliche Zuständigkeit der Ordnungsbehörden）：「1.秩序機關之管轄係危害防止（秩序任務）。2.秩序機關包含委員會行政以及地區公務人員。3.下層級秩序機關係市府中央行政所管轄秩序任務之特別機關。4.秩序機關之管轄經由法律規劃制定（秩序任務之管轄目錄）。有關管轄目錄的改變，行政委員會可經由法規命令將中央行政所管之秩序任務分派於地區。5.針對急迫的危害，主管之市府行政可以代履行下級秩序機關之職權。6.市府委員會可經由法規命令，針對本法與其他法律所賦予秩序機關的任務以及對外職權在工作權力之運用，予以統籌規範與限制。在法規命令之適用，有公園監視勤務、交通監控工作以及一般秩序勤務工作等規定。進一步言，法規命令可統籌規範所賦予職權與任務相關的勤務工作之裝備。在此法規命令規範界定著，針對交通控管工作與地區行政官員在一般秩序勤務運作中，所依據刑法第32條以及民法第227條之正當防衛與緊急避難下特定裝備內容之運用。[25]」

24　Vgl. Berg/Knape/Kiworr, Allgemeines Polizei-und Ordnungsrecht für Berlin, 8. Auflage, 2000, S. 23-28.

25　Vgl. Berg/Knape/Kiworr, a.a.O., S. 63-65. 與此條相關者為第3條柏林消防機關之協助管轄權：「1.柏林消防機關負責有助於危害防止之範疇以及相關任務之危害排除，在此係因其他機關沒有能力或無法及時排除。消防機關支援主管機關所有不可延遲的情事，在此排除第44條之適用。2.柏林消防機關擔負其他機關與其他公共機構之執行協助。（本法第52條至第54條）」

　　第8條在柏林其他邦與聯邦警勤務權力之職務行為（Amtshandlungen von Polizeidienstkräften anderer Länder und des Bundes in Berlin）：「1.聯邦與其他邦之警察勤務權力可以在下列情形，於柏林邦實施職務行為：（1）依據柏林警察局之請求；（2）依據基本法第35條第2項與第3項以及第91條第1項之規定；（3）針對立即巨大的危害，以及在刑事之追緝上所採取對罪犯追緝與再逮捕，而在針對此柏林警察局無法及時採取必要的措施；（4）針對囚犯運送之警察任務；（5）針對秩序違反與刑事犯罪之追緝而與其他邦依據行政協定所規定之情況。前項第3至5款在於柏林警察局有不可延遲的情況下適用。2.依據前項聯邦或其他邦之警察勤務權力，在此與柏林邦有相同的職權。相關其措施亦適用柏林警察局之措施，並同樣服從於上級之指令。[26]」

　　第18條調查、盤查與資料蒐集（Ermittlungen, Befragungen, Datenerhebungen）：「1.警察與秩序機關基於事物之清晰明瞭可以實施特定警察與秩序機關之事物調查，特別是展開本條第3項與第4項的盤查。如果為了危害防止或者依據其他法規之委託任務的實施，警察與秩序機關可以蒐集在本法第13、14與16條所規定相關個人資料。而警察在以下情形可以進一步蒐集個人資料：（1）針對重大犯罪之預防抗制；（2）針對其他罪犯之預防抗制，此犯罪係組織性的，特別是連帶性、企業化性或系列性的犯罪以及面臨三年以下刑罰之犯罪；（3）針對私權的保護；（4）針對執行協助效益的必要性。2.調查應是公開實施的。如果並不妨礙任務之實施或者經過同意，則依據本法所實施的狀況應可掩藏個人資料，以此符合相對人主要的利益。3.有事實足以認為，該人能提供警察與秩序機關完成某特定任務必要之有用線索，警察與秩序機關可

26　Vgl. Berg/Knape/Kiworr, a.a.O., S. 83-85.

以予以盤問。為了盤問之持續，被盤問人可以被攔下停留。被
盤問人有義務提供姓、名、出生日期與住址。針對進一步的資
訊提供，被盤問人僅需依據法律上規定之義務。4.盤問原則上
所針對相對人，於下列情況，在沒有相關資訊下，可以盤問第
三人，當盤問相對人時：（1）無法或無法及時針對相對人；
（2）可能有需付出相當高之費用支出且無法保護相對人；
（3）任務之實踐可能遭到妨礙。5.被盤問人在下列必要方式
接受盤問：（1）盤問之法律基礎；（2）證明存在著答詢義
務或答詢之自由意願。此證明存在於當警察與秩序機關任務在
實踐上有困難或遭傷害。6.符合刑事訴訟法第52至55條以及第
136條a規定之適用。[27]」

　　第24條於公共活動、人群聚集之資料蒐集
（Datenerhebung bei öffentlichen Veranstaltungen und
Ansammlungen）：「1.有事實足以認為，將有公共安全與秩
序之危害發生時，警察得於集會法所未規定之公共活動與人群
聚集中蒐集個人資料。若經由前句所實施之資料蒐集，在必要
時亦應可對第三人蒐集個人資料。而秘密式錄像與錄音是不被
允許的。2.針對錄像與錄音所依據前項蒐集之個人資料，若該
資料並非為犯行追緝或秩序違反所需要或有事實足以認為未來
有重大犯罪之虞，至遲應於活動或聚會後二個月銷毀之。3.第
42條第4項與第48條第6項與第7項不受影響。4.針對與公共相
關非集會遊行法所定之重大集會，從其餘街道土地範圍之特別
利用上，警察可以基於每項任務完成之救助力量而實施攝影，
在此參與者所參與活動合秩序的實施係依據柏林資料保護法第
31條b或聯邦資料保護法第6條b。重大活動係指就其方式與大

27　Vgl. Sadler, Ordnuns-und Polizeieingriffsrecht (ASOG, Bundes-und Länderrecht),
　　1980, S. 90-96.

小判斷，可能形成對於公共安全之重大危害。[28]」

第25條第1項科技方式之長時期觀察與干預（Datenerhebung durch längerfristige Observation und Einsatz technischer Mittel）：「1.警察經由下列情形得蒐集個人資料：（1）對人經常規劃性的監視，此實施連續超過二十四小時或超過二日以上（長時期監視）；（2）運用科技隱密干預，特別是照相或影像以及私人談話之監聽與錄音；就事實足以認為，犯下重大犯罪。上述措施僅被允許係在於針對刑事抗制犯罪以其他方式無法達成或此措施針對複雜案情無效。[29]」

第25條第2項至第4項：「2.前項措施針對以下之人：（1）就事實足以認為所犯為重大犯罪之人；（2）當前款所述目的之人，而在刑事犯罪抗制措施所針對之其他人；（3）防止身體、生命或個人自由之立即危害所針對之每一個人。就前項資料蒐集所必要時，在此得對第三人蒐集個人資料。3.就非經由第5項法官令狀所必要的措施而言，得經由高階警察官發布第1項之措施。有關此措施之必要性與目的，應由發布命令之官員予以印證。4.當基於防止身體、生命或自由有關立即危害之必要，警察得對進出公寓之陌生人蒐集資料。而就資料蒐集並非經由科技方式，則本法第36條第5項適用之。4a.對經由科技方式在公寓內外非公共談話內容之監聽與錄音，僅得基於事實線索之理由，特別是對監視之空間與人員，而監視所呈現可以被允許的，係不包括私人生活狀況之核心領域。在工商營業場所之談話，原則上並非歸屬於私人日常生活之核心領域。在此亦適用有關犯罪與針對犯罪之約談與邀請之談話。就監視事跡所顯示，其內容已涉及私人生活核心領域，則此監聽與錄音應立即中止。當監聽與錄音中斷後，此措施得在符合第

28　Vgl. Sadler, a.a.O., S. 183-185.

29　Vgl. Sadler, a.a.O., S. 200-205.

一句要件下繼續實施。資料蒐集若涉及私人生活核心領域係不
被允許的，此類蒐集資料應立即銷毀。此類資料知識不允許被
運用。資料管控行為與銷毀應該經由文件程序為之。就依據第
一句資料蒐集係為在刑事訴訟法第53條與第53條a之定義下，
經由職務與職業祕密所保護之信賴關係予以實施，在此並不被
允許的。[30]」

第25條第5項：「5.依據第4項與第4項a之措施如同住宅外
非公共談話之監聽與錄音，而此在急迫危害下科技方式之干
預須經由法官之命令。動物園之管轄權係屬於地方法院。當警
察面對急迫危害所發指令，應立即申請法官之認證；在此亦適
用此措施已經完成了。而當此命令在三天內並未獲法官之認
證，則將失效。法官之令狀需要以書面方式。此書面令狀特別
包含：（1）要件與重要的審酌標準；（2）針對熟悉的姓、
相對人的住址以及針對之措施；（3）方式、範圍與措施的持
續；（4）進出住宅與空間所蒐集之資料；（5）決定蒐集資
料措施之方式。法官令狀最長為三個月之期限。就法官令狀要
件之繼續存在時，超過三個月之請求申請是被允許的。當法官
指令之要件已不存在，此項措施應立即被中止。發布令狀之法
院應繼續針對過程，告知結果與所採取之措施。當指令之要件
不存在，則應發布資料蒐集之停止。依據本條第4項a之警察措
施得在任何時間經由發令法院取消、改變或處理。就依據本條
第4項a第八句行政禁令考量而言，警察已立即針對所請求資料
之運用，申請發令法院之裁定。在此非訟事件法之規定適用
之。5a.依據本條第4項以及第4項a所請求之個人資料係應特別
註記。經由傳送後，註記應經由接收者繼續維持。在下列情形
下，資料可用於其他目的：（1）特別針對嚴重犯罪之追緝，
此就依據刑事訴訟法住宅監控而言，或（2）防止第4項立即

30 Vgl. Schumann, Grundriß des Polizei-und Ordnungsrechts, 1978, S. 210-215.

危害之必要。目的之改變必須有詳細地確認與文件程序。[31]」

第25條第6項：「6.當科技方式針對警察干預無法保護行為人而被裝設與利用，則監聽與錄音並不適用第2項至第5項。對住宅的監聽與錄音應經由高階官員發布指令。而除了危害防止或刑事追緝所需要，錄音必須在干預已完成後應立即銷毀。當此措施合法性係在法官審查之前，則此已取得之資訊僅僅在緊急危害時才可被運用。針對緊急危害之措施應在實施後儘速由法官確認，在此本法第37條第1項第二句與第三句適用之[32]。」

第25條第7項：「7.經由第4項與第4項a措施結束後，受監視相對人應被通知。當僅可能是不合比例之調查或對其他人之超過保護性重要有所阻礙，依據第25條第2項第一句第2款所針對之人，則應停止此種通知。當監視並不作為利用之效果，則針對之人若是所監視住宅之客人或偶然停留在此，亦得不需通知。就其他而言，若措施之目的或個人之健康、生命或自由或重要財產沒有受到危害，則亦不需通知。儘可能事後救濟途徑應告知。如果在措施完成後於六個月內還未通知，法官同意之令狀應進一步撤回，而每次措施經六個月後即適用之。當住宅監視係刑事調查針對當事人之狀況，就調查程序上之同意，應由檢察官決定予以告知。在此情況即適用刑事訴訟法，其餘法院管轄權與程序適用本條第5項第三句與第十三句。7a.經由本條第1項第一句第二段結束後，並沒有實施本條第4項或第4項a之措施，而就此措施並無危害產生，應向當事人通知監視過程。當個人資料在此並無被錄取時，此通知並不需要。當此措施係為刑事調查程序針對當事人之狀況，則由檢察官決定通

31　Vgl. Schumann, a.a.O., S. 220-225.

32　Vgl. Schumann, a.a.O., S. 240-245.

知之時間點。[33]」

　　第25條第8項至第10項：「8.當一些資料係經由本條第5項與第6項規定所請求之措施，基於申請令狀之目的若非刑事追緝或刑事執行所必要，則可以被毀損。在此亦適用一些並不需法官確認同意的資料。當資料係為刑事追緝或刑事執行之目的，其在毀損前須經檢察官之同意。針對毀損應製作書面紀錄。而針對其他目的之利用是不允許的。9.任意裝設之錄取設備所錄之影像與錄音，並非係資料蒐集所需針對的相關人士，而就這些資料並非刑事追緝所需要，在此應在技術上之可能盡速銷毀。10.市政府每年依據本條第4項與第4項a，應就依據第6項法官的檢驗措施通知柏林的國會議員大廈。國會之監督將依據監督委員會報告之基礎執行措施。在此柏林憲法保護法第五章適用之。[34]」

　　第42條資料之儲存、變更與利用（Allgemeine Regeln über die Datenspeicherung, -veränderung und -nutzung）：「1.警察與秩序機關為完成其任務並針對時間限制的公事或行政過程所必要者，得將個人資料儲存於文卷或資料中，並得加以變更與利用。在此亦適用經由警察與秩序機關透過第三者所間接請求之個人資料。2.警察與秩序機關僅得就其所請求目的之資料加以儲存、變更與利用。而就警察與秩序機關原先所被允許資料之目的蒐集與運用，其所針對其他秩序機關或警察之目的所利用、繼續儲存與改變係被允許的。當資料之運用係用於監督與監控職權、預算檢驗或組織調查實施之其他目的，如此運用係不可以的。而當針對職權之實施所必要的，對於個人資料之干預係被允許的。3.警察為危害防止，並特別對預防抗制犯行（第1條第3項）所必要時，而就與刑事訴訟法或其他

33　Vgl. Schumann, a.a.O., S. 250-255.

34　Vgl. Schumann, a.a.O., S. 270-275.

法律規定所未衝突者，得儲存、變更與利用其於刑事調查程序中所得之個人資料。4.警察與秩序機關得針對容許性有關訓練與進修儲存資料之延續或統計目的，以分析之形式運用。5.如果兒童之個人資料係在其有權照顧者之未了解下被蒐集，而就任務實踐上並不再受危害，資料之儲存在此有權照顧者應可被通知。從此通知考慮，就照顧而言，通知係對兒童具有重大優點。[35]」

第49條建檔規定（Errichtungsanordnung）：「1.針對依據本法警察執勤自動化個人資料以及非自動化個人資料、或其他機關所傳遞之個人資料，得依次頒布建檔規定。上述規定內容應依據柏林資料保護法第19條第2項第1款至第4款以及第6款至第7款規定。此外規定其檢驗之期限應依據第48條第2項第1款。依據資料保護法第19條第2項規定，此建檔規定適用資料說明機關。2.市政府內政主管應經由行政規則進一步規定。行政主管應將建檔規定轉送在資料保護與資訊自由之柏林代理人。3.在資料片中個人資料之儲存應於必要的範圍限制之。資料片繼續擴充或改變之必要性應於適當範圍內審核。[36]」

第52條執行協助（Vollzugshilfe）：「1.當其他機關須採用直接強制而無足夠可支配之人力，或不能用其他方法自行執行其處分時，警察依該機關之請求給予執行協助。2.柏林消

---

35 Vgl. Wager, Polizeirecht, 2. Auflage, 1985, S. 280-286. 與此條相關者為第43條資料庫中資料之儲存、變更與利用：「1.警察得針對第25條第2項第1款第二句所稱之人以及在資料庫中之證人、資料給予者以及其他通知人等個人資料，基於抗制犯罪而就重大犯罪以及其他犯罪，如組織性，特別是幫派、經濟或連續性犯罪以及三年以上有期徒刑所必要的，予以儲存、變更與利用。儲存期間不得超過三年。就第一句之構成要件是否還存在，從前一次儲存之時刻起算，每年審核一次。2.若欲將評鑑儲存於資料庫中，必須確定該規定評鑑所依據之資料源於何處。」

36 Vgl. Wager, a.a.O., S. 290-295.

防機關就其所從事之任務，依據第1項實施執行協助。3.警察
與柏林消防機關只對其執行之方法負責。其他準用職務協助
之原則。4.職務協助之義務不受影響。」第53條程序：「1.執
行協助之請求以書面爲之，並應載明處分之理由及法律根
據。2.情況緊急時，請求執行協助得不以書面方式爲之，但
經要求時應即以書面證實之。3.請求經執行後，應通知請求
機關。」第54條剝奪人身自由之執行協助（Vollzugshilfe bei
Freiheitsentziehung）：「1.請求協助執行中，有以剝奪人身自
由爲內容者，應附法官認可該剝奪人身自由之裁定書，或於請
求時表明之。2.若前項法官裁定未於事前下達，請求機關事後
未曾或遲延申請法官裁定時，警察應將所留置之人釋放。3.第
32條及第33條準用之。[37]」

第60條損害賠償之內容、方式及範圍（Inhalt, Art und
Umfang des Schadensausgleichs）：「1.第59條之賠（補）
償，原則上僅及於財產。關於平常收益或用益停止損失以外所
失利益，以及非與警察處分直接有關之不利，僅於防止不合理
之不公正時，方予補償。2.身體或健康之傷害或人身自由之剝
奪等非財產損害之傷害，應予適當賠償。賠償請求權不得轉讓
或繼承。但在訴訟繫屬中或經契約承認者，不在此限。3.賠償
以金錢給付之。因義務處分造成營業能力的消失或減低、需求
增加、請求贍養權之喪失或傷害等結果，需賠償時，以定期金
給付之。民法第760條適用之。當有特別重要理由時，亦可要
求協議以一次金錢給付代替定期金給付。此並不排除受害者對
他人贍養給付之請求權。4.依請求權之內容及範圍合於賠償請
求權時，受害者有向第三人請求權，請求權轉讓後方得賠償
之。5.衡量賠償時應顧及各種情況；尤其是損害之方式及可預
見性、受害者及其財產是否已受警察措施保護、對損害之產生

---

37 Vgl. Wager, a.a.O., S. 296-300.

或惡化之影響、受害者是否有其責任。賠償之義務及範圍，尤應視損害主要係由受害者或警方所引起而定。[38]」

四、小結

　　直至今日，巴伐利亞邦是全德國面積最大的邦，人口第二之邦，而在德國統一前，南部巴伐利亞與北部普魯士即為二大王國，可知其在比較德國各邦之重要地位。因此該邦警察法，應是除了柏林市外，最重要警察法之一。與我國警察相關法規最大不同的是本法著重任務與職權，在本法中並不規定組織部分。另柏林安全與秩序維護法，該法係由柏林市政府草擬經由市議會通過之法案，此種法案性質係屬邦法性質，在德國法中亦如政府體制一般，係分為聯邦與邦，固有聯邦法律與邦法律之區分，但邦法在其邦之效力完全等同於法律。德國警察權主要係分配於各邦，聯邦警察僅有幾個組織，如聯邦刑事署與聯邦國境署等。因此邦警察法係為該邦最重要的警察法律，而柏林市之組織地位如同我國直轄市，即為具有邦地位之政治組織。據此柏林安全與秩序維護法為該市最重要之警察法律，與我國警察法不同的是，該法規定範圍甚廣，不僅包括警察法內容，亦包括秩序維護，如同將我國警察法與社會秩序維護法予以結合。上述二邦之警察法，針對資訊作用，均以數十個條文規範，故我國未來修正警察法，應參考二邦警察資訊作用之詳細規定。

38　Vgl. Wager, a.a.O., S. 305-310.

肆、我國警察法之探討

一、概說

　　觀察我國警察法，亦可從廣義警察法與狹義警察法之觀點，在狹義警察法係指實定法上之警察法，為我國依據憲法所制定，在此作一深入探討，包含警察法之修正。另從廣義警察法，主要包含警察之個別法，範圍相當廣，本文主要探討與警察法修正密切相關之警察職權行使法、警械使用條例與集會遊行法。

二、警察法

　　從學術而言，警察法係指狹義警察（警察機關與警察人員）為達成任務，行使職權所依據或執行有關法令之總稱。因此主要包括警察行政法與警察刑事法，此可稱為廣義警察法。由警察刑事法已劃屬刑事法領域，警察行政法乃成為警察法之核心領域，故在此並不論述警察刑事法。我國法制中有一部警察法，於民國42年6月15日總統令公布，至91年6月12日第四次修正，係配合行政程序法第174條之1將該法第18條授權訂定各級警察機關學校武器彈藥統籌調配辦法，以符規定。期間第一次修正於民國75年將第15條修正增列「警察專科學校」，第二次修正於民國86年再於第15條將「中央警官學校」配合改制，修正為「中央警察大學」，第三次修正係配合精省政策，乃修正第3、4、15、16條及刪除第7條。內政部依據該法發布「警察法施行細則」[39]。

　　警察法與警察施行細則係為詮釋與落實憲法第108條第1

項第17款所謂之「警察制度」而制定，所謂警察制度，至少包括警察官制、官規、教育、服制、勤務制度及其他全國性警察法制（警察法第3條）。在警察法中重要內容包括警察法第2條規定：「警察任務爲依法維持公共秩序，保護社會安全，防止一切危害，促進人民福利。」另依警察法施行細則第2條規定：「本法第二條規定之警察任務，區分如左：一、依法維持公共秩序，保護社會安全，防止一切危害爲警察之主要任務。二、依法促進人民福利爲警察之輔助任務。」另一重要條文爲第9條：「警察依法行使左列職權：一、發佈警察命令。二、違警處分。三、協助偵查犯罪。四、執行搜索、扣押、拘提及逮捕。五、行政執行。六、使用警械。七、有關警察業務之保安、正俗、交通、衛生、消防、救災、營業建築、市容整理、戶口查察、外事處理等事項。八、其他應執行法令事項。」

又依警察法施行細則第10條規定：「本法第九條所稱依法行使職權之警察，爲警察機關與警察人員之總稱，其職權行使如左：一、發布警察命令，中央由內政部、直轄市由直轄市政府、縣（市）由縣（市）政府爲之。二、違警處分權之行使，依警察法令規定之程序爲之。三、協助偵查犯罪與執行搜索、扣押、拘提及逮捕，依刑事訴訟法及調度司法警察條例之規定行之。四、行政執行依行政執行法之規定行之。五、使用警械依警械使用條例之規定行之。六、有關警察業務之保安、正俗、交通、衛生、救災、營業、建築、市容整理、戶口查察、外事處理等事項，以警察組織法令規定之職掌爲主。七、其他應執行法令事項，指其他有關警察業務。前項第三款協助偵查犯罪及第六款有關警察業務事項，警察執行機關應編列警察事業費預算。[40]」

40　同前註。

　　此外，舉凡警察組織（第3條第1項部分，第4條至第8條，第15條至第18條）、人員（第11條至第13條）、救濟（第10條）等一般授權性規定皆包含其中，故警察法具有警察法制基準法的地位。由此可知，實定法上之警察法，將警察於防止公共秩序、社會安全有關危害之任務與職權，同時表現在刑事與行政危害防止上，其規範內容係廣義警察法，而實定法上狹義警察法則排除刑事法。而賦予警察任務與職權之法律，主要是成文法如憲法、法規、條約或協定、行政規則；其次，源自不成文法之習慣、判例、解釋、法理者。

　　若比照刑法有總則、分則，民法有總則及各論，行政法在學術體系上亦可分為總論及各論。行政法之總論係探討該法域中之通則性問題，如行政法之一般原理原則、行政組織、人員、作用、救濟之共通部分。各論則係將總論個別領域專門化、細緻化。在第一層次上可依行政作用之特質，分為秩序行政法、行政計畫法、保護行政法或社會行政法等。第二層次可再依行政機關之性質，分別為財政、教育、社會、警政、衛生、環保、地球、地政等，各冠上行政法之名。其中警察行政法係秩序行政法中之一支，警察法內亦有基本原則、警察組織法、警察人員法、警察作用法、警察救濟法等，可說是非常完整的行政法各論[41]。

　　有關警察法未來修正之方向，審視民國42年6月15日總統令公布之警察法，除了警察任務之規定外，其餘有關職權、警械使用、武器管理、集會遊行警察強制與損害賠償等均有特別法規定，故針對該法之修定，首先應以任務規範為重。故在此以論述警察任務條款之修訂為主，而其他警察法規範，則在特別法中論述。而警察法第2條明定四大任務，均應依法實施，其範圍包含行政危害防止及刑事偵查之雙重任務特性，在法制

41　同前註。

上亦需兼顧二者之差異與聯繫。由於警察任務乃是警察業務規劃之目標與勤務執行之範疇，若明確規定，將使警察工作分配在縱向之中央與地方之分配及橫向機關分配上得以依法有明確之權責劃分與調和。在作用法規範上，基於警察行政與刑事之雙重任務特性，在同一法律或法條中，可能出現行政刑罰與行政法併罰之規定，兩者在法律體系上即有不同適用，至於究應處以行政罰或刑事罰，雖大法官釋字第517號解釋理由書認屬立法裁量之權限，但警察人員仍應對於其所管轄範圍之行政與刑事相關法令嫻熟，始能妥適且合法適用，以圓滿達成警察法定任務。

　　配合社會環境變化與時空性所需，我國傳統警察任務之概括規定，顯不合時宜，允宜參考各國立法例，研議具體明確警察任務內涵，以導引警察正確發展方向，有效規劃警察業務及實施執法活動。因此，我國未來進行警察任務修正時，下列相關事項值得參考：（一）任務規定，不宜太概括，依據任務分配之法理性質，參酌德國法規定，配合我國特性，似以具體明確為原則。（二）然由於警察任務亦具有「補充性原則」之特性，故在任務具體類型化之後，仍宜留有彈性規定，以資適用。（三）為因應反恐作為，是否修正警察法，增設因應反恐之單位，而使其任務範圍更為廣泛[42]。

　　警察任務就像門窗一樣，開大、開小都不合適，應該適中。警察任務確定後，要定職權。職權確定後，再來就是勤務、業務，這是一連貫相關的。如果警察法未來考量各項限

---

[42] 蔡震榮主編，前揭註5，頁72-73。進一步探討者，係在行政危害防止與犯行追緝之刑事偵察任務競合時，在指令權之實務運用上，一般而言，檢察機關尚未介入時，此時指令權得由警察機關長官為之。惟檢察機關若基於犯罪偵查主體之法定地位，於事中或事後介入，對警察偵查工作方式及其合法性加以指揮監督，此時若警察與檢察官之指令有不同時，當以檢察官之指令為主。

制，僅就部分進行調整，可將逐步獲得的共識部分列入，將「防止一切危害」、「促進人民福利」作一調整。但如要全面性的修正，則任務條款不宜僅酌作文字微調，可參考德國警察法之立法例，較爲清楚，最重要係將保護私權與職務協助之任務列入。整體而言，警察法需要有任務條款之規定，係因警察機關與其他機關不同之處，在於有較大的執行力，故必須將任務緊縮及確認，才能決定是否配合其他機關的行政協助需求。

三、個別法

　　由於我國警察法僅係任務職權之簡略規範，目前主要由警察職權行使法、警械使用條例、集會遊行法等特別法律作爲執法之依據。首先論述警察職權行使法，本法制定目的之內涵爲：（一）規範警察依法行使職權：警察任務有賴警察業務規劃與警察勤務作爲，若對人民進行干預措施，將影響人民之權益，故爲衡平「警察職權」與「人權保障」，必須有法律之明確授權。（二）貫徹憲法保障人民權利：將重要職權措施之要件、程序與救濟規定，分別於各項條文中明確規範，警察人員於執行公權力措施前，先判斷是否符合職權措施之要件規定，並於行使中，嚴格遵守法定程序要求，考量一般法律原則，亦即符合正當法律程序，如此在警察干預性措施下，人民權利才能事先獲得保障，不必尋求事後救濟。（三）達成「維持公共秩序，保護社會安全」之治安任務：除了上述二點爲了公益之必要，且爲貫徹警察任務，保障人權，因而制定警察職權行使法[43]。

43　蔡庭榕、簡建章、李錫棟、許義寶，警察職權行使法逐條釋論，五南圖書，2004年2月，頁54。警察職權行使法所規定之所有職權行爲，應皆屬警察之行政行爲，這些行爲之特色應具有「預防性、主動性、事前性、廣泛性」，其非但不受司法之事前監督，同時亦不受中央警察機關就個案所作之指揮與監

　　針對警察職權行使法，未來修正之處需要檢討的相當多，而最重要的是身分查證之各事項與資料作用，在身分查證部分，因目前警察法規中，無法找到一般搜索的法源，造成實務困擾，現行刑事訴訟法僅給予警察「緊急搜索權」，但其要件嚴格，且犯罪常迫在眉睫，警察被刑事訴訟法給綁住，所以僅是協助犯罪偵查的角色。在德國警察法中，無論在聯邦或各邦，均有一般搜索，未來警察職權行使法為了迫切解決實務困擾，應將此部分「一般搜索」納入。在此要讓社會及一般民眾了解，警察宜有一般搜索權，但德國的搜索權仍有令狀主義，如對住所地搜索，但並非所有搜索都需令狀，如警察對於車輛後車廂的開啟要求，在德國是正常的，但在我國就會發生爭議。故警察自身在犯罪偵查的角色，透過警察職權行使法，可不侷限於「協助」，不能有責無權。

　　針對資訊作用，目前規定係將警察資料蒐集與資料處理各項職權發動要件，已列舉方式明列在警察職權行使法第9條及第10條（公共活動及公共場所資料之蒐集及銷毀），對於合理調和警察權之行使與個人資料自決權之衝突，應實值得肯定，而其發動要件明文列舉基本上是符合正當法律程序之實踐[44]。國家在公共場所設置監視器是目前行政事務之一大熱門課題，其有利於維護治安及預防犯罪，但也可能因干預人民隱私權等基本權利，引發一些爭議。有關設置程序，仍需要依據法治國家之法律原則。目前警察職權行使法第10條已授權警察機關得依法律要件，設置監視器或協調相關機關設置。但若

督，何時應如何運用職權，才能妥當行使行政權所賦予之權限作用，必須由警察人員自行判斷負責，其行使之制約則為「比例原則」，以及更重要應有符合正當法律程序之各項規定，俾使警察人員有所遵循。

44　洪文玲、曹昌棋，論警察「蒐集資料」之職權，中央警察大學行政警察學系92年度學術研討會「刑事訴訟法與警察職權行使法」論文集，2003年12月，頁159。

從正當法律程序之觀點，該條對於詳細法律要件並未規定，如設置之具體評估標準、設置單位、設置處所之公告、監視器之管理人、資料保管、他人調閱、複製等，因此須進一步補充規定，以落實正當法律程序之原則[45]。然而以上資訊作用，因應資訊時代之快速進展，顯然不足，故在此建議應參考前述巴伐利亞任務與職權行使法，該法從第30至49條共20條，均規範資訊作用，故我國警察職權行使法應擴大規範各項警察資訊作用。

有關警械使用條例，整體而言，該條例較受重視的是警械使用之行為性質，所關係的是警械之合法使用與非法使用，其法律效果牽涉有關賠償以及補償問題，亦關係著警械使用之行政救濟問題。警械使用之行政性質應是屬於物理上之動作，尤其射擊行為，是一種即時性行為，且在短時間完成行為，因為只要扣下板機成功將子彈射出，此射擊行為即告完成。針對警械使用而言，在德國依其性質視為直接強制，一般討論重點在於射擊武器之使用，其被視為在直接強制中最為強烈之形式[46]。然而射擊行為針對其要件與程序一般在警察法上有特別規定，因此也可以說，射擊行為是直接強制的一種特別形式[47]。詳細地說，在射擊行為實施之前若有時間予以警告或警告性射擊，則警告可視為先前處分，射擊行為符合直接強制之要件，然若時間緊迫無警告行為，則亦可視為警察之即時強制特別形式[48]。然而針對即時強制等措施歸屬何種行政行為之形

45 許義寶，論公共場所監視器設置之法律程序，警察職權行使法實施週年之理論與實務學術研討會論文集，2004年12月，頁148。

46 Vgl. Rachor, Polizeihandeln, in: Lisken/Denninger, Handbuch des Polizeirechts, S. 541 ff.

47 Vgl. Würtenberger/Heckmann/Riggert, Polizeirecht in Baden-Württemberg, Rn. 784 ff.

48 有關警察即時強制，請參閱蔡震榮，行政執行法，元照出版公司，2002年9月修訂3版，頁197-200。

式，在理論上是有爭議的，仍需要特別探討[49]。

　　另在警察射擊行為中，有一種特殊型態，即為針對死亡目的之射擊，被稱為警察致命射擊，因關係人民之生命權，在程序要件上應極為嚴格[50]。我國警察射擊行為之法律依據為警械使用條例，因此論及警察致命射擊之法律要件亦應從該條例探討，然而依據該條例各條規定，從用槍時機與法律要件及原則等觀察下，並無明確警察致命射擊之基本概念，因此當然並無法律要件明確之相關規定，僅僅相關者為該條例第9條規定，警察人員使用警械時，如非情況急迫，應注意勿傷及其人致命之部位。因此僅能從該條反面推論，若是在情況急迫時似乎可以針對人的致命部位射擊。另除了第9條規定外，可以推論倘若警察實施致命射擊應先符合警察射擊之要件，所以在我國另一法律要件應為該條例第4條第5項：「警察人員之生命、身體、自由、裝備遭受強暴或脅迫，或有事實足認為有受危害之虞時」，在此情況下又有第9條規定之配合，可以視為現行我國警察致命射擊之法律要件。

　　在此可以參考德國有關致命射擊之重要法律要件之規定，依據德國警察法標準草案第41條第2項第2款之規定實踐憲法規範的要件，各邦也完全依據該規定或者只是稍微改變去

49　進一步探討，警械使用之行政行為形式可能為行政處分或是事實行為，亦即射擊行為若屬於直接強制，則將被視為行政處分毫無疑義，然若係屬於即時強制行為，可探討的是干預性質之事實行為或者是可視為擬制之行政處分。干預性之事實行為是指有些警察公權力措施缺乏下令規制義務人之意思，警察基於本身法定職權自己直接以行動著手防止危害之工作，亦即不必經由義務人行為或不行為義務之配合，如執行鑑識措施、即時強制之管束，此種警察自行強制之作為，僅屬干預性之事實行為。然而警察射擊行為所發生之法律效果非一般行為所比擬，即使未造成人或物實質傷害，其威嚇所具有之效果亦相當大，吾人以為應歸屬於擬制強制性之行政處分，如同下令式之行政處分，一經執行即完成，具有即時性質之行政處分。

50　Vgl. Gornig/Jahn, Fälle zum Polizei-und Ordnungsrecht, 4. Auflage, 2014, S. 55-65.

參照引用：「在安全上極有可能致命之射擊，僅於無他法防止目前生命危害或身體之重傷害時，方得行使之。」另一典型且極有代表性為德國巴登符騰堡邦警察法第54條第2項規定：「如果為防止立即的生命危險或者身體重要傷害所考量後之唯一手段，則在安全極有可能致命之射擊是被允許的。」而法律要件最需要探討的為「立即生命危害」，因為判斷此要件之是否成立乃為最重要的課題，其可以解釋為在緊急狀態下，因物之狀況或人的行為，極有可能對於生命造成損害之一種情況[51]。此一不確定法律概念之判斷須借助參考實務案例，例如一個殺人狂在街上亂開槍或用刀亂砍、劫持飛機之歹徒揚言殺害人質或炸毀飛機等等。

　　有關集會遊行法，現行經由法律規範集會遊行雖未違反憲法保障集會遊行之基本人權，然現行我國規範人民室外集會之制度採取許可制，此種許可制由主管機關決定，依據集會遊行法第8條，室外集會、遊行，應向主管機關申請許可。集會遊行是否獲得許可，除主管機關所掌握的法定許可條件具有相當彈性的詮釋空間外，尚可連結到禁制區、處所使用事前同意，包括路權使用之同意、許可之後附負擔的處分等限制條款。而每項決定中皆有甚大的裁量空間，以許可為核心交錯多重限制，產生環環相扣的加乘效果，將從事前許可規定延伸至事後之限制事項。集會遊行誠如大法官所言，為實施民主政治所言，係實施民主政治最重要的基本人權，何以人民遂行該項權利尚須事先經主管機關之許可，因而引起集會遊行採許可制合憲性爭議。針對許可制之爭議，有建議改採同屬事先抑制而非事後追懲制的報備制[52]。

51　Vgl. Guldi, Geisenahme und finaler Rettungsschuß, VBlBW 1996, S. 235 ff.

52　李震山，前揭註7，頁290-300。然而大法官第718號解釋只針對緊急性及偶發性集會遊行排除許可制，其他一般集會遊行則認同現行制度，並以釋字第445

　　而大法官第718號解釋遵循憲政主義實現集會遊行之人權正義，認為緊急性及偶發性集會應排除許可規定，卻認同一般集會之許可制度，此僅部分人權正義獲實現。又本號未解釋其他相關規定有違憲疑義，如集遊法第4、6條、第11條第2款、第25條第1項第3、4款、第29條等等，查其內容，基本上皆涉及人民集會自由之限制，且彼此間具有重要之關聯性，且如前述未能全面檢視許可制之違憲規定，仍屬為德不卒。如第25條有關命令解散之相關規定，警察在執法上在此容易引起爭議，故針對此條文有關法律明確性或比例原則之憲法解釋仍有其必要。本號實現部分正義，然而其餘部分，又要留待下一次大法官解釋之補充，然而此種過程又要歷經多少的衝突與苦難。為避免集會自由權再繼續走向坎坷道路，既然大法官解釋有關集會遊行所採行之事前許可或報備程序，係屬立法形成自由之範圍，故在此誠摯呼籲行政與立法機關，針對未來修法設計，無論任何集會均排除許可制，才能將街頭還給人民，以符民主時代的潮流。

四、小結

　　民國42年6月15日總統令公布之警察法，除了警察任務之規定外，其餘有關職權、警械使用、武器管理、集會遊行警察強制與損害賠償等均有特別法規定，故針對該法之修訂，首先應以任務規範為重。如要全面性的修正，則任務條款不宜僅酌

號為基礎，以集會遊行法第8條第1項規定，室外之集會、遊行，原則上應向主管機關申請許可。由此，現行法制歷經大法官解釋，許可制合憲性的爭議仍將延續，如同進入走不盡的坎坷路，至為遺憾。另目前集會遊行法針對命令解散僅第25條規定，主管機關得予警告、制止或命令解散，並於第26條規定，應符合比例原則，有關舉牌及廣播等重要程序在本法並未規定，警察在執法上在此容易引起爭議，故針對此條文有關法律明確性或比例原則之憲法解釋仍有其必要。

作文字微調，可參考德國警察法之立法例，較為清楚，最重要係將保護私權與職務協助之任務列入。針對個別法，警察職權行使法應擴大規範各項警察資訊作用，在警械使用條例應可參考德國法增訂致命射擊要件之條款，另在集會遊行法，未來修法設計，無論任何集會均排除許可制，才能將街頭還給人民，以符民主時代的潮流。

伍、結語

觀察德國聯邦與各邦警察法，均為體系龐大之警察法，我國若要參照，則需大幅度修訂，並非停留於現今我國一般僅是幾個重要概括條款之規定。因若僅增訂修正個別警察法規會造成警察法規支離破碎之現象，無法展現警察法學進步之一番景象，所以全面修正警察法，係未來可考慮之方向。未來我國警察法之全面修正，其重要內涵與範圍應包括下列幾個重要部分：一、警察任務：任務範圍之確認。二、警察職權與措施：闡明各類型之行政行為，其行使要件與原則。三、執行協助：其他機關需要警察機關直接強制或請求執行協助之程序等相關規定。四、警察強制：直接強制、即時強制等警察強制措施之相關規定。五、損害賠償及補償等相關規定。這些規定目前分散在各項警察法規，全面修正之警察法不能再以少數條文規範整體方向，而應重新將各個警察法規重要規定整理分析納入，才能符合現代警察法學發展之趨勢。

另有認為，警察法之全面修正所牽涉之層面相當廣泛，以目前警察法學研究仍未發達，恐無法修出一部完善之警察法，惟有採取個個擊破之方式，謹慎制定個別領域之警察法規，即足以因應。倘若基於前述現實與實務之考量，無法全面修正，在此建議亦應集中力量修訂警察職權行使法，可參照德國巴伐

利亞警察任務與職權法，將較具體化之任務條款增訂於該法，如包含職務協助與保護私權之任務。又在查證身分規範中可增訂警察一般搜索權，並強化該法資訊作用之職權，尤其在我國法上仍未規定者，重要者包含資料蒐集之特別手段、對住宅科技方式干預之特別規定、有關秘密調查者干預之特別規定、公共領域內之資料傳遞、資料傳遞在公共領域外之人或機構、警察之資料比對、資料之建檔規定與答覆權等等。

（發表於警察法學，第16期，2017年7月）

3
警察與一般行政機關管轄權界限之探討
——以警察與社政機關處置遊民為例

壹、前言

　　警察機關負有危害防止與犯行追緝之雙重任務，其中危害防止之任務，大多係依據警察行政法規予以執行，因此往往與一般行政機關之任務有所交錯或重疊，然而在行政之「脫警察化」後，警察機關與一般行政機關之任務必須區分與釐清，否則將產生權責不明等爭議。基於法治國家依法行政之原理，任務之分工與權責之分明，則應從法制上探究，即爲本文探究管轄權界限之主要動機與目的。故擬首先論述警察與一般行政機關之管轄權，作爲本文立論之基礎。惟管轄權界限之理論，所牽涉之範圍相當廣泛與深度，故必須從各論或個案中探究，才能有實際之效用與成果，故本文以處置遊民爲例，探究針對此有關警察機關與行政機關管轄權之界限等相關課題，主要擬從管轄權限與法規以及管轄權行爲等範圍予以深入探討，俾提供理論與實務作爲參考。

貳、警察與一般行政機關之管轄權

一、概說

　　警察與一般行政機關之管轄權區分，在學理上應從行政任務著手，因在未明定法律權限前，即應從性質上區分，此種區別在於賦有不同任務，而與警察機關最爲密切者爲危害防止任務。首先論述行政任務中有關警察與一般行政機關之分配，主要亦在危害防止任務範圍。其次，在依法行政原則下，將任務規定於法律，即爲法定管轄權，故探討警察與一般行政機關之管轄權設定，尤其以事務管轄權之橫向設定爲重心，以作爲本文立論之基礎。

二、行政任務之橫向分配

　　一般行政危害防止任務分配，主要是就警察機關與一般行政機關間如何分配危害防止任務而言，而在民主法治國的權力分立、依法行政等原則之支配下進行，其為避免整體公共行政之警察化，即避免造成每一行政機關皆有警察，如衛生、建築、環保、電信警察等。因若不避免，此舉將使各該機關，在名稱不當暗示與制度上不確定授權認知下，時時對人民採用下令與強制之手段，混淆保育行政與干預行政。另亦避免將行政中狹義給付行政屬專業、特殊且較有可預見性之危害防止任務交給警察，而應將其脫警察化[1]。另在組織意義上之警察，所指即警察機關與警察人員，在一般行政機關「危害防止」任務分配上，儘可能扮演輔助、承接性角色，以免影響警察治安功能。而危害防止有需要使用射擊武器或類似強制力之器械，宜由組織意義上之警察行之[2]。

　　而行政危害防止任務分配之標準，難以認定，由於國家機關設官分職，在組織關係上必須求和諧，有效率，既言組織，就不能等個案發生再逐一審酌之分配，必須在組織成立當初，即賦予特定管轄與任務。針對分配之標準，有從法益保護觀點出發者，認為由警察機關負責法律秩序，一般行政機關負責人類共同生活基本規範有關之社會秩序。另應將絕對法益之保障，由擁有強制力之警察機關負責，而由一般行政機關負責相對法

1　二次世界大戰後，德、日兩戰敗國受佔領國政策之影響，警察防止危害之任務皆受到重分配的命運，主要是將衛生、建築、環保、勞動、稅務等昔日行政警察事務權限，劃歸一般行政機關，這種轉變在德國被稱為脫警察化（Entpolizeilichung）或警察除權化。參閱許文義，從時代潮流更探討當前警察法演進之趨勢─以德國法為例，警學叢刊，第30卷第1期，1999年7月，頁321-348。

2　李震山，警察法論─警察任務編，正典出版公司，2002年10月，頁75-76。

益之保障，其只需以管理監督或給付方式即可達成[3]。學者提出以下兩個分配標準：其一，某危害之防止在時間上是否具有不可延遲性，即危害是否有急迫性。其二，危害防止之執行是否應經常使用強制力。若此兩標準同時存在，該危害防止則應賦予警察，其餘原則上交由一般行政機關負責之，若一般行政機關在執行確有困難者，再依輔助性原則及職務協助原則由警察機關介入，以防危害防止任務產生疏漏，影響人民權益[4]。

三、事務管轄權之橫向設定

　　基於法理之探討，警察機關與一般行政機關在任務上有所區分與分配，然而在依法行政原則下，在法制上則係屬事物管轄權之橫向設定。而事務管轄權係以事務的類型來確定行政主體、機關的管轄權限。換言之，事務管轄權的規定應該解決之問題爲：某種行政任務應由哪個行政主體、哪個機關掌理[5]。有關管轄規定，可依機關組織法，亦可依作用法。管轄之確定，原則上先依作用法之管轄規定，若無法循此確定管轄機關，始依組織法規定，蓋「組織法不等於行爲法」，此乃因組織法只是靜態權限範圍的規定，至於行政機關在具體個案上可以採取何種措施，如運用停業或罰鍰等，法規如果沒有預先規定，對人民權利將產生不可預見的侵害，從而違反法律保留及法規明確性原則[6]。在此值得注意的是，國家訂定警察職權行使法，即係以作用法規範警察執法之職權措施，此種警察職權

3　Vgl. Wolfgang Seidel, Die Problematik der Verteilung der Gefahrenabwehr auf verschiedene Behörder, 1965, S. 195 ff.

4　李震山，警察行政法論—自由與秩序之折衝，元照出版公司，2009年8月，頁55。

5　李建良、陳愛娥等，行政法入門，元照出版公司，2005年3版，頁180。

6　李惠宗，行政法要義，元照出版公司，2007年2月3版，頁242。

事務管轄即預先區隔一般行政機關之事務管轄權。

　　相對於一般行政機關，警察機關之職權係屬一種個別管轄，而個別管轄優於一般管轄，故判斷各種管轄機關，須先依事務管轄中之個別管轄以定管轄機關，若逢有層級管轄，則下級機關管轄優於上級機關。確定管轄機關，同時亦在確定法律責任的歸屬。且因行政事務繁雜多樣，某些事務需要經過兩個以上或更多個機關之處理，則應就可分割之事務性質，依職權分工以定其管轄機關。而依據管轄恆定原則，行政機關之管轄係屬法定，不准當事人或行政機關間，如警察或一般行政機關之間，以協議變更[7]。

　　而有關管轄權之設定，即各行政機關有不同之組織及任務，其事物管轄必須由各機關之組織法規或其他相關法規規定之，無法於行政程序法為統一之規定。至於同具有事物管轄權之行政機關間，其土地管轄應如何分配，則由行政程序法規定之。行政主體及其所屬行政機關，依管轄權之分配，在其管轄權範圍內行動。在一般情形，固然由主管機關對人民作成行政行為，以執行行政任務。惟行政主體及行政機關，於從事國庫活動或高權活動時，亦須遵守一般人民所應遵守之有效法規，並負擔警察義務。而一行政機關不得干涉另一行政機關之權限，實為管轄制度之基本原則。因此，就特定事項有管轄權之行政機關，限於不妨礙其他行政主體或行政機關之合法執行任務，亦即不侵犯及不干涉其他行政主體或行政機關之權限時，始得對其採取公權力措施[8]。基於上述，故警察與一般行政機關之事務管轄權有所區分。

　　依據行政程序法第19條等相關規定，有所謂管轄恆定原則，尤其以事務管轄權為重心，故警察與一般行政機關之事務

7　同前註，頁245-246。

8　陳敏，行政法總論，自刊，2009年9月6版，頁934。

管轄亦適用恆定原則。惟由於社會變遷極速，國家政務需兼具彈性，因此各不相隸屬行政機關顯然無法分行其是，產生諸多橫向關係，而依前述行政程序法明定有協力關係，包括必要時有在個案上相互協助之職務協助，有在通案上委由無隸屬關係之其他機關辦理之委託。而委託行為係管轄恆定原則之例外，職務協助及合作執行是行政一體性原則之例外，適用時自應從嚴，以免破壞組織法之精神，尤其在警察與一般行政機關之適用上更應嚴謹，避免管轄權之混淆或警察國家之疑慮[9]。

　　論述警察管轄權，亦應從警察定義概念作觀察，現代警察之概念大都從廣義與狹義、實質與形式、功能與組織、學理與實定法等對立概念之比較上著手。究其實，廣義的警察意義，係指實質上、功能上、學理上之警察意義。狹義的警察意義，則係指形式上、組織上及實定法上之警察意義。最重要的定義應為學理上之警察意義與組織上之警察意義。學理上的警察，將行使所謂警察權（Polizeigewalt）者皆納入，涵蓋面極廣，頗足以闡明國家行政中警察作用之特質，可以簡單敘述警察係防止公共安全與公共秩序危害任務。而組織上之警察意義則較單純的指警察組織與人員，由警察組織法及人事法規範之，此亦為本文所論述之警察定義範圍[10]。

四、小結

　　探討警察與一般行政機關之管轄權，首先就其性質應論述兩者分擔著不同任務，尤其即使在危害防止任務上，雖有重複，亦有所區分。而若某危害之防止在時間上具有不可延遲性，即危害有其急迫性，又危害防止之執行應經常使用強制

9　李震山，行政法導論，三民書局，2011年10月修訂9版，頁96-97。
10　陳正根，警察與秩序法研究（一），五南圖書，2010年1月，頁7。

力，若此兩種情形同時存在，該危害防止則應賦予警察，其餘原則上交由一般行政機關負責之。而基於行政程序法之管轄法定原則，警察與一般行政機關之管轄權設定係爲重要課題，主要在於事務管轄權之橫向設定問題，而相對於一般行政機關，警察機關之職權係屬一種個別管轄，而個別管轄優於一般管轄，故判斷各種管轄機關，須先依事務管轄中之個別管轄以定管轄機關。惟由於社會變遷極速，國家政務需兼具彈性，產生諸多橫向關係，而依前述行政程序法明定有協力關係，包括必要時有在個案上相互協助之職務協助，有在通案上委由無隸屬關係之其他機關辦理之委託。另現代警察之概念大都從廣義與狹義、實質與形式、功能與組織、學理與實定法等對立概念之比較上著手，而本文所論述警察之定義範圍爲狹義警察，即爲組織上之警察。

參、遊民問題之法律觀點

一、概說

　　針對遊民管轄問題可從不同觀點予以探究，如通常從社會、心理或犯罪等，而本文探究遊民之管轄權限，係屬法律課題範圍，故應從法律觀點著手。從法律觀點探究，則應論及遊民之定義與問題，並深入社會法與警察法的觀點予以探究。

二、遊民之定義與問題

　　無住屋之遊民問題在近年來所牽涉的研究主要範圍有政治、社會、科學、機關以及法院等各層面，且人數有增加的現象，這些人多數是從家庭、孤苦矜寡、少年人以及小孩等產

生[11]。在探討遊民問題之前，有必要對遊民之定義作清楚的了解。有些名詞如流浪漢、乞丐等等，皆與遊民之概念有些類似，其屬性之所以類似相同，皆因同屬社會邊緣人，同屬社會底層階級。然而遊民與流浪漢應屬極相近之名詞，簡單的說應是沒有住屋的人。經由概念之演變，遊民已不僅是沒有住屋的代名詞，仍有許多隱藏的概念存在，需要去探討。

　　依據社會研究文獻，已對遊民作出許多定義，例如有國外學者Johnson認為，一般來說，遊民是貧窮的，居無定所的、缺乏謀生技能的、或情緒不穩定的，並提出四種遊民型態：（一）長期性的遊民：指長期無固定居所。（二）短暫性的遊民：指無固定居所幾個晚上。（三）週期性的遊民：處於貧窮邊緣，在有固定住所及無固定住所之間循環。（四）隱性的遊民：和親戚、朋友住在一起或住在汽車、廢棄的大樓裡。而另一些外國學者Roth等人進一步將遊民界定為：（一）不管多長的時間很少或沒有收容所。（二）居住在收容所或庇護所。（三）居住在廉價（汽車）旅館的時間少於45天。居住在無固定地址的地方少於45天[12]。

　　國外學者之解釋與定義並不一定符合我國社會狀況，我們必須再來探討我國之文獻解釋規定，在中央並沒有制定針對遊民的規定，一般經由地方政府（主要由台灣省政府及台北市政府）制定相關規定，早期對遊民之定義為：（一）台灣省取締遊民辦法（57年訂定，於95年廢止）：居住本省無合法戶籍且無身分證件足資證明者；強銷文具、書刊等其他強行索取之行為；乞丐、不務正業，沿街遊蕩或露宿公共場所之無業遊民及流浪兒童。（二）路倒病人收治及醫療費用處理要點（75

11　Vgl. Ruder/Schmitt, Polizeirecht Baden-Württemberg, 6. Auflage, 2005, S. 218.

12　黃世杰，台灣遊民問題與服務策略，福利社會，第58期，1997年2月，頁21-22。

年訂定，於90年廢止）：係指意外一時傷病由警察單位或路人送醫救助者。（三）台灣省遊民收容輔導辦法（83年修正，於95年廢止）：係指流浪街頭孤苦無依或於公共場所乞討叫化必須收容輔導者。（四）台北市遊民輔導辦法（83年訂定，103年修正更名爲台北市遊民安置輔導自治條例）：於街頭或公共場所棲身、行乞者。疑似罹患精神疾病、身心殘障而遊蕩無人照顧者[13]。新近各縣市制訂自治條例，例如桃園市遊民安置輔導自治條例、台南市遊民安置及輔導辦法，其對遊民所下定義範圍並不超出上述規定[14]。然而外國學者之定義以及我國法規之規定，有因時間、地點、身分等界定而不完整，直到台大社會系教授林萬億等人針對遊民問題作一深入研究，對於遊民有比較簡單、清楚以及符合台灣實際情形，提出三個要件作爲判斷遊民之標準：（一）在一定時間（二週以上）。（二）無固定住所。（三）個人所得低於基本工資[15]。此項定義可以視爲目前我國學界對於遊民定義之通說。

除了遊民之定義，許多文獻亦擴及探討遊民問題之特性、形成原因及生活狀況等等，往往大部分所探討應屬於區域性範圍，例如在台北市較多遊民聚集地區則爲萬華地區，其形成原因及特性等皆有深度之區域性[16]。而不同國家亦有其不同之原因與情況，針對外國情形，本文列舉德國爲例[17]。遊民問

---

13 同前註，頁22-24。

14 依據台南市遊民安置及輔導辦法第2條規定，遊民係指流落街頭或於公共場所棲宿、行乞而必須安置及輔導者。其餘自治條例對於遊民的定義則與上述規定大同小異。

15 林萬億，遊民問題之調查分析，行政院研考會，1995年，頁3-6。

16 相關文獻請參閱李如卿、鍾郁芳、康雅婷，萬華地區的遊民與居民，傳習，第16期，1998年4月，頁185-190；李媚媚、林季宜、鍾聿琳，萬華地區遊民的生活狀況與健康問題，護理雜誌，第49卷第4期，2002年8月，頁87-90。

17 Vgl. Katja Reitzig, Die polizeirechtliche Beschlagnahme von Wohnraum zur Unterbringung Obdachloser, 2002, S. 21 f. 本書作者Katja Reitzig於書中第22頁

題之發生不見得就一定在落後國家較為嚴重，例如以社會福利
健全以及工商業發達的德國，近年來同樣在外來移民與難民申
請（Asylbewerbern）之增加以及廉價房屋之減少等因素，產
生遊民之嚴重社會問題[18]。所以也不見得一定在經濟不發達之
年代才會有遊民問題，因為即使在經濟發達的現代社會，也因
貧富之嚴重差距以及社會競爭激烈之自我放逐等心理因素而產
生新的遊民問題。

　　遊民所產生之問題是一個非常錯綜複雜的社會問題，可
以說是經濟、社會、家庭及個人因素互相影響、激盪產生之問
題[19]。社會問題亦即社會成本之付出，有所謂直接成本、間接
成本以及道德成本。直接成本包括提供緊急庇護和食物方案，
以及提供門診健康照顧等，而間接成本包括遊民的犯罪、藥物

以下，引述如下：德國法學者Erichen即稱「住屋的短缺以及遊民問題在德
國一如往昔一直都是嚴重的社會問題」，根據德國聯邦勞工無住屋協助團在
1999年初步估計在街道上無住屋之遊民之人數在德國大約二萬六千人，其中
有二千五百至三千人是女性，在1999年至2000年之冬季曾有十一人凍死於
街頭。雖然不是遊民，但沒有住屋而寄人籬下，在1999年根據統計大約有
五十五萬人，比較於1998年有六十八萬人，算是減少了許多。

18　Vgl. Würtenberger/Heckmann/Riggert, Polizeirecht in Baden-Württemberg, 5.
　　Auflage, 2002, S. 212；Katja Reitzig, a.a.O., S. 23. 上述德國文獻作者均認為遊
　　民之社會結構因素是多樣的，在社會學之研究文獻中認為，工作之喪失、經
　　濟之困難、生病、酗酒等等都可能形成。變成遊民對當事人是一種沉重打
　　擊，不僅造成其本身之健康上之危害，也可能產生心理上以及社交上之問
　　題，例如中暑、嚴重酗酒以及憂鬱症。

19　黃玫玲，台北市遊民生活適應問題之研究，國立臺灣大學社會學研究所碩士
　　論文，1995年6月，頁15-20。該文針對遊民之社會問題進一步指出，遊民與
　　社會體制間的關係，由傅柯於「瘋癲與文明」一書討論，邊陲偏差者與社會
　　文明發展間的關係，獲得更多的理解，文中談到17、18世紀的歐洲以一種
　　「治安」的手段，禁閉邊陲的偏差者，包括：窮人、失業者、精神病患以及
　　流浪漢。禁閉的手段是各種的濟貧與懲治法令，將其禁閉於各種機構之中，
　　如精神病院、拘留所與監獄，他們和社會之間建立起一種不言自明的義務體
　　系。他們有被贍養的權利，但是他們必須接受肉體上和道德上的禁閉束縛。
　　當今社會的遊民，由於在主流的體制中失去其社會位置，因此，受到深刻的
　　道德質疑。

的濫用，降低都市經濟活力，造成都市病態的成本，以過度負擔的社會福利及緊急住屋安置等，又遊民感染愛滋病毒者，多倍於其他人口，需由公共支出來支付他們的治療成本，還有遊民即使犯罪輕微，卻佔住相當成本的拘留所和監獄，遊民之道德成本是一項不明顯又特別的成本，這種負擔是少數人每天遇到遊民，等於睜著眼睛看到社會體系的不正義，無法幫忙又免不了受其影響。一般人亦認為遊民已是社會問題，其中以製造髒亂、社會不安、傳染病及增加犯罪率為主[20]。

三、社會法與警察法的觀點

　　遊民問題是一個社會問題，依法制而言可以歸屬於社會法研究之範疇，然而當遊民問題亦形成公共安全或者公共秩序之危害，則亦屬於警察危害防止之任務範圍，此部分係歸屬於警察與秩序法之研究範疇。但並非可以很明確劃分遊民問題在社會法（Sozialrecht）與警察秩序法（Polizei- und Ordnungsrecht）之界線[21]，兩者亦有重疊部分。在此與社會行政機關不同的是，警察與秩序機關對於遊民之處置是一種較具命令式且屬於更短暫性之住所安置措施（Einweisungsverfügung），其特徵是暫時住所僅提供簡單維生設備，而不是長期生活的各項設施[22]。而另一個任務之重要

20　李如卿、鍾郁芳、康雅婷，前揭註16，頁187-189。另國內學者古梓龍認為，除非現代社會遊民問題被解決，否則勢必會逐漸增加社會經濟成本，包括世代間低水平教育、持續的貧窮和犯罪行為，並產生成人經濟問題及兒童發展停滯問題等。而另一學者林萬億所作問卷調查顯示，意見領袖中有百分之九十五認為遊民已是社會問題，其中以製造髒亂，增加犯罪率，製造社會不安以及傳染病疾病為主，這和意見領袖對遊民印象有關，認為遊民是髒亂的、危險的，這些大都是社會人士對遊民的刻板印象。

21　Vgl. Katja Reitzig, a.a.O., S. 66.

22　Vgl. Ruder/Schmitt, a.a.O., S. 224.

區分在於，社會行政機關並沒有義務去防止或避免遊民所造成之危害發生，而警察與秩序機關對於遊民可能造成之公共安全或秩序之危害（Gefahr）以及滋擾（Störung）有預防之任務，包括防止以及避免遊民之發生[23]。

對於遊民之問題，從社會法與警察秩序法之觀點是一體兩面的，長期解決遊民問題是社會法及社會行政所應努力之目標，而針對警察法而言，則是需要在短時間內有效排除遊民所造成之危害，包括對於公共安全與秩序之危害以及遊民本身人性尊嚴以及基本人權（Grundrecht）之危害，因為針對個人生命財產之保護亦為警察任務之範圍。而警察秩序法與社會法所採取措施之界線亦經由其不同之任務範圍去界定，警察與秩序機關（Polizei-und Ordnungsbehörde）所採取的措施往往以提供一緊急場所安置遊民以清除或預防危害狀態，亦僅可能藉由此一緊急住所保護遊民之基本生存權。相對於警察任務，社會行政機關之任務在於儘可能避免遊民之發生，並能採取徹底解決遊民之長期措施，亦就是指一個長期住所的保障與安全，如果遊民在未來無法達到或無法經由其他旁人協助，則這是社會行政機關之任務，而不是警察與秩序機關之任務[24]。

四、小結

遊民所產生之問題是一個非常錯綜複雜的社會問題，可以說是經濟、社會、家庭及個人因素互相影響、激盪產生之問題。從社會法與警察秩序法之觀點是一體兩面的，此亦為警察機關與行政機關之權限區分，因長期解決遊民問題是社會行政所應努力之目標，就警察而言，則是需要在短時間內有效排除

23　Vgl. Würtenberger/Heckmann/Riggert, a.a.O., S. 213.

24　Vgl. VGH Mannheim, BWVPr 1996, S. 140.

遊民所造成之危害。而警察法與社會法所採取措施之界限亦經由其不同之任務範圍去界定，警察機關所採取的措施往往以提供一緊急場所安置遊民以清除或預防危害狀態。相對於警察之權限，社會行政機關之任務在於儘可能避免遊民之發生，並能採取徹底解決遊民之長期措施，亦就是指一個長期住所的保障與安全，如果遊民無法得到長期之協助，則這是社會行政機關之管轄權限，而不是警察機關之管轄權限。

肆、遊民之管轄權限與法規

一、概說

遊民之管轄權限牽涉著警察與秩序機關，而秩序機關即為行政機關。而警察機關必須予以定義範圍，故從廣義與狹義等觀點予以論述。德國對於遊民之管轄權限主要在於警察機關，並規定於警察法規。而更重要在於遊民管轄法規依據，本文從憲法與法律具體規定以及地方遊民管理規範等予以論述。

二、警察與秩序機關的定義範圍

依據德國警察法原理，警察機關與秩序機關的定義範圍，應從現代警察概念界定以作為立論的基礎，現代警察之概念大都從廣義與狹義、實質與形式、功能與組織、學理與實定法等對立概念之比較上著手[25]。究其實，廣義的警察意義，係指實質上、功能上、學理上之警察意義。狹義的警察意義，則係指形式上、組織上及實定法上之警察意義。最重要的定義應

25　陳正根，論警察處分行使之法律要件與原則，臺北大學法學論叢，第57期，
　　2005年12月，頁4-6。

為學理上之警察意義與組織上之警察意義。學理上的警察，將行使所謂警察權（Polizeigewalt）者皆納入，涵蓋面極廣，頗足以闡明國家行政中警察作用之特質，可以簡單敘述警察係防止公共安全與公共秩序危害任務，而組織上之警察意義則較單純的指警察組織與人員，由警察組織法及人事法規範之[26]。

　　依上述現代警察意義的理論作為基礎，一般而言稱呼警察機關即是指警察組織與人員[27]，倘若論及警察與秩序機關，亦即界定警察與秩序機關的範圍，則是上述廣義的警察意義，所指者即為實質上、功能上、學理上之警察意義。從我國實務上而言，警察機關是指警政署及所屬機關暨各縣市警察局，而警察與秩序機關是指除了警政署等警察機關外，主要包括內政部消防署、各縣市消防局、海巡署、法務部調查局，以及另外在個別法規定下行使警察作用，例如環保機關、衛生機關及營建機關等等，而這些依據個別法行使職權的機關即屬典型的秩序機關。亦即，在廣義的警察概念下，相較於德國秩序機關之概念，於我國則屬於一般行政中包含警察作用之中央與地方機關，但並不包含提供人民設施或施以福利之給付行政機關。所以，依據上述我國遊民管理規範之規定，掌理遊民事務者主要為地方警察與秩序機關，在此所涉事項為管轄權限之問題，本文即於下一節討論之。

三、針對遊民的管轄權限

　　依據德國警察與秩序法的原理，地方行政機關對於遊民的安置有管轄權，因為針對非自願性遊民所形成公共安全的危害，地方危害防止機關採取適當措施排除危害是有其事務管轄

26　李震山，前揭註2，頁6-7。

27　林明鏘，法治國家與警察職權行使，警察法學，第4期，1995年12月，頁282-283。

權（sachlich Zuständigkeit）。原則上，依據德國各邦警察與秩序法等相關規定，地方自治團體是受國家委任執行危害防止的任務，其下轄有警察與秩序或行政機關，而執行勤務警察僅在急迫危害（例如火災、重大災難發生）形成，採取迅速以及不可延遲的干預措施（unaufschiebbares Einschreiten）[28]。

依據地方自治法規，地方警察機關（Ortspolizeibehörde）對於非自願性遊民有安置的管轄權，因地方警察機關爲自治團體所轄的危害防止最基層的機關，縣市長（地方首長）依據地方法規對於警察機關有指揮權（Organkompetenz），他有權在地方行政或質詢會議提出警察措施以安置遊民[29]。另外當非自願性遊民是一個外國人時，地方警察機關對於其安置仍有事務管轄權，在此其外國人的地位以及停留的理由都不是重點。經由外國人權利的標準考量，地方行政機關對於其安置居所的義務並沒有因此而改變，特別是一個難民申請者的身分，若其亦成爲遊民身分，主管機關對於難民的安置則依據難民申請程序法（AsylVfG）的規定，而有別於一般警察法的規定[30]。

針對遊民危害防止的地區管轄是地方行政機關，亦即危害公共安全的區域，非自願性遊民停留的地區，此地區管轄權明顯歸屬於地方。依據警察法原理，警察機關於地方管轄權區域內執行警察任務。如果遊民在一區域停留或安置，則此地方行政機關依據地區管轄權採取適當措施。對於遊民的地區管轄權並不在於判斷其最終停留地點或者曾經在何處居住而失去住所等等，只是依據其停留地區判斷有無地區管轄權（örtliche Zuständigkeit）。對於個別且實際的行爲而言，當遊民已經擁

---

28 Vgl. Ruder, Die polizei-und ordnungsrechtliche Unterbringung von Obdachlosen, NVwZ, 2001, S. 1226.

29 Vgl. Ruder/Schmitt, a.a.O., S. 224.

30 Vgl. Katja Reitzig, a.a.O., S. 61 f.

有住所（Unterbringung），例如在大城市發現其有較好住所的可能性，此與法律安置遊民的規定不符合，那麼此遊民將可能被送回原處。在秩序法上有關公共安全危害的防止機關，基本上位於地方行政的區域，並為其管轄區域，該機關有權排除危害[31]。

依據德國警察法原理以及巴登弗騰堡邦（Baden-Württemberg）警察法第69條第1項第2款規定，警察機關有地區管轄權，在其轄區（Dienstbezirk）內執行警察任務，在此地區管轄權判斷的標準在於在其轄區內是否有警察應保護的利益受到傷害或損害。然而仍有部分不同的觀點是，對於遊民的地區管轄權在於當初他失去住所的地區所在主管警察機關，即使他已不在那裡停留。但值得注意的是，因為警察危害防止的任務最主要並不是針對過去所發生的不法危害，而是針對遊民最終停留地區所產生的危害才是警察任務的重點，範圍重點包括健康以及人性尊嚴的問題，所以上述以原發生地為管轄權所在的部分觀點並沒有得到認同，而是以遊民曾經或最終停留地區為管轄權所在，此才為主要觀點[32]。

四、遊民的管轄法規依據

（一）憲法與法律之具體規定

除了憲法基本權之保障外，針對實定法上之具體規定而言，在我國憲法增修條文第10條第8項規定，國家應重視社會救助、福利服務、國民就業、社會保險及醫療保健等社會福利工作，對於社會救助和國民就業等救濟性支出應優先編列。此項規定係屬基本國策的宣示，雖無強制性質，但仍彰顯國家施

31　Vgl. Ruder, a.a.O., S. 1226; Ruder/Schmitt, a.a.O., S. 225.

32　Vgl. Katja Reitzig, a.a.O., S. 62 f.

政的重點與優先性。上述規定有關社會救助、福利服務、國民就業、社會保險及醫療保健等均與遊民問題息息相關，倘若上述各項施政有所成效，自然減少許多的遊民問題。另重要者為除了憲法第15條明定生存權之基本權保障，在第155條規定，要求國家對無力生活及受非常災害之國民，給予適當的扶助與救濟。在憲法中的規範均是政策性的概括規定，且並不是只針對遊民，而是包括遊民在內所有生活在社會的弱勢團體以及個人，這些規範亦均屬於社會福利政策，並未對於社會治安等有所政策性的宣示[33]。除了上述憲法具體之規定外，另在憲法基本人權的規範下，其實才是保障遊民主要內容，例如上述第二章有關憲法基本人權對遊民之保障範圍，針對此本文已在該章詳述。

　　現行在我國有關遊民的規範大多屬於地方政府的權限，且現行直接規範遊民的法令均為地方所發布的行政命令，亦即中央並無制定有關規範遊民的專屬法律或命令。但相關規定以及間接規範仍然可以在憲法以及相關法律中找到一些蛛絲馬跡，例如上述社會救助法第17條的相關規定，在此條文中已針對遊民處理問題作初步規範，值得注意的是，以性質論，社會救助法是一種純粹社會法，內容仍承襲先前的社會救濟法，是以社會救濟以及福利的給予為主，有關警察與秩序的行為規範則較少，直接規範僅有第17條規定，警察機關發現無家可歸之遊民，除其他法律另有規定外，應通知社政機關（單位）共同處理，並查明其身分及協助護送前往社會救助機構收容；其身分經查明者，立即通知其家屬。本條第2項並規定，有關遊民之收容輔導規定，由直轄市、縣（市）主管機關定之。

---

33 郝鳳鳴，我國社會救助法之現況分析與檢討，東海法學研究，第10期，1996年3月，頁100以下；徐震，我國社會救助體系整體規劃之研究，行政院研考會，1995年12月，頁130-135。

　　學者針對現行社會救助法第17條有關遊民處置規定有如此評價：「警察機關發現遊民，原則上應通知社政機關共同處理，並查明其身分及協助護送前往救助機構收容。此項規定顯示過去存在於貧窮與犯罪間模糊的界線，在概念上已獲得釐清，無具體事實而輕易推定有犯罪嫌疑的預設立場亦已被推翻。[34]」上述評價亦即印證本文上述有關社會法以及警察法界線的問題，依據德國警察法之理論以及行政法院之判例，針對處理遊民之問題，相較於社政機關之措施而言，警察排除與防止危害之措施仍是站在第一線之優先任務，其任務重點首先保護遊民之身體與生命之安全，提供一個臨時收容所。警察機關之措施比起社會行政機關較爲廣泛而有力，主要在於警察機關可以在緊急狀況下針對第三人賦予警察義務或實施命令或禁止之行爲[35]。當然上述有關貧窮與犯罪的界線，犯罪與危害滋擾仍有所差別，然而只是對犯罪定義與性質認知上的不同，一般而言，當危害防止的構成要件已符合刑法要件，即被定義爲犯罪，否則僅是停留於秩序違反或滋擾危害的範圍。

　　在我國，單純就警察與秩序法的範圍，針對遊民的法律規定，除了上述相關規定社會救助法第17條外，可以探討的是社會秩序維護法第74條的相關規定，第1款：深夜遊蕩、行跡可疑，經詢無正當理由不聽禁止而有危害安全之虞者。第2款：無正當理由隱藏於無人居住或無人看守之建築物、礦坑、壕洞、車船或航空器內而有危害安全之虞者，有上述行爲之人將被依該條處罰新台幣6000元以下罰鍰。上述行爲雖未明定爲遊民之行爲，但從客觀行爲的研判，均屬於遊民的行爲特徵，由此可以據以認定爲社會秩序維護法對於遊民的規範，然

34　孫迺翊，社會救助制度中受救助者的人性尊嚴保障，月旦法學雜誌，第136期，2006年9月，頁85。

35　Vgl. Ruder/Schmitt, a.a.O., S. 224 f.

而該法亦無針對遊民有定義上的解釋，而處罰的性質均屬負擔
性處分，是典型不利性的警察罰，並以防止潛藏性危害為目
的。

　　另相關領域警察法的重要規定中，有警察職權行使法第
19條即時強制的管束（等同於行政執行法第37條規定），針
對意圖自殺或暴行鬥毆等行為，警察應採取管束行為，而這些
行為模式亦可經常從遊民的行為中發現。而警察法第2條以及
第9條有關警察任務與職權之規定亦為相關領域的中央法律，
惟警察法僅為任務條款等概括規定，針對遊民採取干預措施，
依據法治國依法行政的原理，仍應依據較為具體詳細的職權措
施規定[36]。而整體觀察中央制定的警察法規，針對遊民之干預
措施可以依據社會秩序維護法以及警察職權行使法，另外在個
別法亦有相關規定，然而並非是處理遊民的直接法律依據，例
如鐵路法、噪音管制法以及廢棄物清理法等。

（二）地方遊民管理規範

　　依據社會救助法第17條第2項規定，有關遊民之安置及輔
導規定，由直轄市、縣（市）主管機關定之。依據上述規定，
各縣、各省轄市（如基隆、新竹、嘉義）以及各直轄市（如
台北、高雄）可以針對遊民之安置及輔導等事項制定相關規
定，此規定性質為自治規則或自治條例[37]。在實務上，我國地

---

36 有關我國警察法第2條之警察任務條款，其是否得作為警察干預處分之法律
依據，引起爭議。通說認為，僅以宣示性之任務概括規定，作為干預處分之
依據，不合乎法治國家依法行政中法律保留所內涵之明確性原則之要求。
除了任務條款外，尚需另一職權概括條款，職權概括條款則受到依特別授
權而制定之類型化處分所制約。進一步詳細中文資料可參閱李震山，前揭註
2，頁172-174；陳正根，前揭註25，頁14-16。德文資料可參閱Franz-Ludwig
Knemeyer, Polizei- und Ordnungsrecht, 10. Auflage, 2004, S. 154-156; Prümm/
Sigrist, Allgemeines Sicherheits- und Ordnungsrecht, 2. Auflage, 2003, S. 95-97.
37 依地方制度法，地方行政機關有權就自治事項訂定「自治規則」，依地方制

方遊民管理規範呈現著自治規則與自治條例並列的狀態，亦即部分縣市以自治規則的形態訂定遊民規範，而部分縣市則以自治條例制定公布。依據地方制度法規定（第25條等相關規定），經由地方議會通過的自治法規只稱自治條例，並沒有其他名稱，而不必經由議會通過，由地方行政機關自行訂定者稱為自治規則，但得依其性質定名為規程、規則、細則、辦法、綱要、標準或準則，而現行我國地方遊民管理自治規則均稱為「辦法」。

　　值得注意的是為何呈現自治規則與自治條例並列狀況？事實上，於地方制度法中對於兩者之區別已有明顯的不同，尤其於第28條更加強調的應以自治條例規定的事項，最重要者應為針對「創設、剝奪或限制地方自治團體居民之權利義務者」，即使並無詳細規定，類推依法律保留的法理，自治條例應以規範重大人民權利義務為主。然而針對遊民而言，有關管理規範均應涉及人民權利義務之創設、剝奪或限制，自然均以自治條例規範較適當，而許多縣市僅以「辦法」規範，又視其規定均與遊民的權利義務密切相關（例如新竹市遊民安置及輔導辦法、台南市遊民安置及輔導辦法、南投縣遊民收容輔導辦法以及台東縣遊民收容輔導辦法等等），顯然有地方行政機關便宜行事之嫌，應早日修正送經地方議會議決通過，以符合法治國家依法行政的原則。

　　在地方制度法實施之前，針對遊民的規範由省政府、直轄

度法第27條第1項規定：「直轄市政府、縣（市）政府、鄉（鎮、市）公所就其自治事項，得依其法定職權或基於法律、自治條例之授權，訂定自治規則。」請參閱李震山，前揭註9，頁307-308。另依地方制度法第25條規定，自治法規經地方立法機關通過，並由各該行政機關公布者，稱自治條例；又依第28條規定區分，應以自治條例定之的事項為：一、法律或自治條例規定應經地方立法機關議決者。二、創設、剝奪或限制地方自治團體居民之權利義務者。三、關於地方自治團體及所經營事業機構之組織者。四、其他重要事項，經地方立法機關議決應以自治條例定之者。

市政府訂定，各縣市即以「台灣省取締遊民辦法」、「台北市取締遊民辦法」以及「高雄市取締遊民辦法」為依據，惟該三種法規已廢止不用，現行則由各縣市制定上述自治規則或自治條例作為處理遊民之依據。從已廢止之上述規定觀察，其均以「取締」用詞的行政態度面對遊民問題，而現行規範則以「安置及輔導」取代，可視為時代的進步，亦可看出行政實務上應以落實憲法社會福利政策並保障人民生存權以及人性尊嚴的崇高理念為目標。另從現行較為進步完善的遊民規範觀察（例如桃園市遊民安置輔導自治條例、台北市遊民安置輔導自治條例、嘉義縣遊民安置輔導自治條例），最重要的規定仍然在於遊民之處理，亦即發現遊民後，在地方行政機關中，針對遊民各項問題應由何種單位或機關應負責，仍是規範的重點。一般來說，遊民之處理分工為：1.遊民之身分調查、家屬查詢、違法查辦等事項，由警察機關辦理，係屬緊急傷病患由消防局辦理。2.遊民之醫療補助、諮商輔導及社會福利救濟等事項，由社會局辦理。3.遊民罹患疾病之診斷醫療等事項，由衛生局辦理。4.遊民工作輔導由勞工局辦理。

　　探討遊民管理自治條例中有關遊民處理之規定，最主要負責的兩個機關為警察秩序機關與社政機關，符合上述遊民處理之法律理論。而警察秩序機關則為廣義的警察定義，實務上包括消防、衛生等機關，均負責有關危害防止等事項，而社政機關主要提供社會救濟等福利給付等事項。

五、小結

　　探討遊民之管轄權限與法規，首先從警察秩序機關的定義範圍著手。在德國，針對遊民的管轄權限主要為警察秩序機關，相關法規係規定於警察法規。而我國主要在於管轄法規，如此才能了解管轄權限，依據地方遊民管理規範，即地方所訂

遊民安置輔導自治條例，在此有關警察秩序機關與社政機關之
管轄界限，警察秩序機關則為廣義的警察定義，實務上包括消
防、衛生等機關，均負責有關危害防止等事項，而社政機關主
要提供社會救濟等福利給付等事項。

伍、遊民之管轄權限行為

一、管轄權限行為之區分

　　探討針對遊民管轄權限之行政行為，在我國相關法規之規
定較少，本文主要參考德國法等相關規定予以論述，尤其針對
警察命令、安置、扣押等行為均以參考德國法為主。而主要針
對遊民管轄權限所實施行政行為之機關仍為警察與秩序機關，
因為危害防止即為該機關之主要任務，且該機關所採取措施並
非完全是干預性質，亦有可能為保護性質，即為雙重效果之行
為，因警察秩序機關亦應有保護人權之任務。另社政機關則主
要實施社會救助行為，但倘若社政機關因人力、物力、時間因
素或設備等遭遇困難，依據警察法補充原則，警察秩序機關仍
應參與社會救助行為，因此有關管轄權限機關即以警察秩序機
關為主，社政機關為輔。

　　所謂雙重效果之行為係指針對遊民之行政行為，包含干預
性質以及保護權益兩種效果，如以下所探討之行為警察命令、
安置、扣押、管束，均為警察秩序機關所採取一方面干預與
限制其自由或權利，另一方面亦為保護遊民本身之生命、身體
或健康，例如發布警察命令要求某一不特定多數遊民，為防止
傳染病蔓延，命令其不得聚集車站或公園，而命令內容亦包括
施打預防針疫苗，則此警察命令之內容即為干預與保護雙重效
果。同樣因傳染病的威脅，若命令不特定多數遊民應強制遷至

收容所或特定地點，此為應採取安置或管束措施，此措施對於
遊民生命與健康，相對的是一種保護措施。而在德國警察法理
論下，有所謂扣押屋主之房子給予房客繼續居住或緊急情況下
提供遊民居住，此措施亦為雙重效果之行為，在此本文亦將一
併深入探討。

　　另有關社會福利之救助行為，主要為工作輔導與醫療措
施，因此其他如食物或金錢的提供援助，若對於遊民僅是短暫
救助，包含防止飢寒等直接救濟措施亦非社政機關針對遊民之
行政行為。而實施社會福利救助行為之機關主要為社政機關，
但在警察法補充原則下，仍有可能由警察秩序機關實施。

二、警察機關之行為

（一）警察命令

　　警察與秩序機關之命令是針對一般抽象的危害狀況，相反
的秩序機關的處分則是針對個別具體的危害狀況。值得注意的
是，警察命令（Polizeiverordnung）是防止在公共安全與秩序
下關於法益的傷害與危險，因此在日常生活中面對一些危害可
以經由警察命令防止或排除，例如經由發布警察命令避免在公
共場合之犬隻對於小孩或老人產生危害，又禁止在一個地區範
圍進行色情交易，因此以此觀點運用警察命令於遊民問題亦會
是有效措施[38]。

　　針對公共安全或秩序的危害，警察可以發布警察命令因
應，亦即面對遊民造成公共安全或秩序之危害時或本身身體健
康及人性尊嚴可能受傷害時，警察可依據概括條款或特別權限
等相關規定發布警察命令防止危害之發生。警察命令發布的要

38　陳正根，論警察命令之運用、界限與競合─以德國犬隻飼養之警察命令為
　　例，警學叢刊，第34卷第6期，2005年9月，頁52。

件在於此措施所面對的是公共安全或秩序的危害，相對於警察處分（Polizeiverfügung）所面對的則是具體的危害，相反的，警察命令所面對的危害是抽象的危害[39]。何謂抽象的危害（abstrakte Gefahr），乃依據日常生活的多數經驗，可能在單一案件中因特定現象、行為或狀態而產生傷害[40]。警察命令即是以日常生活經驗之必要，多數發生具體危害之可能，而規範生活狀況。一個抽象的危害是經由日常生活經驗的判斷，在特定行為方式下很有可能對一事件產生傷害[41]。警察命令所要阻止的危害或損害必須在未來有預見發生的可能，亦即針對遊民而言，可以事先對於不特定的遊民及周邊人群等發布警察命令規範可能聚集的地區或公共設施，避免產生可能的危害。例如針對街頭或鄉村流浪遊民（Land- und Stadtstreicherei）而言，警察機關若依據警察概括條款頒布禁止酗酒的警察命令，當此狀況遊民本身以及酗酒者（Alkoholkonsum）已預見可能產生公共安全或秩序的滋擾或危害，則警察命令的發布是被允許的[42]。

（二）安置

　　針對非自願性遊民各項警察作為而言，安置處分（Einweisungsverfügung）是除了扣押與移置之外，警察最重要的措施。針對遊民的安置，其性質為一種行政處分，最主要的功能是提供遊民住在一個臨時性的居所。此項措施之法律性質不同於傳統干預行政之手段，特別以今天之觀點而言，經由

39　Vgl. Wolfgang Kohl, Zulässigkeit ordnungsrechtlicher Maßnahmen gegen Obdachlose in den Städten, NVwZ 1991, S. 621.

40　Vgl. Drews/Wacke/Vogel/Martens, a.a.O., S. 495.

41　陳正根，前揭註38，頁52。

42　Vgl. Wolfgang Kohl, a.a.O., S. 621.

安置措施的施行，使得遊民可以有一個臨時性的住所利用之功能[43]。經由秩序法上的住所安置措施，以形式觀察而言，遊民不再處於無住所的狀態，其功效使得遊民因此不會造成公共安全之危害。

依德國法而言，安置處分是一種具有雙重效果（Doppelwirkung）的行政處分，此項安置措施使得遊民獲得利益，因從基本人權保護的觀點，遊民可以利用一個居所結束其流浪狀態。同時安置處分亦是一種負擔性的行政處分，因為一個特定住所的指定亦包含著一個機關的命令，即警察機關以一個住所的提供實踐遊民安置的強制義務（Zwangspflicht）。在此種命令的要素裡，安置處分存在著潛在的負擔效力（belastende Wirkung）。另一種觀察是，安置措施的不利益效果在於秩序機關針對遊民實施義務處分，此義務避免遊民狀態的繼續存在。以形式上的觀察而言，倘若遊民不遵從義務，而沒有意願被安置於一個符合人性尊嚴的住所，其法律效果是，此種遊民將不被視為非自願性遊民，則其不再符合秩序法上的行為需要，未來對於一個住所的請求權利是不存在的。當然此種法律效果僅發生於安置措施是合法的，而且特別是此安置措施必須符合上述人性尊嚴住所的要求[44]。

如果遊民對於警察與秩序機關施予安置處分之住所，認為其不符合人性尊嚴的要求或者基於其他理由不願意遷入，可以先經由行政救濟途徑等阻止安置處分效力的發生或執行，亦即可以採取行政訴訟上有關暫時權利保護措施，例如申請停止執行之處分。因為安置應是一種即時性之行政處分，亦即一經實施即完成之行政處分，其性質與行政事實行為類似，倘若相對人不服從之法律效果在於，警察基於危害防止則可使用

43　Vgl. VGH Mannheim, NVwZ- RR 1995, 326; OVG Bremen, DÖV 1994, 221.

44　Vgl. Ruder, a.a.O., S. 1227; Wolfgang Kohl, a.a.O., S. 627.

強制達成目的，在法律相關規定下，警察並無處罰之權限[45]。值得注意的是，安置的住所仍歸屬爲德國基本法第13條所保障居住權之住宅，因此警察與秩序機關對其沒有一般的侵入權（Betretungsrecht）。而另一種相反狀況是房東與房客之關係中，在例外時房東擁有侵入權，此例外情況房東爲了立即排除住宅的重大危害，例如水災或火災發生時，房東可以侵入所租出去的住宅，侵入的要件是比緊急避難的要件較爲寬鬆，此種情況適用於安置住所與遊民的關係。另安置處分可以用書面（schriftlich）或口頭（mündlich）等方式頒布，基於用書面方式（Schriftform）可以依據行政程序法相關規定進行，較能符合依法行政的目的與原則，所以通常爲頒布方式，若以口頭或其他方式並非不可行，但恐引起不必要的爭議[46]。

（三）扣押

避免遊民發生的警察措施，警察可以針對第三人（屋主、房東）的房屋予以扣押（Beschlagnahme），這同時包含著對於租屋者再安置的行爲。在實務案例中，時常運用的可能性，在於當地方自治團體沒有合適的緊急住所，而某些人即將因爲民事法上住屋的執行情況而成爲無住屋的遊民，則他們將被安置於所扣押的住屋，亦即基於上述情況下，租屋者將被安置於所租賃的房子，以避免他們變成非自願性的遊民；扣押措施是一種既針對房屋所有者亦也針對租屋者予以安置的警察處分[47]。在此說明的是，此措施的運用目前在德國實務上較多，而我國則因扣押要件與程序之規定，針對遊民問題並無運用。

警察爲防止目前之危害得採取扣押措施。針對遊民問題

45　Vgl. Katja Reitzig, a.a.O., S. 66 f.

46　Vgl. Ruder/Schmitt, a.a.O., S. 231 f.

47　Vgl. Ruder/Schmitt, a.a.O., S. 232 f.

可能產生社會的危害，警察以扣押屋主或第三人的房屋以避免租屋者成為遊民。然而從上述規定有關防止目前的危害予以扣押，似乎在要件上較為模糊，但從德國巴登符騰堡邦警察法第33條第1項第1款有關扣押之規定則較明確，其規定為：為了個人或團體的保護，防止公共安全或秩序的直接滋擾或者為了排除已產生的滋擾，警察於必要時可以扣押物品。德國為防止危害發生或排除現存危害，倘若用其他方式無法達成警察的目的，則在警察法上有特別權限予以扣押的規定，例如上述德國巴登符騰堡邦警察法第33條第1項第1款之規定以及德國聯邦與各邦統一警察法標準草案第21條之規定，此性質為警察機關所為的處分，是不同於檢察官或法官的強制扣押處分，此為司法強制處分。

　　反觀我國，在警察法上並無針對排除危害或防止危害之扣押處分，只有在警察職權行使法第21條規定，警察可以對危險物品予以扣留，然條款並不相同於警察扣押處分，而我國刑事訴訟法所規定扣押處分，乃為司法上之強制處分，並非警察之扣押處分，也因此在我國警察若要對遊民問題，採取扣押處分，將面臨沒有法律依據之困境。因此，未來我國修正警察法時宜將以危害防止為目的之扣押處分列入警察作用之章節或者修正現行警察職權行使法有關扣押之規定，使警察可以在危害防止之要件下採取一般扣押措施，而非僅僅針對危險物品本身之扣押。

（四）管束

　　警察在一定情形下亦可依據行政執行法或警察職權行使法針對遊民實施行政管束措施，其在法律性質上即為即時強制之一種。針對遊民而言，倘若他本身欲傷害別人或自我傷害等情形，而在傷害還未發生之前，則符合管束的要件，警察應採

取管束措施,避免危害之發生。在此所論述之管束並非刑法上之保護管束,所以若要嚴格區別,在此所論之管束應為行政管束,以區別保安處分之保護管束。

　　管束係基於特定目的,在一定條件下,違反當事人意願或未經其同意,暫時拘束人身自由之即時措施[48]。管束因對人身自由之干預,非基於特別重大之理由以及非基於形式法律,不得為之[49]。管束所依據現行的法律為行政執行法以及警察職權行使法。一般而言,行使機關大部分指為警察機關,而法律上規定的管束,雖有發動構成要件之規定,但仍缺乏相關程序之規定,因此警察面對遊民實施管束,在行使過程中必須依據裁量原則,才能達成目的。然而人之管束,包括針對遊民之管束,係未經當事人同意,且具有強制地拘束當事人之人身自由,因此,是否此種人身自由之拘束,應由法官介入以保障人權,則引起討論[50]。倘若管束需要法官之許可,警察才能針對遊民實施,則其法律性質已經類似刑事強制處分,而不單純僅是警察與秩序機關之措施,其討論與研究已非在本文範圍內。

　　依據我國行政執行法第37條以及警察職權行使法第19條之規定,則管束之類型可分為三類:保護性管束、安全性管束以及其他認為必須救護或有害公共安全之虞的管束。而針對遊民之管束則大部分應為保護性管束、安全性管束,當警察發現遊民有上述本文所舉傷害本身之生命以及身體之情形,亦即符合我國行政執行法第37條第1項以及第2項,有關意圖自殺或瘋狂酗酒等情形,另遊民若有暴行或鬥毆則符合第3項之要件,警察於必要時須採取管束措施。因為遊民是社會邊緣人,

---

48　吳庚,行政法之理論與實用,三民書局,2012年增訂12版,頁543-545。

49　蔡震榮,行政執行法,元照出版公司,2002年修訂3版,頁216-218。

50　學者林紀東氏認為行政官署有權實施管束,因管束並非對於人身之處罰,又係由於救助被管束者本人,所以並無違憲之虞。學者李震山氏則反對此種動機合理化手段之見解,主張對於人之管束,應取得法官之許可。

上述所舉須管束之行為，是很容易發生的，而在此，管束是預防遊民產生危害最有效之方法。

三、社政機關之行為

　　對於解決遊民問題相當有幫助的措施是工作輔導與醫療，主要是為社會行政措施，並非警察與秩序機關管轄權限的主要範圍，但警察行政有所謂補充性原則[51]，依據警察職權行使法第28條規定，警察行使職權或採取必要措施以防止危害，以其他機關就該危害無法或不能即時制止或排除者為限。因此，當社政機關依法對遊民實施強制工作輔導或強制治療發生無法排除的困難與危害時，可以請求警察機關依據上開條款協助排除危害。而有關警察職務協助的法律基礎仍以行政程序法第19條為主，此規定得作為警察協助其他行政機關之一般程序性規定，至於個別法令中有關職務協助規定，其內容之類型大多屬單純的授權規定[52]。

　　有關針對遊民之工作輔導與醫療措施，在地方自治團體所制定規範均有相關規定，針對遊民之工作輔導均由縣市政府勞工局辦理，因遊民不同於一般勞工，對於其工作之介紹輔導應有特別處理之方法。有關醫療措施，當收容機構發現遊民有罹患疾病等情形，應予治療後再送收容。例如依據桃園市遊民安置輔導自治條例第4條第3項規定，遊民罹患疾病之診斷、醫療等由衛生局辦理；於第10條前段規定，遊民有工作能力及工作意願者，應轉介勞政機關提供職業訓練或就業服務，以輔導其自立。

　　惟警察與秩序機關針對遊民之措施如安置、扣押以及工作

---

51 陳愛娥，警察法上的補充性原則，月旦法學雜誌，第83期，2002年4月，頁23。

52 李震山，前揭註4，頁70-71。

輔導與醫療措施等，這些措施之強制性質如何？亦即其所具有之強制性為何，當遊民不願配合或遵從上述措施時，主管機關是否有強制權。有關措施可能侵犯遊民的人權，在本文前面部分已有探討，亦即自願性遊民若選擇自己的生活方式，他們喜歡露宿街頭，警察秩序機關是否有權力予以上述措施的處置。依據危害防止之理論，當遊民造成公共安全與秩序之危害，則警察秩序機關將可採取必要強制措施。然而針對協助遊民之工作輔導與醫療，倘若遊民拒絕輔導或就醫是否構成公共安全與秩序之危害，在此只能從實際案例情況，由警察與秩序機關作判斷與裁量，採取上述適當措施處理。

　　另真正施予遊民強制工作與強制治療，則與遊民犯罪相關，由於遊民之生活方式與個性特徵已經是不同於正常人所謂的社會邊緣人，而上述針對遊民之行政行為，有關警察命令、安置、扣押、管束或工作輔導等行政措施，一般是基於在短時間有效防止公共安全或秩序之危害。針對遊民日常生活的習性以及長期健康情形，則強制工作與強制醫療等措施可扮演重要角色，然而警察與秩序機關則是協助的機關，因為依據現行法律（以刑法為主），上述強制工作與強制醫療不是一般行政措施，而為一種刑事保安處分，主管機關為法院。實施強制工作與強制治療與所有保安處分一般，其性質是以替代或補充刑罰的國家強制處分[53]，法院施予如此處分，乃針對違反刑事法之犯罪者，大多是一種矯正犯罪者之附帶處分。依據刑法第90條第1項規定，有犯罪習慣或因遊蕩或懶惰成習而犯罪者，於刑之執行前，令入勞動處所，強制工作。而針對強制治療而言，依據刑法第91條以及第91條之1規定，主要係因傳染病或有性侵害之行為，曾傳染或可能傳染以及侵害他人，必須在刑之執行前接受治療。

53　許福生，刑事政策學，三民書局，2005年，頁317-320。

　　以上施以強制治療之措施，針對遊民犯罪後，法院施以保安處分，以期矯正犯罪行為，使其未來不再犯罪，而依據本文之觀點倘若善用強制工作以及強制治療之措施，不僅可以防止遊民再犯罪，或許達到根除遊民習性，使其回到社會家庭重新生活，而在此警察與秩序機關以協助執行強制工作與強制治療達到減少遊民之成果，例如社政衛生機關受法院委託執行犯罪遊民強制工作或強制醫療的過程中，同時施以矯正遊民習性以及心理等生活狀況，是可以得到一些減少遊民之成果。

四、小結

　　針對遊民之管轄權限行為，依據地方自治法規之規定，係指為達安置輔導遊民之任務或目的所為之行政行為。由於前述警察機關與社政機關針對遊民之管轄事務區分，故有關管轄權限行為亦區分警察機關之行為與社政機關之行為。警察機關之行為，主要為警察命令、安置、扣押與管束，而社政機關之行為，主要為工作輔導與醫療。由於警察機關之行為大都為干預性行為，雖亦有保護遊民生命安全之雙重效果，然而影響權益甚鉅，故應了解其概念以及重要程序。而社政機關之工作輔導與醫療，雖不屬於干預性質措施，然而基於成效，有時亦可採強制措施，不過應視個案由社政機關作判斷與裁量。

陸、結語

　　警察與一般行政機關係基於不同之任務與目的而設立，然而警察機關所負危害防止之行政任務往往與一般行政機關有所交錯或重疊，為使權責分明以及法治國家依法行政之理念能夠落實，有必要釐清警察機關與一般行政機關管轄權之界限。依

據行政程序法之管轄法定原則，警察與一般行政機關之管轄權設定係為重要課題，主要在於事務管轄權之橫向設定問題，而相對於一般行政機關，警察機關之職權係屬一種個別管轄，而個別管轄優於一般管轄，故判斷各種管轄機關，須先依事務管轄中之個別管轄以定管轄機關。而此種釐清與認識必須從個案中著手，才能較為具體與清晰，故本文以警察與社政機關處置遊民為例。從社會法與警察秩序法之觀點是一體兩面的，此亦為警察機關與行政機關之權限區分，因長期解決遊民問題是社會行政所應努力之目標，而針對警察而言，則是需要在短時間內有效排除遊民所造成之危害。相對於警察之權限，社會行政機關之任務在於儘可能避免遊民之發生，並能採取徹底解決遊民之長期措施，亦就是指一個長期住所的保障與安全，如果遊民無法得到長期之協助，則這是社會行政機關之管轄權限，而不是警察機關之管轄權限。

探究我國管轄法規，如此才能了解管轄權限，警察機關主要依據社會秩序維護法，社政機關主要依據社會救助法等，而兩者皆依據地方遊民管理規範，即地方所訂遊民安置輔導自治條例，在此有關警察秩序機關與社政機關之管轄界限，警察秩序機關則為廣義的警察定義，實務上包括消防、衛生等機關，均負責有關危害防止等事項，而社政機關主要提供社會救濟等福利給付等事項。警察機關之行為，主要為警察命令、安置、扣押與管束，而社政機關之行為，則主要為工作輔導與醫療。由於警察機關之行為大都為干預性行為，雖亦有保護遊民生命安全之雙重效果。而社政機關之工作輔導與醫療，雖不屬於干預性質措施，然而基於成效，有時亦可採強制措施，不過應視個案由社政機關作判斷與裁量。

（發表於中央警察大學法學論集，第27期，2014年10月）

4

德國警察資料蒐集法制發展之新趨勢
——以對住宅隱密蒐集資料之科技方式為核心

壹、前言

　　資訊時代的迅速蓬勃，致使規範警察蒐集資料之法制亦隨之進展，一方面必須達成維護治安之功效，另一方面亦應考量人權保障，而德國係一法學發達國家，故本文擬探究德國警察蒐集法制發展之新趨勢，作為我國法制修正之參考。首先探討德國資訊法制之原理，以作本文立論之基礎，其中包括資訊自決權、聯邦個人資料保護法與聯邦憲法法院判決等。另從實定法上探究德國警察資料蒐集法制之規範現狀，包括聯邦與各邦警察法標準草案、巴伐利亞警察任務與職權法以及柏林市安全與秩序維護法，針對其中警察蒐集資料之各個法條一一介紹論述。而針對法制發展新趨勢之介紹論述，則以巴伐利亞警察任務與職權法以及柏林市安全與秩序維護法等兩邦，有關資料蒐集之特別方式為代表。又因住宅乃為現代生活重心，故仍以住宅隱密蒐集資料之科技方式為核心，詳細探究並擬作為我國警察法制修正之參考。

貳、德國資訊法制之原理

一、概說

　　探究德國資訊法制之原理，首先從1983年聯邦憲法法院提出資訊自決權開始，代表現代民主憲政下資訊法之理論基礎，而基於資訊自決權修訂之德國聯邦個人資料保護法，則為實定法上實踐基本人權之基礎大法，亦為探究重心。另近年來，德國聯邦憲法法院針對資訊權等法制之審查判決，係為觀察法制發展新趨勢之重要依據，在此一併介紹探討。

二、資訊自決權

　　個人資料之被警察機關所蒐集、傳遞、利用，此種警察資訊作用涉及對個人隱私權、資訊自決權及一般人格權之干預，此均為憲法保障基本人權之範圍，在德國稱為「資訊自決權」（Informationelles Selbstbestimmungsrecht）。從權利保護之觀點言，資料保護係從隱私權保護發展而來，此一發展是漸進且有軌跡可循的，在探討資料傳遞之同時，亦須兼顧人民資訊隱私之保護[1]。資訊自決權旨在尊重個人資料當事人之自我決定權，而資訊隱私權旨在保障屬於隱私範圍之個人資料保護。個人有權決定涉及其個人資料之蒐集、儲存、利用等事宜，但該個人資料不必然皆在隱私權保障範圍內[2]。質言之，個人資料皆與資訊自決權有關，個人資料中之主體在主觀或客觀上對該資料有隱私保護之意願與期待時，方涉及資訊隱私權。況且資訊隱私權在實際運作上，需先經他人或公權力確定是否屬隱私權保障範圍。由此可知，極有可能有些雖屬個人資料者卻被認為不屬隱私權保障範圍。綜上，賦予人民資訊自決權對個人資料保護相較於賦予人民資訊隱私權更為完整且有效[3]。

　　而個人資訊自決權係屬自然人人格權的一環，係由德國聯邦憲法法院1983年「人口普查案」判決所發展出來的「獨立基本權」。個人資訊自決權係指「每個自然人基本上皆有權自行決定，是否將其個人資料交付與供利用之權利」[4]。最廣義的隱私權固可以包含個人資訊自決權，但某種法律地位已

1　許文義，德國警察資料處理職權之探討，中央警察大學學報，第35期，1999年，頁185。

2　Wolf-Rüdiger Schenke, Polizei-und Ordnungsrecht, 4. Auflage, 2005, Rn. 176 ff.

3　李震山，警察行政法論——自由與秩序之折衝，元照出版公司，2007年9月，頁309-311。

4　李震山，論資訊自決權，現代國家與憲法——李鴻禧教授六秩華誕祝賀論文集，月旦出版公司，1997年3月初版，頁712-715。

獨立成為基本權時，即不必再以衍生的方式，認為其由另一基本權所包括[5]。而上述判決同時亦說明，個人之資訊自決權並非毫無限制地受到保障。個人並非有絕對、無可限制地擁有「他自己的」資訊，其是一個在社會共同體中形成的人格體。即使涉及個人之資訊，亦是社會現實的投射，而非僅僅專屬個人支配。如同德國憲法法院判決一再強調，在個人與共同體之關聯性以及個人受共同體之拘束性意義下，基本法已經決定了個人與共同體的緊張關係（die Spannung Individunm Gemeinschaft）。

因此個人之資訊自決權，原則上應受重大之公益（das überwiegende Allgemeininteresse）所限制。但是根據基本法第2條第1項規定，此項限制仍須具備一個合憲的法律基礎，始得為之[6]。具體言之，基本權利僅得基於保護公益之必要始得被加以限制。由於個人資料自動化處理之利用可能造成之危險，為了防止立法者對人格權加以侵害之危險，必須進一步強調組織與程序法上預防措施之必要。由此觀察，基於落實人民資訊自決權，我國個人資料保護法之制定，係為規範個人資料之蒐集、處理及利用，以避免人格權受侵害，並促進個人資料之合理利用[7]。

一般多認為，保護個人資訊的用意在於，透過對資訊流通的管制，以賦予個人對於與其自身相關的資訊，能擁有決定在何種範圍內、於何時、向何人、以何種方式加以揭露或處分使用的自主權，此即賦予個人對個人資訊得擁有自我決定之權。資訊自決乃是其他更一般性之「自我決定權」

5　李惠宗，裁判書上網公開與個人資訊自決權的衝突，月旦法學雜誌，第154期，2008年3月，頁24。

6　Vgl. Ruder/Schmitt, Polizeirecht Baden-Württemberg, 6. Auflage, 2005, S. 287 ff.

7　程明修，資訊自決權─遺傳基因訊息，法學講座，第19期，2003年7月，頁3-5。

（Selbstentscheidungsbefugnis）的一種特殊形態，自我決定的對象是與個人相關的資訊。資訊自決權雖然重在對個人資訊的自主控制可能性，但對於資訊與個人間所存在之關聯究竟對個人（人格）具有何種意義，並非其關切之重點，因此只要與個人相關之任何資訊，都具有成為資訊自決對象的資格。另一方面，資訊自決既重在對個人資訊處分使用的自主控制可能性，只要此等處分使用權未受到外在的壓抑、限制與阻礙，也就是資訊的處分使用只要已獲得個人的同意，資訊自決即得謂已受到保障[8]。

　　這樣的資訊自決權事實上就是一種行為自由，用以對抗個人處分使用其個人資訊之行為自由的外在妨礙。個人的行為自由雖然一般而言受到憲法與法律的保障，但往往也必須與相衝突的其他法益進行利害權衡，以決定個人行為自由的可容許範圍。這種權衡的最典型操作公式即是古典自由主義者約翰‧彌爾（John S. Mill）所提出「避免他人之傷害乃是對個人自由加以限制的唯一正當理由」的「傷害原則」：當行為自由之行使牽涉一己以外之他人時，則必須以不侵害他人之權利為行為自由的界限。因此資訊自決作為一種行為自由，同樣也必須面對這種法益權衡，在必要時予以限制。其他常見的與資訊自決權相衡量的相對利益包括：追求政府施政可信賴性的資訊公開利益、維護極其重大之國家或整體安全的利益等。

8　邱文聰，從資訊自決與資訊權隱私的概念區分—評「電腦處理個人資料保護法修正草案」，2009年5月，頁172-174。綜合言之，資訊自決保障個人外在行動的自由，資訊隱私權則維護個人人格內在形成的彈性空間。資訊自決權與資訊隱私權的不同內涵與性質形成各自不完全相同的保護射程範圍。資訊隱私為了保障人格內在形成的空間，必須針對蒐集利用個人資訊以進行知識與權利生產的各種活動予以約束控制，而不僅因外在行動自由未受壓抑箝制即輕易鬆手。因此，即使資訊自決未受侵害，資訊隱私也不必然就可謂已獲得保障。

三、聯邦個人資料保護法

　　德國法制中之隱私權雖然隨著「一般人格權」普遍受到判例與學說之支持而逐漸獲得肯認，惟因電腦技術發展日新月異，面對電腦自動化且大規模之資料處理，一般人格權之內涵已無法全面性地保護人格之完整，因此有資料保護與資料保全觀念之提出，以謀求建立一個具體的保護領域。德國因日漸受到美國隱私權相關論著及資訊之影響，於是在1968年掀起了資料保護關注的議題。爾後除德國黑森邦於1970年出現世上第一部對於資料予以廣泛立法保護之「資料保護法」（Hessische Datenschutzgesetz；HDSG）外，而德國國會亦於1971年12月向聯邦眾議院提出「聯邦資料保護法律草案」。期間因聯邦政府與國會意見不一，使「聯邦資料保護法律草案」懸宕多年後才制定為「聯邦個人資料保護法」，並歷經多次協商後，終於在1976年11月10日及11月12日分別在眾、參二議院獲全文通過[9]。

　　德國聯邦個人資料保護法於1977年1月27日生效後，於1980年因應修法聲浪進行第一次修正。至德國聯邦憲法法院於1983年12月15日做出「人口普查案」判決，所提出資訊自決權之觀念，至此成為德國聯邦個人資料保護法發展之憲法基礎。其後更為因應歐盟個人資料保護訓令相關規定之修正，德國聯邦個人資料保護法於2001年5月18日再次進行修法，其修

9　邱琳雅，德國聯邦個人資料保護法（BDSG），財金書房，2008年10月，頁60-61。本法計有六章共計60條文，條文規範內涵包括與資料保護相關之各項原理原則，例如限制蒐集原則（又稱直接原則，如第4條第2項、第13條第2項第一句）、內容完整正確原則（如第20條第1項前句、第35條第1項）、目的明確原則（或稱目的拘束原則，如第14條、第28條第1項）、限制利用原則（如第31條）、安全保護措施原則、公開原則、個人參與原則及責任原則等。而其在立法體例架構上則依序由總則、公務機關之資料處理、非公務機關及公法上營利事業體之資料處理、特別規定、罰則及過渡條款分別規範之。

法目的在轉化前述1995年歐盟個人資料保護訓令並保障個人
資料及資訊自由流通。且爲因應舊法中一些重要的過渡條款，
於實施三年後已失效，新法便納入舊法過渡條款之相關程序規
定，同時新法也納入有關影像監視、晶片卡等新資訊科技的補
充規定。而2003年1月14日之修法旨在保障個人資料自主權，
並落實歐盟有關建立共同資料保護標準之訓令。而該法最近一
次的修正，即爲2017年10月31日針對第10條第2項有關撤回程
序檢查之允許性規定。

從內容觀察而言，德國聯邦個人資料保護法與警察機關
資料蒐集密切相關之規定，係該法第二章在規範公務機關之資
料處理與第三章在非公務機關及公法上營利事業之資料處理，
而第二章在體例上依序分別規範資料處理之法律基礎、當事
人之權利及負責保護資料之專員三小節。第三章在於體例上
亦依序分別規範資料之法律基礎、當事人之權利及主管機關三
小節。相較於其他國家，德國爲貫徹個人資料之保護而創設聯
邦資料保護專員（Bundesbeauftragter für den Datenschutz und
die Informationsfreiheit）在資訊網路蓬勃發展、資料大量擷取
便捷快速的時代，欲全面防堵個人資料之外洩，實非易事。故
該法不僅在立法上設置獨立行使職權之資料保護專員，並對其
選任、法律地位、任務、異議、監察實施與活動等，均定有明
文[10]。

四、聯邦憲法法院判決

近年來，聯邦憲法法院判決亦作爲德國資訊法制之原
理與基礎，首先於2003年3月12日「電信通信紀錄」判決，
其裁判要旨認爲：公法廣電機構（die öffentlichrechtliche

10 Vgl. Gola/Klug, Grundzüge des Datenschutzrechts, 2003, S. 33-46.

Rundfunkanstalten）為保障消息取得及其編輯工作之秘密性，得主張基本法第10條之秘密通訊自由，並且在此範圍內，得主張基本法第19條第4項之權利保護保障。在犯罪追訴之範圍內，法官命令電信事業提供列帳目的業已存在，或是在實施來電追蹤時應查出之通信紀錄，乃侵害到資料關係人之通訊秘密（Fernmeldegeheimnis）。當此等侵害對於追訴有具體嫌疑之重大意義是必要的，並且有充分確定之事實基礎，足資推定受命令涉及之相對人與嫌犯有透過電信設備聯繫時，始具有正當性[11]。

此項判決，其中理由略以調查通信紀錄（Fernmeldeinformation）係以存在有具重大意義之犯罪行為、具體之行為嫌疑，以及足夠確定之事實證明命令對象具訊息中介入特性為前提。由此等構成要件要素，調查通信紀錄之法律門檻極高。此外，聯邦憲法法院並非僅從基本權侵害之強度，而認為刑事訴訟上措施雖已訴訟上過時，但仍具有受專業法院審查之必要性，毋寧亦以程序進行之特殊性為立論。若無法院事後審查之可能性，則在電話監察以及查詢電信資料之情形，相對人之權利保護將淪為空轉。蓋調查法官必須在無聽取相對人意見之情形下作出決定，並且通知唯有在措施執行後始得為之。倘若基於憲法上之正當理由，基本權之侵害以秘密為前提要件者，則相對人之後要求法院確認措施違法之值得保護利益，不應只是例外地受到肯定而已[12]。

於2004年3月3日「大監聽與個人隱私案」判決，其裁判要旨認為，依基本法第1條第1項所保障之人性尊嚴不可侵犯（Zur Unantastbarkeit der Menschenwürde），係屬於個人生活所絕對保護的核心領域。為犯罪偵查之目的所為之監聽（基

11　Vgl. BVerfGE 1 BvR 330/96 & 1 BvR 348/99.

12　a.a.O.

本法第13條第3項）亦不得侵犯此一領域。故在此即毋庸考
慮依比例原則衡量居住自由不可侵犯（基本法第13條第1項
連結第1條第1項）與犯罪偵查間之利益。並非每一種對住宅
所為之監聽皆侵害基本法第13條第1項所保障之人性尊嚴內
涵。立法授權對住宅監聽須確保人性尊嚴不被侵犯，以及符
合基本法第13條第3項之構成要件暨憲法中其餘的價值預設
（Vorgaben）。授權對住宅監聽，若涉及因監聽所得個人生活
絕對保護核心領域之資訊，即應終止監聽，並將其紀錄銷毀，
任何對於此種資訊之利用皆不得為之。刑事訴訟法中因犯罪偵
查目的所為監聽之規定，與憲法關於人性尊嚴保障（基本法
第1條第1項）、法治國家原則所包含之比例原則、有效之權
利保護（基本法第19條第4項）、以及法定聽審權（Anspruch
auf rechtlichen Gehör）等原則（基本法第103條第1項），並
未完全相符[13]。

　　此項判決，其中理由略以，因住宅監聽措施所取得個人資
料及資料之儲存及使用原則上應受其取得原因之犯罪偵查目的
所拘束。所取得之資訊作為其他犯罪偵查之目的使用，基本上
已構成一個獨立的基本權利侵害，因為基本法第13條第1項之
保障不限於在住宅內取得資訊之階段，尚包括其轉移使用。雖
一般而言，目的拘束原則不排除目的之變更，但其需要在形式
及實質上合憲之法律基礎。諸如因一般超越基本權利保障利益
之公益而為之目的變更。新的使用目的須涉及行政機關具有得
以傳遞個人資料之任務及職權，並為內容清楚之規範。最後資
料取得之使用目的和變更後之使用目的不得彼此矛盾[14]。

　　於2005年7月27日「預防性電信監察」判決，其裁判要
旨認為，當法律之修正造成新的基本權限制，若被修正之法

13　Vgl. BVerfGE 1 BvR 2378/98.

14　a.a.O.

律原本已含有基本法第19條第1項第二句意義下之指明條款（Zitiervorschrift），則依基本法第19條第1項第二句之規定，於修正法中仍應指出所涉及之基本權為何。聯邦立法者已行使其依基本法第74條第1項第1款之立法權，就「透過電信監察（Telekommunikationsüberwachung）措施對犯罪進行追訴」予以規範。各邦因此即不得再賦予警察「基於為追訴犯罪預作準備之目的而實施電信監察」之職權。本案涉及法律授權以電信監察為手段，而對犯罪進行防範以及對犯罪之追訴預作準備（Vorsorge für die Verfolgung von Straftaten），是否符合法律明確性及符合比例性之要求[15]。

此項判決，其中理由略以，關於高度個人之訊息溝通，人民對電信的依賴與對住宅之依賴並不相同。與此相應的是，基本法第10條第1項並不像基本法第13條設有特別之干預要件，而僅對於法治國的一般要求加以規定。基本法第1條第1項保障之人性尊嚴不可侵犯，其要求在基本法第10條第1項的保障範圍內，對於私生活形態核心領域中個人發展之保障，必須設有防護措施（Schutzsmaßnamen）。當在具體個案中，有事實上之根據足以證明電信監察已蒐集到屬於上開核心領域的內容，則電信監察即無法被合理化並應停止。由於在下命或實施電信監察時，並不能確實預見要監聽的談話將會包含何種內容，因此「監聽措施掌握到私生活形態核心領域之通訊」，此一風險並不能被排除。在憲法上，充其量僅在「受危害之法益具有特別高度之位階」以及「透過具體之依據可知與未來將實現之犯罪有直接關聯」，始能忍受上開之風險。因此在電信監察之授權法律中應該設有「高度個人領域之通訊內容被例外地蒐集到時，確保該通訊內容不得儲存與運用，而應立即銷毀」

15　Vgl. BVerfGE 1 BvR 668/04.

的防護措施。然而，在系爭法律中並無這樣的規定[16]。

於2013年4月24日「反恐資料庫」判決，其裁判要旨認為，反恐資料庫（Antiterrordatei）作為各不同安全機關為打擊國際恐怖主義而共同之聯合資料庫，因其本質侷限在獲取資訊之前哨站，且明定僅在重大急迫之例外情形下，始可基於有效履行任務之目的而利用該資料，故就其基本架構而言，建置此等資料庫，並未牴觸憲法。使警察機關及情報機關得以進行資訊交換之規定，因資訊自主決定基本權之緣故，應受憲法較高程度要求之拘束。由基本權可以導出資訊區分原則，此一原則對於上開之資訊交換（Infornationsaustausch），僅在例外情況下使允許之。諸如反恐資料庫等在各安全機關之間共同的聯合資料庫，鑑於被蒐集資料及其被使用之可能性，必須以充分明確且合乎過度禁止原則之法律規定妥為設計安排。反恐資料庫並未完全合乎此一要求，詳言之，關於參與機關、被列為與恐怖主義關係密切之人的範圍、聯繫者之併納、對以隱密方式備妥之延伸基本資料之使用、關於安全機關對應儲存資料的具體職權，以及確保有效監督等規定，反恐資料庫法（Antiterrordateigesetz）均未達到上開要求。藉由干預書信與通訊秘密及住宅不受侵犯權而獲致之資料，當其不設限地被納入反恐資料庫，即對基本法第10條第1項及第13條第1項造成侵害[17]。

---

16 a.a.O.

17 Vgl. BVerfGE 1 BvR 1215/07. 其判決理由略以，立法者在反恐資料庫法第8條規定了資料處理之責任，在反恐資料庫法第5條第4項及第9條規定了對資料庫進行一切讀取之殊異與廣泛的紀錄，在反恐資料庫法第10條第1項規定了與聯邦體制之權限分配有關，在事務上並無設限，透過聯邦與各邦個人資料保護官而為之監督。這些規定乃有效查驗（該查驗本質上合於憲法之要求）之基礎。依反恐資料庫第10條第1項結合聯邦個人資料保護法第24條第4項第四句之規定，在特殊的、嚴格操作的例外情況下，告知或閱覽可能遭到拒絕，這並不會影響職權的有效性。然而，關於對固定週期性義務查驗之要求，卻缺乏足夠的法律規定。就此而言，立法者有增補義務。

　　於2008年3月11日「Nordrhein-Westfalen邦警察法上之電子搜尋追緝是否侵犯資訊自決之基本權」裁定，其裁定要旨認為，宣告系爭條文違反基本法第2條第1項以及第1條第1項規定無效。這個科技比對的設施可以是固定也可以是移動式的，這個措施是爲了要來作爲尋找曾報導過的被偷竊的車輛或是爲了其他理由被追蹤。因爲這些條文只有車輛自動辨識查緝比對的法律目的的單純名稱，而沒有進一步定義查緝比對，不符規範明確性的要求。這些條文也不符合法律明確性的原則，因爲這些條文沒有規定以辨識與比對的手段作爲調查的原因與目的。此外，這些系爭的條文沒有任何範圍的限制，也不符合基本法比例原則，沒有充分的合乎基本人權門檻要求的規定措施，嚴重牴觸相關當事人的資訊自決權，侵害了憲法訴願人作爲資訊自決權表徵的一般人格權[18]。

五、小結

　　個人資訊自決權係屬自然人人格權的一環，係由德國聯邦憲法法院1983「人口普查案」判決所發展出來的「獨立基本權」，所提出資訊自決權之觀念，至此成爲德國聯邦個人資料保護法發展之憲法基礎。故德國聯邦個人資料保護法基於資訊自決權以及因應歐盟個人資料保護訓令相關規定之修正，於2001年5月18日再次進行修法，其修法目的在轉化前述1995年歐盟個人資料保護訓令，並保障個人資料及資訊自由流通。而

18　Vgl. BVerfGE 1 BvR 2074/05. 聯邦憲法法院於2008年2月27日，宣布爲了國家安全的目的，賦予國家得於電腦及網路上蒐集人民資訊之權力所制定憲法保護法爲違憲，並認爲現有之基本權出現漏洞，故創設電腦基本權，作爲一般人格權之特殊面向，其從德國基本法第1條第1項人性尊嚴之保障及基本法第2條第1項一般人格權中導出，認爲科技資訊系統親密性與整合性保障權，旨在確保使用者所創造、擁有及儲存在資訊科技系統中之資訊的利益受到保障而可維持其秘密性，此爲保障個人主體性及人性尊嚴所不可缺。

2003年1月14日之修法旨在保障個人資料自主權，並落實歐盟有關建立共同資料保護標準之訓令。而該法最近一次的修正，即為2017年10月31日針對第10條第2項有關撤回程序檢查之允許性規定。

　　相較於其他國家，德國為貫徹個人資料之保護而創設聯邦資料保護專員，最有特色，且不僅在立法上設置獨立行使職權之資料保護專員，並對其選任、法律地位、任務、異議、監察實施與活動等，均定有明文。除了資訊自決權與個人資料保護法外，又聯邦憲法法院於2003年3月12日「電信通信紀錄」判決、2004年3月3日「大監聽與個人隱私案」判決、2005年7月27日「預防性電信監察」判決、2013年4月24日「反恐資料庫」判決、2008年3月11日「Nordrhein-Westfalen邦警察法上之電子搜尋追緝是否侵犯資訊自決之基本權」裁定等，均亦成為德國資訊法制之原理與基礎。

參、德國警察資料蒐集法制

一、概說

　　依據資訊自決權、聯邦資料保護法與聯邦憲法法院判決等法理，德國聯邦與各邦制定警察法，均將警察資料蒐集法制明定於警察法中，首先德國聯邦內政部修訂聯邦與各邦警察法標準草案，提供各邦參考。另各邦所制定警察法，德國北部以柏林市安全與秩序維護法為代表，南部以巴伐利亞警察任務與職權法為代表。故探討德國警察資料蒐集法制，是以上述三項法律所規定相關資訊作用規範，予以介紹論述。

二、聯邦與各邦警察法標準草案

　　因為德國聯邦與各邦警察法標準草案係為德國聯邦內政部的一項文件，其並無效力，更進一步說，依據德國基本法規定，警察法之立法完全屬於各邦權限，聯邦並無置喙之餘地。然而此項草案則可為各邦立法之參考，在此針對此草案警察資料蒐集之規定，僅作概述，而針對邦警察法具有代表性且具實施效力之巴伐利亞與柏林，則深入論述[19]。

　　首先此項草案於第8條a規定資料蒐集之一般規定（Allgemeine Regeln der Datenerheben），此項規定列於第二章警察職權，在第8條規定警察一般職權，其係規定為防止公共安全與秩序之具體危害。而第8條a規定警察為防止危害等任務，得蒐集受傷害之人、無助之人等個人資料。另警察基於事實線索依經驗為預防抗制犯罪行為所必要時，得蒐集個人資料。在第8條b規定於公共活動、人群聚集與集會中資料蒐集（Datenerhebung bei öffentlichen Veranstaltungen und Ansammlungen）。於第8條c規定資料蒐集之特殊方式（Besondere Mittel der Datenerheben），包括長期監視、藉科技工具秘密執勤，特別是攝影與錄影，以及監聽或錄音、臥底警察之勤務、由與警察合作而第三者所不知悉之其他人之勤務、藉裝置獨立之錄影器械予以監視等等[20]。

　　另於此草案第10條a規定資料之儲存、變更與利用（Datenspeicherung, Datenveränderung und Datennutzung），其係規定警察為完成其任務所必要者，得將個人資料儲存於

19　Vgl. Würtenberger/Heckmann/Riggert, Polizeirecht in Baden-Württemberg, 5. Auflage, 2002, S. 1 f; Pieroth/Schlink/Kniesel, Polizei- und Ordnungsrecht, 2. Auflage, 2004, Rn. 2.

20　Vgl. Musterentwurf eines einheitlichen Polizeigesetzes des Bundes und der Länder, § 8a, b, c. Wolf-Rüdiger Schenke, Polizei-und Ordnungsrecht, 4. Auflage, 2005, Rn. 55 ff.; Ruder/Schmitt, Polizeirecht Baden-Württemberg, 6. Auflage, S. 221 ff.

文卷或資料片中，並得加以變更與利用。在第10條b規定檔案行政與文獻，其係規定警察檔案行政或一定期限之文獻，得將警察活動所獲得之個人資料儲存之，並僅爲此目的而利用之。在第10條c規定資料傳遞（Allgemeine Regelungen der Datenübermittlung），其係規定警察執勤之警察機關、勤務機構間爲達成警察任務有必要時，得相互傳遞個人資料。而爲達成警察執勤之警察機關、勤務機關之某種任務或由獲得資料者防止某種重大危害等，警察得將個人資料傳遞予外國公共部門與跨國或國家間部門[21]。

於第10條d規定自動調閱程序（Automatisiertes Abrufverfahren），其係規定以調閱方式傳遞個人資料之自動程序設施得予許可，但此種資料傳達程序須經斟酌當事人值得保護之利益並合於警察任務者爲限。在第10條e規定資料比對（Datenabgleich innerhalb der Polizei），其係規定警察得將蒐集之個人資料與警察資料比對等。在第10條f規定資料比對之特別形式（Besondere Art der Datenabgleich），其係規定爲防止聯邦或邦之安全與生存或個人身體、生命或自由之當前危害等，得要求公務機構將其專爲與其他資料比對目的之資料片中特定多數人之資料傳遞之。在第10條g規定資料之更正、註銷與封存（Berichtigung, Löschung und Sperrung von Daten），其係規定資料片中之個人資料不正確者，應更正之。文卷中之個人資料經確認不正確者，應於文卷中註明之，或依其他方式紀錄之。而有不法儲存者等，資料片中之個人資料應註銷之，與此有關之資料應銷毀之。在第10條h規定建檔規定

21　Vgl. Musterentwurf eines einheitlichen Polizeigesetzes des Bundes und der Länder, § 10a, b, c. 重要者於第10條c(3)：另有下列情形之一，必要時，警察得將個人資料傳遞予其他機關或公共機構：1.爲完成警察任務；2.接受資料者爲防止危害；或3.防止或排除對公益或個人值得保護利益之重大不利。在前段第1款或第3款之要件下，警察得將個人資料傳遞予非公務機構與個人。

（Errichtungsanordnung für Dateien），其係規定警察執勤之任何自動資料片，其建檔規定，至少應包括資料片之標示、其法律基礎與目的等等[22]。

三、巴伐利亞邦警察任務與職權法

　　本法有關資料蒐集利用之規定，首先從第30條規定資料蒐集之基本原理（Grundsätze der Datenerhebung）：「1.依據本法或其他警察資料蒐集之法規所允許，警察得蒐集個人資料。2.原則上個人資料係針對相對人而蒐集。當資料蒐集針對相對人係為不可能或需要相當高之費用或可能傷害警察任務之實踐，則針對當事人之個人資料亦可向行政機關、公共機構或第三人予以蒐集。3.原則上警察可以公開蒐集個人資料。當以其他方式將會傷害警察任務之實踐或可能造成巨大破壞或就事實認為以此符合當事人重大利益，則以非能辨識之警察措施蒐集資料係被允許的。4.針對當事人或第三人之資料公開被蒐集，於下列情形，其請求基於資料蒐集的法律基礎以必要的方式證明：（1）在具體上存在法律的答覆義務或答覆意願。（2）當警察任務或第三人保護之利益可能被傷害或阻礙，此資料將被保留。5.所謂重大刑事犯罪所指是嫌疑犯以及下列情形：（1）犯刑法第138條之罪、第129條之罪以及犯據刑法第234、244、253、260、263a、265b、266、283、283a、302a或324至330a條之經濟、幫派之罪。（2）違反武器法第53條第1項第一句或第二句。（3）違反麻醉劑法第29條第3項第二句第1款或第4款。（4）外國人法第47條a。[23]」

22　Vgl. Musterentwurf eines einheitlichen Polizeigesetzes des Bundes und der Länder, § 10d, e, f, g, h.

23　Vgl. Gesetz über die Aufgaben und Befugnisse der Bayerischen Staatlichen Polizei Polizeiaufgabengesetz (PAG), § 30.

　　第31條規定資料蒐集（Datenerhebung）：「1.當針對危害防止所必要，特別是預防犯罪（第2條第1項），警察得對本法第7條、第8條與第10條所稱之人以及其他人，於下列情形下，蒐集個人資料：（1）私權之保護（第2條第2項）；（2）執行協助（第2條第3項）或；（3）依據其他法規所委任之任務實踐（第2條第4項）（4）在第11條至第48條所未規定之警察特別職權。2.警察得於下列情形，針對設備與機構之責任，排除重大危害：（1）針對受危害設備與機構之責任；（2）針對公共活動之責任；（3）針對需要危害防止特別知識與能力之人；（4）就危害狀況協助準備事項所必要時，蒐集姓、名、教育程度、住址、電話號碼以及其他可獲得之資訊以及有關所屬人民團體所屬資料。[24]」

　　第32條規定公共活動與集會以及針對特別受危害客體之資料蒐集（Datenerhebung bei öffentlichen Veranstaltungen und Ansammlungen sowie an besonders gefährdeten Objekten）：「1.當就事實重點足以認為，違反重大秩序與刑事犯罪之可能，警察得針對有關公共活動與集會之危害責任，經由錄影與錄音之科技手段予以蒐集個人資料。當此措施無可避免應針對第三人時亦可實施。2.警察於下列情形，得公開對人攝影、錄音或錄影：（1）為防止個案所生之危害；（2）於本法第13條第1項第2款所稱之處所，而該處所屬公眾得出入者，或（3）有事實足認為，將為重大秩序違反行為實施之處所，而該處所屬公眾得出入者。於第2款、第3款情形，應以適當之方法，指明該攝影、錄音或錄影。3.有事實足以認為，於本法第13條第1項第3款所稱之標的內或鄰接處，將有犯罪行為之施行，而對人、該標的或其他該標的內之物，造成危害者，警

24　Vgl. Gesetz über die Aufgaben und Befugnisse der Bayerischen Staatlichen Polizei Polizeiaufgabengesetz (PAG), § 31.

察得在該標的內或鄰接處，對人攝影、錄音或錄影。4.依前項所蒐集之資料，若非對具重大之秩序違反行為之追緝，或對犯罪追緝有必要者，至遲應於兩個月內註銷之。5.經由警察或與公共集會與遊行相關之攝影、錄音與錄影適用集會法第12條a以及第19條a。[25]」

第37條規定資料儲存、資料改變與資料利用之一般規定（Allgemeine Regeln der Datenspeicherung, Datenveränderung und Datennutzung）：「1.警察得就本法或其他法規之允許，將資料片或資料庫之個人資料予以儲存、變更與利用。2.儲存、變更或利用僅允許針對其已取得資料之目的。就警察可能針對之目的所蒐集資料而言，此包含針對一個其他的警察目的所更新的儲存利用與改變係被允許的。3.儲存之期限應基於必要的範圍予以限制。針對自動程序資料，其期限之限制，最遲之檢驗在於可搜尋之儲存資料繼續之必要性（檢驗期日）。費用自動程序之資料與資料片之檢驗日期與保管期限應被確認。在此應考慮儲存目的與儲存動機之種類與意義。4.有關資料儲存、變更與利用之其他法規不受影響。[26]」

第38條規定資料之儲存、變更與利用（Speicherung, Veränderung und Nutzung von Daten）：「1.警察為完成其任務且針對時間期限之文件或行政過程所必要者，得將個人資料儲存於文卷或資料片中，並得加以變更與利用。2.警察就個人資料係為危害防止，特別為刑事犯罪抗制所必要時，其亦在刑

---

25 Vgl. Gesetz über die Aufgaben und Befugnisse der Bayerischen Staatlichen Polizei Polizeiaufgabengesetz (PAG), § 32.

26 Vgl. Gesetz über die Aufgaben und Befugnisse der Bayerischen Staatlichen Polizei Polizeiaufgabengesetz (PAG), § 37. 與此條相關者亦有第35條有關秘密調查者干預之特別規定：「1.就圖片的結構與維護有必要時，相關的原始資料允許被加工、改變與利用。秘密調查者僅允許針對基於圖片之任務實踐參與權利交流。2.秘密調查者僅允許利用圖片為了解居住者而侵入住宅。秘密調查者之其餘職權係依據本法規定與刑事訴訟法。」

法調查程序或個人所取得，並有犯罪之嫌疑，得予以儲存、變更與利用。針對所儲存資料若存有懷疑，應予以銷毀。此依據第37條第3項所確認的檢驗日期或保管期限，在原則上針對成年人是十年，針對青少年是五年，對小孩為二年（規則期限）。而不重要的情況則可縮短規定期限。原則上，此期限結束於年底，而在下一次重大事件發生，資料之儲存並非當事人從司法矯治機構或剝奪人身自由前，有關改善與安全之相關標準原則。如果第三句至第五句期限之內，有關係此項目個人資料之繼續儲存，則整體上檢驗日期資料上之所有儲存，適用於前項規定或保存維護期限終結於前項規定。3.在第36條第1項之情況得與第1項不同，得規定較長期限。倘若保管於期限到期後擬繼續，於最遲三年應重新檢驗應淘汰之資料。4.警察亦得利用個人資料作為訓練與進修。當可能需要不合正常的費用或不符合訓練與進修的目的時，且當事人已在資料保密維護下，則資料之隱藏化得被停止。[27]」

第39條規定資料傳遞之一般規定（Allgemeine Regelungen der Datenübermittlung）：「1.傳遞資料之機關應檢驗資料傳遞之允許性。倘若資料傳遞係基於接受者之請求理由，必須提供必要文件而受審核。針對警察勤務機構或其他機關或公共機構之請求，傳遞機關僅僅審核，此請求是否為接受者之任務範圍。如果資料傳遞係經由自動程序而中斷，接受者應承擔中斷合法性之責任。2.接收者在就法律無其他規定下，經允許針對已被傳遞資料目的之運用與利用而被傳遞個人資料。機關與其他機構在基本法適用範圍之外，跨越與介於國家機關或人與公共領域外的機關係在此均為資料傳遞所指出的機關。3.當接收者需要實踐同樣目的之警察已獲得資料時，如果個人資料

27　Vgl. Gesetz über die Aufgaben und Befugnisse der Bayerischen Staatlichen Polizei Polizeiaufgabengesetz (PAG), § 38.

屬於職業上或特別機關秘密且在職業或機關義務上已傳遞給警察之個人資料，而在此義務人保持緘默，則經由警察之資料傳遞係被允許的。4.介於警察機關與邦憲法保護局之資料傳遞依據巴伐利亞憲法保護法。5.有關資料傳遞之其他法規不受影響。[28]」

第40條規定公共領域內之資料傳遞（Datenübermittlung innerhalb des öffentlichen Bereichs）：「1.警察就任務實踐所必要時，得將個人資料傳遞給其他警察機構。在此規定亦適用對其他邦或聯邦之資料傳遞。2.警察就任務實踐所必要時，得從機關或其他公共機構，或基本法適用範圍外之機關或其他機構以及介於國家之間傳遞個人資料。3.如果其他機關或公共機構對危害防止有管轄權，警察就資料知識對接收者任務之實踐有必要時，得從此機關或公共機構傳遞現存之資料。4.其他在下列情形下，警察得基於個人資料之查尋，傳遞於機關或公共機構：（1）經由接收者在危害防止任務之實踐；（2）針對整體大眾之不利予以預防與去除；（3）維護其他受保護利益之必要性。5.於下列情形，警察得針對基本法適用領域外之機關與其他機構或跨越與介於國家間之機構傳遞個人資料：（1）基於跨越或介於國家間有關警察機構資料傳遞之協定義務或；（2）經由接收者對重大危害之防止所必要的。然而若就事實存在著可能違反聯邦或邦法律或傷害當事人受保護之利益，資料傳遞應停止。[29]」

第41條規定資料傳遞在公共領域外之人或機構（Datenübermittlung an Personen oder Stellen außerhalb des

---

28　Vgl. Gesetz über die Aufgaben und Befugnisse der Bayerischen Staatlichen Polizei Polizeiaufgabengesetz (PAG), § 39.

29　Vgl. Gesetz über die Aufgaben und Befugnisse der Bayerischen Staatlichen Polizei Polizeiaufgabengesetz (PAG), § 41.

öffentlichen Bereichs）：「1.於下列情形，警察得從公共領域外之人或機構傳遞個人資料：（1）就警察任務實踐之必要性；（2）針對整體大眾重大利益之預防與去除；（3）個人受保護利益之維持與確實事實存在著當事人在資料傳遞聯結上有受保護之利益。2.警察就法律上利益在傳遞資料之答覆請求權與確實事實存在著，於下列情形下，得基於公共領域外之人或機構之申請傳遞個人資料：（1）當事人有在傳遞關聯上受保護之利益；（2）有權利人之利益適用之，且明顯的是，資料傳遞存有當事人利益且確實事實存在，事實情況可能拒絕其同意。[30]」

第42條規定警察之資料傳遞（Datenübermittlung an die Polizei）：「1.當事實足以認為，傳遞對警察任務之實踐有必要時，公共機構得在法律無其他規定下，傳遞個人資料予於警察機關。然明顯就警察任務實踐已無需要時，警察應銷毀資料。2.警察就任務實踐所必要時，得對公共機構查尋個人資料。此受查尋之公共機構審查資料傳遞之允許性。當法律並無其他規定時，此審查僅在於查尋是否在警察任務之範圍。警察應提供必要資料予以審查。就法律未有其他規定時，受查尋機構應將資料傳遞給警察。3.警察就其任務之完成有必要與法律並無其他規定時，得對基本法適用領域外之機關與其他機構或跨國與介於國際間之機構，予以傳遞個人資料。」而第43條規定警察之資料比對：「1.警察得將第7條與第8條所稱之人個人資料與警察資料片之內容比對，其他人之資料，警察僅於有事實足以認為，為完成其任務顯然有必要時，得比對之。警察得進一步將其任務執行所獲得之個人資料與通緝狀況比對之。當事人得於第12條情況外持續資料比對。第13條不受影響。

30 Vgl. Gesetz über die Aufgaben und Befugnisse der Bayerischen Staatlichen Polizei Polizeiaufgabengesetz (PAG), § 30.

2.在其他情況下，有關資料比對之法規命令不受影響。[31]」

第45條規定資料之更正、註銷與封存（Berichtigung, Löschung und Sperrung von Daten）：「1.資料片中之個人資料不正確者，應更正之。文卷中之個人資料經確認不正確者，應於文卷中註明之，或依其他方式紀錄之。2.有下列情形之一，資料片中之個人資料應註銷之，與此有關之資料應銷毀之：（1）不法儲存者；（2）於特定時限內所為審核或因個案處理之理由確定，該資料對儲存機構之任務達成不再必要者。如果在註銷前當事人應受聽證，從一開始儲存是不被允許的。第38條第2項第三句至第五句準用之。3.有下列情形之一，應不予註銷與銷毀：（1）有理由足認為關係人值得保護之利益可能會受到傷害者；（2）該資料對現存缺乏證據之舉證為必要者；（3）資料之使用以最快時間之分析，而就科學目的上是必要的；（4）因儲存的特別方式而無法達成或可能需要非常高之費用。有前述情形時，資料應封存並註明之。封存後僅得於合乎前段所稱目的或經關係人同意時，方得利用之。4.針對檔案則適用巴伐利亞檔案法規定。提供義務依據第6條第2項標準予以規定相關締結的約定。[32]」

---

31 Vgl. Gesetz über die Aufgaben und Befugnisse der Bayerischen Staatlichen Polizei Polizeiaufgabengesetz（PAG），§ 42. 與此條相關者亦有第43條警察之資料比對：「1.警察得將第7條與第8條所稱之人個人資料與警察資料片之內容比對，其他人之資料，警察僅於有事實足以認為，為完成其任務顯然有必要時，得比對之。警察得進一步將其任務執行所獲得之個人資料與通緝狀況比對之。當事人得於第12條情況外持續資料比對。第13條不受影響。2.在其他情況下，有關資料比對之法規命令不受影響。」

32 Vgl. Gesetz über die Aufgaben und Befugnisse der Bayerischen Staatlichen Polizei Polizeiaufgabengesetz (PAG), § 45. 與此條相關者亦有第46條自動化撤回程序：「1.就資料傳遞之形式係基於保護當事人權益之考慮以及警察任務實施之裁量，警察所引導資料之個人資料傳遞經由撤回，儘可能以自動化程序之裝設係被允許的。此項撤回由其他警察機關基於特別法規定係被允許的。2.公文文件內容依據第1項規定，允許針對犯罪抗制與資料安全目的之利用。犯罪抗制目的之利用需要第33條第5項所稱勤務機構首長。公文文件之儲存期限不得

四、柏林市安全與秩序維護法

　　本法有關資料蒐集利用之規定，首先從第18條規定調查、盤查與資料蒐集（Ermittlungen, Befragungen, Datenerhebungen）：「1.警察與秩序機關基於事物之清晰明瞭可以實施特定警察與秩序機關之事物調查，特別是展開第本條第3項與第4項的盤查。如果為了危害防止或者依據其他法規之委託任務的實施，警察與秩序機關可以蒐集在本法第13、14與16條所規定相關個人資料。而警察在以下情形可以進一步蒐集個人資料：（1）針對重大犯罪之預防抗制；（2）針對其他罪犯之預防抗制，此犯罪係組織性的，特別是連帶性、企業化性或系列性的犯罪以及面臨三年以下刑罰之犯罪；（3）針對私權的保護；（4）針對執行協助效益的必要性。2.調查應是公開實施的。如果並不妨礙任務之實施或者經過同意，則依據本法所實施的狀況應可掩藏個人資料，以此符合相對人主要的利益。3.有事實足以認為，該人能提供警察與秩序機關完成某特定任務必要之有用線索，警察與秩序機關可以予以盤問。為了盤問之持續，被盤問人可以被攔下停留。被盤問人有義務提供姓、名、出生日期與住址。針對進一步的資訊提供，被盤問人僅需依據法律上規定之義務。4.盤問原則上所針對相對人，於在下列情況下，在沒有相關資訊下，可以盤問第三人，當盤問相對人時：（1）無法或無法及時針對相對人；（2）可能有需付出相當高之費用支出且無法保護相對人；（3）任務之實踐可能遭到妨礙。5.被盤問人在下列必要方式接受盤問：（1）盤問之法律基礎；（2）證明存在著答詢義務或答詢之自由意願。此證明存在於當警察與秩序機關任

　　　超過一年。3.內政部得與其他各邦或聯邦組成資料聯盟，並使儘可能成為自動化資料傳遞。」

務在實踐上能有困難或遭傷害。6.符合刑事訴訟法第52至55條以及第136條a規定之適用。[33]」

　　第19條規定危害狀況下協助預備之資料蒐集（Erhebung von Daten zur Vorbereitung für die Hilfeleistung in Gefahrenfällen）：「警察與秩序機關可以在下列情況：1.為了危害防止之知識與能力針對人。2.從重大危害針對單位與機構之責任。3.針對受危害單位與機構。4.非規定於集會遊行法之公共活動責任，就危害情況所為協助預備等行為之必要性，可提供姓、名、學歷、住址、電話號碼以及其他可獲悉的資料以及進一步針對所謂社團屬性之資料。當針對相對人無法取得資料時，應對其通知資料蒐集運用所考量之目的。針對依據第1項所為資料蒐集行為可以提出異議程序。」而第19條a規定本身安全之監視錄影：「1.當依據狀況警察官員基於保護或為第三人之身體或生命所必要時，針對公共交通場所人或車之監控，警察可經由在警車上光學電子工具裝設錄相機具。而依據前句所為措施，若必要時可針對第三人蒐集個人資訊。2.如果此光學電子工具係為隱藏性的，則經由此必要措施之干預手段是可辨識的或知會相對人。3.錄影若並非基於刑事追緝的需要，其在裝設後應儘可能盡快予以拆除，最遲則應在一天內解決。4.本法第42條第4項排除適用。[34]」

33　Vgl. Allgemeines Gesetz zum Schutz der öffentlichen Sicherheit und Ordnung in Berlin, § 18.

34　Vgl. Allgemeines Gesetz zum Schutz der öffentlichen Sicherheit und Ordnung in Berlin, § 19. 與此條相關者亦有第21條a規定醫藥與分子基因之調查：「1.當警察於下列情形，可以依據本法第21條針對人之身分查證實施醫藥調查：（1）此人已死亡，或（2）經由此人有意識之自願同意的例外狀況，或他處於一種無助狀態，而以其他方式無法或非常困難之情形。在此刑事訴訟法第81條a第1項第二句適用之。2.依據前項措施針對失蹤人口可以身分查證之目的實施分子基因之調查以及儲存DNA樣本。此DNA身分之樣本，當依據前項之措施已達成目的時應儘快銷毀。在此刑事訴訟法第81條g第2項適用之。3.分子基因之調查必須有法官之令狀。動物園之管轄權係為職務法院。在此本法第25條第5項第十四句以及刑事訴訟法第81條f第2項適用之。」

　　第24條規定於公共活動、人群聚集之資料蒐集（Datenerhebung bei öffentlichen Veranstaltungen und Ansammlungen）：「1.有事實足以認為，將有公共安全與秩序之危害發生時，警察得於集會法所未規定之公共活動與人群聚集中蒐集個人資料。若經由前句所實施之資料蒐集，在必要時亦應可對第三人蒐集個人資料。而秘密式錄相與錄音是不被允許的。2.針對錄相與錄音所依據前項蒐集之個人資料，若該資料並非為犯行追緝或秩序違反所需要或有事實足以認為未來有重大犯罪之虞，至遲應於活動或聚會後二個月銷毀之。3.第42條第4項與第48條第6項與第7項不受影響。4.針對與公共相關非集會遊行法所定之重大集會，從其餘街道土地範圍之特別利用上，警察可以基於行政任務完成而實施攝影，在此參與者所參與活動合秩序的實施係依據柏林資料保護法第31條b或聯邦資料保護法第6條b。重大活動係指就其方式與大小判斷，可能形成對於公共安全之重大危害。[35]」

　　第24條a規定受危害目標之資料蒐集（Datenerhebung an gefährdeten Objekten）：「1.依據本法第1條第3項所定任務之完成，警察可針對受危害目標，特別是針對建築物或其他公共利益之建築工程、宗教場所、紀念碑或墳墓或基於儘速達成目的，並直接針對存在的綠地或街道平面的目標等，而經由攝影之設備蒐集個人資料且轉播與錄取觀察之圖像，同此要件在於就事實線索足以認為，此目標已受到刑事犯罪之危害。2.圖樣與觀察之環境與資料運用之場所應經由豎立標誌以足辨識。3.當攝影資訊已非刑事追緝所需要時，應儘速破壞或銷毀。4.如果經由錄影對特定人增補取得之資料，依據柏林資料保護法第10條第5項規定，並非依據第3項所規定儘速銷毀

---

35 Vgl. Allgemeines Gesetz zum Schutz der öffentlichen Sicherheit und Ordnung in Berlin, § 24.

或破壞，應通知之。」而第24條b規定公共交通設備之資料儲存：「1.當基於事後執行的書面情境判斷而產生資料取得之動機時，警察對於重大犯罪之防止與認識，得在公共個人日常交通範圍之公共開放空間，經照相設備取得個人資訊並將所監視之影像傳播與儲存。2.本法第24條a第2項至第4項適用之。[36]」

　　第42條規定資料儲存、變更與利用之一般規定（Allgemeine Regeln über die Datenspeicherung, -veränderung und -nutzung）：「1.警察與秩序機關為完成其任務並針對時間限制的公事或行政過程所必要者，得將個人資料儲存於文卷或資料中，並得加以變更與利用。在此亦適用經由警察與秩序機關透過第三者所間接請求之個人資料。2.警察與秩序機關僅得就其所請求目的之資料加以儲存、變更與利用。而就警察與秩序機關原先所被允許資料之目的蒐集與運用，其所針對其他秩序機關或警察之目的所利用、繼續儲存與改變係被允許的。當資料之運用係用於監督與監控職權、預算檢驗或組織調查實施之其他目的，如此運用係不可以的。而當針對職權之實施所必要的，對於個人資料之干預係被允許的。3.警察為危害防止，並特別對預防抗制犯行（第1條第3項）所必要時，而就與刑事訴訟法或其他法律規定所未衝突者，得儲存、變更與利用其於刑事調查程序中所得之個人資料。4.警察與秩序機關得針對容許性有關訓練與進修儲存資料之延續或統計目的，以分析之形式運用。5.如果兒童之個人資料係在其有權照顧者之未了解下被蒐集，而就任務實踐上並不再受危害，資料之儲存在此有權照顧者應可被通知。從此通知考慮，就照顧而言，通知係對兒童具有重大優點。[37]」

36　Vgl. Allgemeines Gesetz zum Schutz der öffentlichen Sicherheit und Ordnung in Berlin, § 24a.

37　Vgl. Allgemeines Gesetz zum Schutz der öffentlichen Sicherheit und Ordnung in Berlin, § 42.

第43條規定資料庫中資料儲存、變更與利用之特別規定（Besondere Regeln für die Speicherung, Veränderung und Nutzung von Daten in Dateien）：「1.警察得針對第25條第2項第1款第二句所稱之人以及在資料庫中之證人、資料給予者以及其他通知人等個人資料，基於抗制犯罪而就重大犯罪以及其他犯罪，如組織性，特別是幫派、經濟或連續性犯罪以及三年以上有期徒刑所必要的，予以儲存、變更與利用。儲存期間不得超過三年。就第一句之構成要件是否還存在，從前一次儲存之時刻起算，每年審核一次。2.若欲將評鑑儲存於資料庫中，必須確定該規定評鑑所依據之資料源於何處。[38]」

第44條規定公共領域內之資料傳遞（Datenübermittlung innerhalb des öffentlichen Bereichs）：「1.秩序機關、警察與秩序機關間為達成警察與秩序任務有必要時，得相互傳遞個人資料。在此亦適用其他邦或聯邦在危害防止或警察機關間之資料傳遞。第42條第2項規定適用之。資料傳遞在法律上意義亦是包括介於實施不同法律任務之個人資料繼續交付。2.有下列情形之一，必要時，警察與秩序機關得將個人資料傳遞予其他機關或公共機構：（1）為完成警察任務；（2）接受資料者為防止危害；（3）防止或排除對公益或個人值得保護利益之重大不利；（4）防止個人權利之嚴重傷害。3.有下列情形之一，必要時，警察得將個人資料傳遞予外國公共部門與跨國或國家間部門：（1）為達成警察執勤之警察機關、勤務機關之某種任務；或（2）由獲得資料者防止某種重大危害；（3）基於超越或國家間有關資料傳遞，有權利與義務之協議。若有理由認為，該傳遞將違反德國法律目的或傷害關係人值得保護之利益者，不得為之。傳遞者應告知接受資料者傳遞之資料只

---

38 Vgl. Allgemeines Gesetz zum Schutz der öffentlichen Sicherheit und Ordnung in Berlin, § 43.

為其目的時方可利用之，為完成其目的才可傳遞之。4.個人資料有關第25條第2項第一句第2款所稱之人、證人、資料提供者以及其他通知人或有價值之資料，其他警察與秩序機關管轄針對國際恐怖主義抗制與偵查之資料，其係為2006年12月22日反恐資料法所稱之機關以及就此法律實施之必要性時，可以被傳遞。5.被傳遞機關有權審核傳遞。若接受資料者提出請求，則傳遞單位須審核，該傳遞請求是否在接受資料者之任務內。此外在個案上有特別理由者，傳遞單位亦加以審核，不受影響。接受資料者應向傳遞機關提出審核之必要說明。6.接受資料者在法律無其他規定時，僅得在傳遞資料之目的下利用所接收之個人資料。7.就警察與秩序機關任務實施所必要且與被傳遞機關所應遵守之法規並未衝突時，其他機關與其他公共機構得傳遞個人資料給予警察與秩序機關。當任務之實施係為身體、生命或人身自由所必要時，此種傳遞則是具有義務性的。8.其他有關資料傳遞之特別法規定，不受影響。[39]」

第45條規定資料傳遞於個人或公共領域外之機構（Datenübermittlung an Personen oder Stellen außerhalb des öffentlichen Bereichs）：「1.有下列情形之一，必要時，警察與秩序機關得將個人資料傳遞予個人或公共領域外之機構：（1）為完成警察任務；（2）接受資料者為防止危害；（3）防止或排除對公益或個人值得保護利益之重大不利，或（4）此請求回覆者針對傳遞資料被公認具有法律上之利益且在此並未超過當事人所被保護之利益；（5）此請求回覆者適用於一項法律上利益且資料傳遞在公共上具有當事人利益，而當事人已經同意或可能在此已通知事實情況之狀態。2.第44條第5項與第6項適用之。3.接受資料者將被告知，所傳遞資料僅允許

39 Vgl. Allgemeines Gesetz zum Schutz der öffentlichen Sicherheit und Ordnung in Berlin, § 44.

針對目的之實施以及被傳遞。[40]」

第48條規定資料之更正、註銷與封存（Berichtigung, Löschung und Sperrung von Daten）：「1.資料片中之個人資料不正確者，應更正之。文卷中之個人資料經確認不正確者，應於文卷中註明之，或依其他方式紀錄之。2.有下列情形之一，資料片中之個人資料應註銷之，與此有關之資料應銷毀之：（1）不法儲存者；（2）於特定時限內所為審核或因個案處理之理由確定，該資料對儲存機構之任務達成不再必要者。如果在註銷前當事人應受聽證，從一開始儲存是不被允許的。如果註銷因儲存的特別方式而無法達成或可能需要非常高之費用，註銷機關得以封存。3.如果個人資料將儲存於資料片中，應依據第2項第一句第1款之情況經由相關符合裝置予以封存。該所有資料對儲存機構之任務管轄不再必要時，依據第2項第一句第2款之情況，其資料將最晚註銷。4.市政府經由法規命令被授權規定期限，依據過程而檢驗針對任務實踐資料繼續儲存之必要性。針對資料而言，在資料片或個人引導資料所儲存的，原則上其期限不超過以下：（1）在成人為十年；（2）在年輕人為五年；（3）兒童為二年。在此依據儲存種類與目的以及原因之意義而區別。此期限之開始原則上在於儲存之最近原因，然而並不包含從司法執行機構或剝奪自由完

---

40 Vgl. Allgemeines Gesetz zum Schutz der öffentlichen Sicherheit und Ordnung in Berlin, § 45. 與此條相關者亦有第46條規定自動化撤回程序：「1.就資料傳遞之形式係基於保護當事人權益之考慮以及警察任務實施之裁量，警察所引導資料之個人資料傳遞經由撤回，儘可能以自動化程序之裝設係被允許的。此項撤回允許由其他警察機關批准。2.依據柏林資料保護法第5條規定，此必要技術與組織措施必須由書面確認。3.儲存機關必須擔保，傳遞至少須經由重要程序的確認與檢驗。4.市政府應經由法規命令規定自動撤回程序設施之細節。柏林代表對於資料保護與資訊自由應事先聽辦。法規命令應確認資料接受者之撤回目的與事項。針對資料安全與監控，此措施應基於在合適關係上所尋求之保護目的。5.警察得與其他各邦或聯邦組成資料聯盟，並使儘可能成為自動化資料傳遞。」

成後之當事人釋放前所連結改善與安全措施。5.警察與秩序機關確定將不正確或依第2項第1款應註銷或第3項第一句所封存資料傳遞出去時，應通知資料接受者更正或註銷。而當可能需要非常高費用以及已不重要時，致使當事人所應保護利益受傷害，此通知得停止。6.有下列情形之一，應不予註銷與銷毀：（1）有理由足認為關係人值得保護之利益可能會受到傷害者；（2）該資料對現存缺乏證據之舉證為必要者；（3）資料之使用以最快時間之分析，而就科學目的上是必要的。有前述情形時，資料應封存並註明之。封存後僅得於合乎前段所稱目的或經關係人同意時，方得利用之。7.若檔案不依第2項第一句第2款或第3項第二句規定予以註銷與銷毀，資料持有者得將資料交予一個公共資料中心，但以檔案法須有規定者為限。[41]」

41　Vgl. Allgemeines Gesetz zum Schutz der öffentlichen Sicherheit und Ordnung in Berlin, § 48. 與此條相關者亦有第47條資料比對之形式：「1.為防止聯邦或邦之安全與生存個人身體、生命或自由之當前危害，警察於事實足以證明資料比對對危害防止有必要時，得要求公務或非公務機構將其專為與其他資料比對目的之資料片中特定多數人傳遞之。其他法規關於職業秘密或特殊公務秘密之規定，不受影響。2.請求傳遞資料以名字、住址、出生日期與地方以及具體個案上所確定之特徵為限。於繼續提供資料時，若因技術上之困難無法以適當之時間與費用予以排除時，得不予提供。3.若資料傳遞之目的已達成，或顯然無法達成，則所傳遞之資料以及與措施有關之其他資料應即銷毀之。資料若對相對司法程序案情沒有必要時，亦應銷毀之。採取之措施應紀錄之。該紀錄分別保管，以技術上與組織上措施確保其安全。且於第一句所稱資料銷毀之年限，於年底銷毀之。4.此措施僅經由法官發布。動物園之管轄係屬地方法院。此項指令必須指出傳遞義務者以及所有需要的資料與特性。申請指令者為警察局長或他的職務代理人。此申請係依據本法第49條之裝設規定、柏林資料保護法第5條第3項之資料安全概論與風險分析以及係歸屬於蒐集資料之安全性措施。在申請中必須證明依據柏林資料保護法第9條所定要件之存在。此程序適用非訟事件爭議法相關規定。如果一項指令被確定取消，已經蒐集之資料應被銷毀。其他機關應被通知不允許資料之利用與儲存。本法第48條第6項不適用。資料保護與資訊自由之柏林履行者係透過警察連續通知此措施。」

五、小結

針對聯邦與各邦警察法標準草案，有關資訊法制共13條，規定於第二章警察職權，本文介紹資料蒐集相關者第8條abc、第10條abcdefgh等條文規定。而巴伐利亞警察任務與職權法，規定資料蒐集共有20個條文，本文介紹資料蒐集相關者有第30條、第31條、第32條、第34條、第37條、第38條、第39條、第40條、第41條、第42條、第43條、第45條。另柏林市安全與秩序維護法，規定資料法制共有24個條文，本文介紹資料蒐集相關者有第18條、第19條、第19條a、第24條、第24條a、第24條b、第42條、第43條、第44條、第45條、第46條a、第48條。

由以上三項法律所規定資訊法制觀察，均鉅細遺靡，而針對警察資料蒐集、利用與銷毀等詳細規定，包括儲存、變更與利用之一般規定、公共領域內外之資料傳遞、資料庫之儲存運用等。由此可知德國警察資料蒐集之新趨勢，在於規定之深入與嚴密，包含資訊自決權之實踐與公共安全秩序之考量等。而另一新趨勢，針對住宅隱密科技方式，如電話錄音、錄影或監視器等之運用，亦考量人權與治安維護，予以詳細規定，本文於下一段介紹論述。

肆、德國警察資料蒐集之特別方式

一、概說

由於資訊時代來臨，資訊蓬勃發展，故警察資料蒐集之方式，除了一般方式外，亦須採取特別方式，最重要之特別方式就是針對住宅隱密蒐集資料之科技方式，其係因為住宅為人民生活之重心且為長時間居留之處，乃為警察針對安全與治安

等資料蒐集之核心所在，然而住宅亦為人權之堡壘，其有不可侵犯之精神象徵，故亦應在人權考量下實施。在德國警察法均有詳細且嚴密規定，在此介紹論述，仍以巴伐利亞與柏林為代表。經由介紹論述，並與我國警察資料蒐集規定之比較觀察，提出值得我國參考立法之處。

二、住宅隱密蒐集資料之科技方式

巴伐利亞邦警察任務與職權法第34條規定對住宅科技方式干預之特別規定（Besondere Bestimmungen über den Einsatz technischer Mittel in Wohnungen）：「1.於下列情形，警察得於住宅內外（第23條第1項第二句），經由科技方式之隱密干預蒐集個人資料：（1）當為聯邦與邦的安全與生存之危害防止或為生命、健康或為人身自由或為公共利益之維持所展現之事物，有關針對危害之責任以及基於第10條要件下所稱之人。（2）當刑事預防犯罪之資料蒐集所必要時，有關就事實足以認為，欲犯重大犯罪之虞以及所欲接觸與伴隨之人。2.此措施之最高期限為三個月且僅能由法官發令；若就命令之要件仍續存在，每次期限延長不能超過三個月。第24條第1項第二句與第三句準用之。針對急迫性危害，警察措施得經由第33條第5項所稱勤務機構首長發布。而一個法官之裁定應事後儘速確認。3.科技方式針對住宅內外隱密干預之命令，除了基於行為人保護外，由第33條第5項第一句至第三句所稱機構負責發布。在此針對基於危害防止目的而所得知識之其他運用係被允許的，而此措施之合法性事前由法官確認之；針對緊急危害應儘速由法官裁定事後確認之。第24條第1項第二句與第三句準用之。如此干預性所錄製資料，若非刑事追緝與危害防止所需要，應儘快於干預完成後予以銷毀。4.錄音與錄影係由本身錄製機具所架設且為相關人所適用，並非資料蒐集所針對的，

若非刑事追緝所需要，應儘速銷毀。5.若措施沒有阻礙到目的，且非由公開調查官員所為，而可能產生繼續利用與公共安全之可能性，則當事人應被通知。然而當針對當事人刑事調查程序的情況已經伴隨而來，此通知應停止。6.邦政府應每年通知邦議會有關第1項，就法官審查需要所依據第3項科技方式的干預。由邦議會所選出的委員會基於報告的基礎執行國會監督。7.信件、電郵與遠距通信不受影響。[42]」

　　柏林安全與秩序維護法第46條a規定電話錄音（Aufzeichnung von Anrufen）：「警察與秩序機關得對電話在聽筒之緊急通話裝備上錄音。若就警察任務詳細錄音所必要時，則在其他裝備上電話錄音係被允許。此錄音應至遲在三個月後銷毀，除此之外，其係為犯罪追緝所需要或經事實足以認為，電話使用人有犯罪以及錄音之保管係為抗制重大犯罪。」而第47條規定資料比對之形式：「1.為防止聯邦或邦之安全與生存個人身體、生命或自由之當前危害，警察於事實足以證明資料比對對危害防止有必要時，得要求公務或非公務機構將其專為與其他資料比對目的之資料片中特定多數人傳遞之。其他法規關於職業秘密或特殊公務秘密之規定，不受影響。2.請求傳遞資料以名字、住址、出生日期與地方以及具體個案上所確定之特徵為限。於繼續提供資料時，若因技術上之困難無法以適當之時間與費用予以排除時，得不予提供。[43]3.若資料傳遞之目的已達成，或顯然無法達成，則所傳遞之資料以及與措施有關之其他資料應即銷毀之。資料若對相對司法程序案情沒有必要時，亦應銷毀之。採取之措施應紀錄之。該紀錄分別保

42　Vgl. Gesetz über die Aufgaben und Befugnisse der Bayerischen Staatlichen Polizei Polizeiaufgabengesetz (PAG), § 34.

43　Vgl. Allgemeines Gesetz zum Schutz der öffentlichen Sicherheit und Ordnung in Berlin, § 46a.

管，以技術上與組織上措施確保其安全。且於第一句所稱資料銷毀之年限，於年底銷毀之。4.此措施僅經由法官發布。動物園之管轄係屬地方法院。此項指令必須指出傳遞義務者以及所有須要的資料與特性。申請指令者為警察局長或他的職務代理人。此申請係依據本法第49條之裝設規定、柏林資料保護法第5條第3項之資料安全概論與風險分析以及係歸屬於蒐集資料之安全性措施。在申請中必須證明依據柏林資料保護法第9條所定要件之存在。此程序適用非訟事件爭議法相關規定。如果一項指令被確定取消，已經蒐集之資料應被銷毀。其他機關應被通知不允許資料之利用與儲存。本法第48條第6項不適用。資料保護與資訊自由之柏林履行者係透過警察連續通知此措施。[44]」

　　柏林安全與秩序維護法第25條規定科技方式之長時期觀察與干預（Datenerhebung durch längerfristige Observation und Einsatz technischer Mittel）：「1.警察經由下列情形得蒐集個人資料：（1）對人經常規劃性的監視，此實施連續超過二十四小時或超過二日以上（長時期監視）；（2）運用科技隱密干預，特別是照相或影像以及私人談話之監聽與錄音；就事實足以認為，犯下重大犯罪。上述措施僅被允許係在於針對刑事抗制犯罪以其他方式無法達成或此措施針對複雜案情無效。2.前項措施針對以下之人：（1）就事實足以認為所犯為重大犯罪之人；（2）當前款所述目的之人，而在刑事犯罪抗制措施所針對之其他人；（3）防止身軀、生命或個人自由之立即危害所針對之每一個人。就前項資料蒐集所必要時，在此得對第三人蒐集個人資料。3.就非經由第5項法官令狀所必要的措施而言，得經由高階警察官發布第1項之措施。有關此措

施之必要性與目的，應由發布命令之官員於以印證。[45]4.當基於防止身體、生命或自由有關立即危害之必要，警察得對進出公寓之陌生人蒐集資料。而就資料蒐集並非經由科技方式，則本法第36條第5項適用之。4a.對經由科技方式在公寓內外非公共談話內容之監聽與錄音，僅得基於事實線索之理由，特別是對監視之空間與人員，而監視所呈現可以被允許的，係不包括私人生活狀況之核心領域。在工商營業場所之談話，原則上並非歸屬於私人日常生活之核心領域。在此亦適用有關犯罪與針對犯罪之約談與邀請之談話。就監視事跡所顯示，其內容已涉及私人生活核心領域，則此監聽與錄音應立即中止。當監聽與錄音中斷後，此措施得在符合第一句要件下繼續實施。資料蒐集若涉及私人生活核心領域係不被允許的，此類蒐集資料應立即銷毀。此類資料知識不允許被運用。資料管控行為與銷毀應該經由文件程序為之。就依據第一句資料蒐集係為在刑事訴訟法第53條與第53條a之定義下，經由職務與職業祕密所保護之信賴關係予以實施，在此並不被允許的。[46]5.依據第4項與第4項a之措施如同住宅外非公共談話之監聽與錄音，而此在急迫危害下科技方式之干預須經由法官之命令。動物園之管轄權係屬於地方法院。當警察面對急迫危害所發指令，應立即申請法

---

45 Vgl. Allgemeines Gesetz zum Schutz der öffentlichen Sicherheit und Ordnung in Berlin,§ 25; Vgl. Pewestorf/Söllner/Tölle, Polizei-und Ordnungsrecht---Berliner Kommetar, 2009, S. 330-357. 與此條相關者亦有第49條建檔規定：「1.針對依據本法警察執勤自動化個人資料以及非自動化個人資料、或其他機關所傳遞之個人資料，得依次頒布建檔規定。上述規定內容應依據柏林資料保護法第19條第2項第1款至第4款以及第6款至7款規定。此外規定其檢驗之期限應依據第48條第2項第1款。依據資料保護法第19條第2項規定，此建檔規定適用資料說明機關。2.市政府內政主管應經由行政規則進一步規定。行政主管應將建檔規定轉送至資料保護與資訊自由之柏林代理人。3.在資料片中個人資料之儲存應於必要的範圍限制之。資料片繼續擴充或改變之必要性應於適當範圍內審核。」

46 a.a.O.

官之認證；在此亦適用此措施已經完成了。而當此命令在三天內並未獲法官之認證，則將失效。法官之令狀需要以書面方式。此書面令狀特別包含：（1）要件與重要的審酌標準；（2）針對熟悉的姓、相對人的住址以及針對之措施；（3）方式、範圍與措施的持續；（4）進出住宅與空間所蒐集之資料；（5）決定蒐集資料措施之方式。法官令狀最長為三個月之期限。就法官令狀要件之繼續存在時，超過三個月之請求申請是被允許的。當法官指令之要件已不存在，此項措施應立即被中止。發布令狀之法院應繼續針對過程，告知結果與所採取之措施。當指令之要件不存在，則應發布資料蒐集之停止。依據本條第4項a之警察措施得在任何時間經由發令法院取消、改變或處理。就依據本條第4項a第八句行政禁令考量而言，警察已立即針對所請求資料之運用，申請發令法院之裁定。在此非訟事件法之規定適用之。[47] 5a.依據本條第4項以及第4項a所請求之個人資料係應特別註記。經由傳送後，註記應經由接收者繼續維持。在下列情形下，資料可用於其他目的：（1）特別針對嚴重犯罪之追緝，此就依據刑事訴訟法住宅監控而言，或（2）防止第4項立即危害之必要。目的之改變必須有詳細地確認與文件程序。6.當科技方式針對警察干預無法保護行為人而被裝設與利用，則監聽與錄音並不適用第2項至第5項。對住宅的監聽與錄音應經由高階官員發布指令。而除了危害防止或刑事追緝所需要，錄音必須在干預已完成後應立即銷毀。當此措施合法性係在法官審查之前，則此已取得之資訊僅僅在緊急危害時才可被運用。針對緊急危害之措施應在實施後儘速由法官確認，在此本法第37條第1項第二句與第三句適用之。7.經由第4項與第4項a措施結束後，受監視相對人應被通知。當僅可能是不合比例之調查或對其他人之超過保護性重要有所

47　a.a.O.

阻礙，依據第25條第2項第一句第2款所針對之人，則應停止此種通知。當監視並不作為利用之效果，則針對之人若是所監視住宅之客人或偶然停留在此，亦得不需通知。就其他而言，若措施之目的或個人之健康、生命或自由或重要財產沒有受到危害，則亦不需通知。儘可能事後救濟途徑應告知。如果在措施完成後於六個月內還未通知，法官同意之令狀應進一步撤回，而每次措施經六個月後即適用之。當住宅監視係刑事調查針對當事人之狀況，就調查程序上之同意，應由檢察官決定予以告知。在此情況即適用刑事訴訟法，其餘法院管轄權與程序適用本條第5項第三句與第十三句。[48]7a.經由本條第1項第一句第二段結束後，並沒有實施本條第4項或第4項a之措施，而就此措施並無危害產生，應向當事人通知監視過程。當個人資料在此並無被錄取時，此通知並不需要。當此措施係為刑事調查程序針對當事人之狀況，則由檢察官決定通知之時間點。8.當一些資料係經由本條第5項與第6項規定所請求之措施，基於申請令狀之目的若非刑事追緝或刑事執行所必要，則可以被毀損。在此亦適用一些並不需法官確認同意的資料。當資料係為刑事追緝或刑事執行之目的，其在毀損前須經檢察官之同意。針對毀損應製作書面紀錄。而針對其他目的之利用是不允許的。9.任意裝設之錄取設備所錄之影像與錄音，並非係資料蒐集所需針對的相關人士，而就這些資料並非刑事追緝所需要，在此應在技術上之可能盡速銷毀。10.市政府每年依據本條第4項與第4項a，應就依據第6項法官的檢驗措施通知柏林的國會議員大廈。國會之監督將依據監督委員會報告之基礎執行措施。在此柏林憲法保護法第五章適用之。[49]」

48　a.a.O.

49　a.a.O.

三、其他特別方式

巴伐利亞警察任務與職權法第33條規定資料蒐集之特別手段（Besondere Mittel der Datenerhebung）：「1.資料蒐集之特別手段係依下列情形，對人予以監控：（1）平均超過二十四小時或二天之實施（長時間之監控）；（2）錄影或錄音之科技隱密性干預以及非公開談話之錄音與監聽；（3）基於秘密性的警察官干預（隱密之調查）。2.當警察任務之實踐以其他方式可能受到阻礙或遭到重大困難，則長時間監控或裝設攝影或錄音之科技方式予以干預是被允許的。3.下列情形，警察得經隱密性科技方式針對非公共談話予以監聽與錄音或經由隱密性方式蒐集個人資料：（1）當為聯邦與邦的安全與生存之危害防止或為生命、健康或為人身自由或為公共利益之維持所展現之事物，有關針對危害之責任以及基於第10條要件下所稱之人。（2）當刑事預防犯罪之資料蒐集所必要時，有關就事實足以認為，欲犯重大犯罪之虞以及所欲接觸與伴隨之人。4.當第三人無可避免應適用時，資料蒐集應依據第2項和第3項所實施。[50]5.依據第1項方式的干預，即錄影之裝設，僅僅允許由警察局長或刑事局之警察與刑事指揮官頒布命令。邦刑事警察局長得將命令職權委任於下級機關首長。針對科技方式之隱密干預，除了基於行為人保護外，在緊急危害下，得經由警察局長或刑事局之警察與刑事指揮官所指定行政官員所頒布。此命令必須書面基於標準之理由予以遵守與設定期限。而措施之延長需要發布新命令。」巴伐利亞警察任務與職權法第35條規定有關秘密調查者干預之特別規定：「1.就圖片的結構與維護有必要時，相關的原始資料允許被加工、改變與利用。

---

50 Vgl. Gesetz über die Aufgaben und Befugnisse der Bayerischen Staatlichen Polizei Polizeiaufgabengesetz (PAG), § 33.

秘密調查者僅允許針對基於圖片之任務實踐參與權利交流。2.秘密調查者僅允許利用圖片爲了解居住者而侵入住宅。秘密調查者之其餘職權係依據本法規定與刑事訴訟法。[51]」

柏林安全與秩序維護法第26條規定個人干預之資料蒐集，其係爲警察與第三者之合作以及秘密調查者（Datenerhebung durch Einsatz von Personen, deren Zusammenarbeit mit der Polizei Dritten nicht bekannt ist und durch Einsatz Verdeckter Ermittler）：「1.當事實足以證明，重大犯罪將會發生以及預防犯罪所必要，針對本法第25條第2項第一句第1款與第2款所稱之人，警察得經由下列二種人蒐集其個人資料：（1）與警察合作而不相關之第三人；（2）基於圖片之加入（隱密調查者）之警察執行官員。2.如果相關原始資料允許製造或改變，則在此就圖片之建置與維護是不允許的。秘密調查者允許參與基於圖片之法律委任事務。3.基於有權利人同意之圖片，秘密調查者可以進入其住宅。此同意並不允許在圖片運用中針對進入權之僞裝。一項家宅式的搜索係不被允許的。其餘而言，秘密調查者之職權係依據本法或其他法律而擁有的。4.秘密調查者之干預僅僅得經由高階官員，此秘密調查之干預僅由警察首長或他的授權人所下令。5.本法第25條第7項a適用之。然而當秘密調查者繼續行動後，此秘密調查者或他人身體或生命將會受到危害，則此項干預課題將不可進行。[52]」

---

51 a.a.O.

52 Vgl. Allgemeines Gesetz zum Schutz der öffentlichen Sicherheit und Ordnung in Berlin, § 26. 與此條相關者第50條規定答覆權：「1.警察與秩序機關針對相關當事人申請其個人所儲存資料應給予免費之答覆。在此種申請中有關資料種類在答覆發布時應進一步標示出。而針對此資料答詢之申請必要時應要求，此種申請所需要資訊應盡可能爲不需費用之資料搜尋，然而針對此仍應重視當事人所存在資訊利益。倘若申請當事人不遵守上述要求，則申請將被拒絕。2.針對答覆發布之義務，所考量並非將當事人應受保護之利益置於在維持秘密此項公共利益之後，或者並非考量必須撤銷第三人重要的機密利益。

　　柏林安全與秩序維護法第25條a規定電信設備機具之地情調查（Standortermittlung bei Telekommunikationsendgeräten）：「1.當對於一個已失蹤者之調查，而受危害無助之人們之緊急呼救以及倘若無其他方式救助，可能使情況更惡劣，則基於防止個人身體、生命之立即危害，警察與消防人員可以取得工作上電信勤務訊息以及申請受危害之人有關電信設備機具之電信設備機具之情況位置。此類資訊可經由警察與消防機關立即傳遞。此類資訊必須經由當事人同意才能被第三人所運用。2004年6月22日電信法第108條第1項（聯邦法院彙編第一冊，第1190頁），在此最近一次為2007年2月18日法律第三章所改變，並不受影響。2.基於第1項之要件下，警察與消防人員所使用科技手段，為了尋找失蹤者的位置、遭受緊急危害者或受危害無助人之呼救，得調查隨身攜帶的電信機具。3.依據本條第1項與第2項所允許蒐集個人資料之措施，僅當以基於科技原因所必需的。依據本條第1項與第2項所蒐集個人資料在此措施完成後應立即被銷毀。4.所依據本條第1項之措施應經由高階官員下令。措施之必要性與目的應經由下令之高階官員以文件證明。5.對於勤務工作者之補償係適用司法賠償與補償法之相關規定。[53]」

　　柏林安全與秩序維護法第21條a規定醫藥與分子

3.當答覆所判斷之理由可能傷害答覆拒絕所遵守之目的，則答覆發布之拒絕不需要一個理由。4.如果答覆將不擔保指出當事人，則其適用於資料保護與資訊自由之柏林代理人。在此不適用第1項第四句之情況。針對資料保護與資訊自由之柏林代理人應指出答覆拒絕之理由。如果當事人不再同意繼續答覆，資料保護與資訊自由之柏林代理人所對當事人通知將不允許推斷儲存機關之知識狀況。5.如果個人資料係有關於刑事司法程序，則答覆之發布應經由檢察官之同意。6.除了資料之答覆外，警察與秩序機關於無損於第2項規定情形下，得提供當事人對於資料之理解。」

53　Vgl. Allgemeines Gesetz zum Schutz der öffentlichen Sicherheit und Ordnung in Berlin, § 25a.

基因之調查（Medizinische und molekulargenetische Untersuchungen）：「1.當警察於下列情形，可以依據本法第21條針對人之身分查證實施醫藥調查：（1）此人已死亡，或；（2）經由此人有意識之自願同意的例外狀況，或他處於一種無助狀態，而以其他方式無法或非常困難之情形。在此刑事訴訟法第81條a第1項第二句適用之。2.依據前項措施針對失蹤人口可以身分查證之目的實施分子基因之調查以及儲存DNA樣本。此DNA身分之樣本，當依據前項之措施已達成目的時應儘快銷毀。在此刑事訴訟法第81條g第2項適用之。3.分子基因之調查必須有法官之令狀。動物園之管轄權係為職務法院。在此本法第25條第5項第十四句以及刑事訴訟法第81條f第2項適用之。[54]」

四、我國可參考之方式──代小結

　　相較於德國聯邦與各邦警察法標準草案、巴伐利亞邦警察任務與職權法與柏林安全與秩序維護法，有關警察資料蒐集在我國的規定，其重要者僅為警察職權行使法與通訊監察法等，針對警察資料蒐集之一般規定，可觀察我國警察職權行使法第16、17與18條之規定，其於第16條規定傳遞個人資料：「警察於其行使職權之目的範圍內，必要時，得依其他機關之請求，傳遞與個人有關之資料。其他機關亦得依警察之請求，傳遞其保存與個人有關之資料。前項機關對其傳遞個人資料之正確性，應負責任。」於第17條規定蒐集資料之利用：「警察對於依本法規定所蒐集資料之利用，應於法令職掌之必要範

圍內爲之，並須與蒐集之特定目的相符。但法律有特別規定者，不在此限。」於第18條規定資料註銷或銷毀：「警察依法取得之資料對警察之完成任務不再有幫助者，應予以註銷或銷毀。但資料之註銷或銷毀將危及被蒐集對象值得保護之利益者，不在此限。應註銷或銷毀之資料，不得傳遞，亦不得爲不利於被蒐集對象之利用。除法律另有特別規定者外，所蒐集之資料，至遲應於資料製作完成時起五年內註銷或銷毀之。[55]」

　　另於第9、10、11、12、13條規定如同德國警察資料蒐集之特別方式，其應爲我國警察資料蒐集之特別規定。於第9條規定以攝影、錄音或科技工具蒐集資料：「警察依事實足認集會遊行或其他公共活動參與者之行爲，對公共安全或秩序有危害之虞時，於該活動期間，得予攝影、錄音或以其他科技工具，蒐集參與者現場活動資料。資料蒐集無法避免涉及第三人者，得及於第三人。依前項規定蒐集之資料，於集會遊行或其他公共活動結束後，應即銷毀之。但爲調查犯罪或其他違法行爲，而有保存之必要者，不在此限。依第2項但書規定保存之資料，除經起訴且審判程序尚未終結或違反組織犯罪防制條例案件者外，至遲應於資料製作完成時起一年內銷毀之。」於第10條規定以攝影、科技工具或裝設監視器蒐集資料：「警察對於經常發生或經合理判斷可能發生犯罪案件之公共場所或公眾得出入之場所，爲維護治安之必要時，得協調相關機關（構）裝設監視器，或以現有之攝影或其他科技工具蒐集資料。依前項規定蒐集之資料，除因調查犯罪嫌疑或其他違法行爲，有保存之必要者外，至遲應於資料製作完成時起一年內銷毀之。[56]」

---

55 蔡震榮，警察職權行使法概論，五南圖書，2016年5月3版，頁83-93。
56 蔡庭榮等，警察職權行使法逐條釋義，五南圖書，2005年，頁200-210。於公共空間裝設監視器，有嚇阻犯罪之作用，犯罪發生時，亦可藉由影像之觀

　　於我國警察職權行使法第11條規定以目視或科技工具蒐集資料：「警察對於下列情形之一者，為防止犯罪，認有必要，得經由警察局長書面同意後，於一定期間內，對其無隱私或秘密合理期待之行為或生活情形，以目視或科技工具，進行觀察及動態掌握等資料蒐集活動：一、有事實足認其有觸犯最輕本刑五年以上有期徒刑之罪之虞者。二、有事實足認其有參與職業性、習慣性、集團性或組織性犯罪之虞者。前項之期間每次不得逾一年，如有必要得延長之，並以一次為限。已無蒐集必要者，應即停止之。依第一項蒐集之資料，於達成目的後，除為調查犯罪行為，而有保存之必要者外，應即銷毀之。」於第12條規定第三人秘密蒐集資料：「警察為防止危害或犯罪，認對公共安全、公共秩序或個人生命、身體、自由、名譽或財產，將有危害行為，或有觸犯刑事法律之虞者，得遴選第三人秘密蒐集其相關資料。前項資料之蒐集，必要時，得及於與蒐集對象接觸及隨行之人。第一項所稱第三人，係指非警察人員而經警察遴選，志願與警察合作之人。經遴選為第三人者，除得支給實際需要工作費用外，不給予任何名義及證明文件，亦不具本法或其他法規賦予警察之職權。其從事秘密蒐集資料，不得有違反法規之行為。第三人之遴選、聯繫運用、訓練考核、資料評鑑及其他應遵行事項之辦法，由內政部定之。」

　　我國警察職權行使法第13條規定警察與第三人之合作關係：「警察依前條規定遴選第三人秘密蒐集特定人相關資料，應敘明原因事實，經該管警察局長或警察分局長核准後實施。蒐集工作結束後，警察應與第三人終止合作關係。但新發生前

　　看，即時介入處理，但主要目的係藉由監視過程的錄影，保全證據，並於犯罪發生後，可按圖索驥，辨識嫌犯身分，以利後續追訴程序之進行，在此有其合憲性的公益目的存在。然而此種一般預防性的抗制犯罪措施，似亦非侵害人民基本權利之最小手段，與其他警察犯罪預防作為比較，似亦非侵害人民基本權利之最小手段，能否經得起比例原則之檢驗，即值得懷疑。

條第一項原因事實，而有繼續進行蒐集必要且經核准者，得繼續合作關係。依前條第一項所蒐集關於涉案對象及待查事實之資料，如於相關法律程序中作爲證據使用時，應依相關訴訟法之規定。該第三人爲證人者，適用關於證人保護法之規定。」

　　由以上我國警察職權行使法針對資料蒐集，相較於德國法規定顯然較少，尤其針對本文核心探討有關住宅隱密蒐集資料之科技方式，其規定直接關聯者亦較少，然而此種警察蒐集資料之特別方式，係足以彰顯德國警察資料蒐集法制之新趨勢，故值得探討並效法。依據前述介紹德國住宅隱密蒐集資料之科技方式，以巴伐利亞以及柏林警察法制規定而言，其中巴伐利亞規定，首先規定其嚴格一般要件，包括聯邦與邦之國家安全與個人生命身體之危害防止，另亦包括針對欲犯重大犯罪之人等，才能展開此種蒐集資料之特別方式。相較於此，我國類似規定即缺乏，僅有一規定有所相關，其爲上述我國警察職權行使法第11條規定以目視或科技工具蒐集資料，此項規定係對其無隱私或秘密合理期待之行爲或生活情形，以目視或科技工具，進行觀察及動態掌握等資料蒐集活動。然而，是項規定並無規定住宅，倘若以概括廣泛之適用，而認爲可涵蓋住宅隱密之方式，在此適用並不妥適，因干預權限關係人民資訊自決基本人權，必須有明文之要件，故不可推定或準用。

　　而在柏林安全與維護法所規定住宅隱密科技之特別方式，主要是對住宅與公寓之電話錄音與監聽等，在我國與此相類似之規定，係爲警察職權行使法第10條規定，有關以攝影、科技工具或裝設監視器蒐集資料，但此條文又以監視錄影器之設置爲主，似乎不包括電話錄音與監聽，尤其是針對住宅處所，更不可類推或準用。故在我國有關警察以電話錄音與監聽蒐集資料，必須依據通訊保障及監察法，其相關重要規定爲該法第6條規定：「……爲防止他人生命、身體、財產之急迫危險；或有事實足信有其他通訊作爲前條第一項犯罪連絡而情

形急迫者，司法警察機關得報請該管檢察官以口頭通知執行機關先予執行通訊監察。但檢察官應告知執行機關第十一條所定之事項，並於二十四小時內陳報該管法院補發通訊監察書；檢察機關為受理緊急監察案件，應指定專責主任檢察官或檢察官作為緊急聯繫窗口，以利掌握偵辦時效。[57]」

由上述規定觀察，若我國警察實施有關住宅隱密科技蒐集資料，必須依據通訊保障及監察法第6條等相關規定，報請該管檢察官以口頭通知執行機關先予執行通訊監察等相關程序，相較之下，德國柏林邦則可不必經由檢察官，直接依據該邦安全與秩序維護法實施監聽或電話錄音等措施，而上述措施亦均須經由法官指令，即向法院申請或事先報備等程序，在此同時亦顯示以住宅隱密科技方式，係一種深度干預人民資訊自決權措施，必須在法官保留之原則下實施。除電話錄音與監聽外，依據柏林安全秩序維護法第25條第1項，亦規定此種科技隱密干預，亦包括長期監視與錄影。另該條第4項規定，亦可針對進出公寓之陌生人蒐集資料，而在第4項a規定，可針對經由科技方式在公寓內外非公共談話內容之監聽與錄音。另在該條第7項a亦規定，就此措施並無危害產生，應向當事人通知監視過程。當個人資料在此並無被錄取時，此通知並不需要。當此措施係為刑事調查程序針對當事人之狀況，則由檢察官決定通知之時間點。

經由觀察德國聯邦與各邦警察法標準草案、巴伐利亞邦警察任務與職權法與柏林安全秩序與維護法，所規定針對住宅隱密蒐集資料之科技方式，其以詳盡條文規定程序與內容[58]，

---

57 Vgl. Pewestorf/Söllner/Tölle, Polizei-und Ordnungsrecht---Berliner Kommetar, 2009, S. 55 ff.

58 Vgl. Denninger, Polizeiaufgabe, in Lisken/Denninger, Handbuch des Polizeirechts, C.H. Beck, 4. Auflage, 2001, E. Rn. 299-305.

係因在警察蒐集資料之過程中，必須注意人民所居住住宅為生活中大部分時間居留所在，住所作為人們生活的堡壘，故應隱藏最多的犯罪與危害等資料，此亦當然成為警察蒐集資料之核心，然而一方面顧及警察蒐集資料之功效，另一方面考量人民資訊自決權等權利，上述規定均應詳細與明確，不致於此項措施在安全與人權上有所不平衡。

　　然而審視我國警察資料蒐集之特別方式所依據之警察職權行使法，僅依據該法第9條有關集會遊行以攝影、錄音或科技工具蒐集資料，該法第10條有關以攝影、科技工具或裝設監視器蒐集資料，該法第11條有關目視或科技工具蒐集資料，係無法實施住宅隱密之科技方式。而倘若針對住宅實施上述蒐集資料，僅可依據通訊保障及監察法，然而該法並無妥適針對警察對住宅隱密資料蒐集之明確規定，且亦須透過向檢察官報告，對於長期蒐集資料而言，功效有限。故未來應針對警察職權行使法，參考德國法方式，直接規定於警察法，在我國即可規定在警察職權行使法，修訂與增訂警察蒐集資料條款，尤其應明確規定針對住宅隱密之科技方式，包括錄音、錄影與監聽等，並考量人權與正當程序，應採取法官保留原則，而由警察機關逕向法院申請或報備，如此可彰顯警察偵查犯罪與危害防止之權責，並在人權保障下達成有功效之蒐集資料，以有效維護社會治安。

伍、結語

　　有關住宅隱密蒐集資料之科技方式，其規定直接關聯者亦較少，然而此種警察蒐集資料之特別方式，係足以彰顯德國警察資料蒐集法制之新趨勢，故值得我國探討並效法。尤其，德國聯邦與各邦警察法標準草案、巴伐利亞邦警察任務與職權法

與柏林安全秩序與維護法，所規定針對住宅隱密蒐集資料之科技方式，其以詳盡條文規定程序與內容，一方面顧及警察蒐集資料之功效，另一方面考量人民資訊自決權等權利，不致於使警察蒐集資料之措施在安全與人權上有所不平衡，值得參考。故未來應針對警察職權行使法，參考德國法方式，修訂與增訂警察蒐集資料條款，尤其應明確規定針對住宅隱密之科技方式，包括錄音、錄影與監聽等，且逕可向法院申請，並在治安與人權之比例考量下，求取功效。

（發表於司法改革與警察資料蒐集研討會論文，2017年12月，

眞理大學與行政法學會主辦）

5

闖紅燈違規之舉發與責任原則

——兼評台北地方法院102年度交字第45號行政訴訟判決

壹、前言

　　交通違規之舉發關係人民權益甚鉅，雖然人民違規所受處罰之罰鍰金額在新台幣幾百元或數千元，並非違法重大案件，然而交通行為之普遍性，幾乎與所有人民相關，更何況交通違規之舉發，若未能達到效果，往往亦衍生未來交通重大事故。另在行政罰法體系中，責任原則所處之地位如同刑事法，亦即為制裁行政不法行為而裁處之行政罰，除要求行為人必須違反法規上所應履行之義務外，亦如同刑法般必須具備責任條件及責任能力。故在交通違規處罰中，責任原則之適用，深深影響交通行政罰之成立，此亦為重要議題。基此，本文擬先探究交通違規之舉發與責任原則理論，並作為本文立論之基礎。又近年來不服交通違規處罰事件之爭議已由地方法院行政訴訟庭審理，因此已有許多地方法院行政訴訟之判決可供分析參考，本文擬針對地方法院闖紅燈行政訴訟之判決予以評析，因該案例部分原處分經法院判決撤銷，且關係上述交通違規舉發與責任原則之理論，在此值得一併深入探究。經由上述案件之評析，分別論述所適用之法理論，並印證實務之運作，以供參考。

貳、交通違規之舉發

一、交通舉發執法之概說

　　交通舉發之執法係警察舉發之一環，從機關舉發與人民舉發觀察，在舉發行為之本質定義範圍有所不同，因人民舉發前所為之行為仍屬於私法行為，而非公法行為。在此針對交通舉發等執法措施之觀察，必須進一步探究警察舉發。警察舉發係屬機關舉發之一環，其與人民舉發之不同，應從舉發行為之定

義範圍著手區別。蓋人民於發現有違規事實時，能勇於舉發，而即時通報行政機關，可有效遏止危害之發生或擴大，以此對公共安全與秩序之維護發揮重大作用。然而針對人民舉發之行為，重點在於人民向行政機關舉報違規事實，以促使行政機關發動職權（Befugnisse），對違規行為有所作為之制度，故包含相同意義之「檢舉」在內。亦即，在人民向行政機關舉報違規事實之前，有關人民自行蒐集資料或證據，或者舉發事後有關行政機關之調查，並不包括於人民舉發之行為內。因為人民舉發前之行為，例如舉發違規小廣告，人民自行拍照蒐證等行為，並非屬行政行為，故非行政法法律關係，當非探討重點，而舉發後行政機關之調查行為，則屬行政機關之行為，當亦不歸屬於人民舉發行為。

　　然而相對的，前述警察舉發係機關舉發，而非人民舉發，此概念之定義範圍，其重點自有所區別，因為警察舉發前或舉發後之蒐集證舉或調查行為皆屬行政行為，仍屬於行政法法律關係，自仍有探討之重要性，故警察舉發之概念與定義範圍，自可能延伸至警察取締前或舉報違規事實前之行為。由此，本文認為有必要在此區分廣義與狹義之警察舉發行為，若先從狹義警察舉發行為觀之，其應與人民舉發之概念範圍類似，著重於警察取締與舉報違規事實之即時行為，例如警察取締違規攤販，則就攤販違規事實予以認定行為，而不包含認定前對於攤販之合法性調查。至於廣義之警察舉發行為則除了警察取締與舉報之行為外，尚包括舉發前或舉發後之相關調查證據與資料蒐集等行為，且亦可包含至行政檢查[1]。針對此，基

1　參閱蔡震榮、王曰諾，簡論警察公權力措施，警察法學，第4期，2005年12月，頁261-262。所謂行政檢查，檢言之為警察機關為達成特定行政目的，對於特定行政客體所為之查察、蒐集資料活動，或指行政主體以蒐集、查察、驗證相關事實或資料為目的，就個別具體事件，針對特定人民，行使公權力之行為；董保城，德國行政檢查法制─以工商業為例並兼論我國工商業檢

於警察調查證據或行政檢查與蒐集資料仍關係人民權利甚鉅，故本文所論述之警察舉發行為大多應屬廣義之警察舉發行為。

另一重點係為警察舉發之特色，根據警察任務法基礎理論，警察負有危害防止（Gefahrenabwehr）與犯行追緝（Verfolgung von Straftaten）之雙重任務，所負危害防止任務係為行政法上之作用，而犯行追緝則為刑事司法作用，因此所產生之法律關係與效果即有區別。所以當探討警察舉發行為時，若由警察任務法之觀點，亦可區分為危害防止之舉發與刑事追緝之舉發，在此亦為警察舉發之重大特色[2]。從公法理論與依法行政分析而言，危害防止之舉發為行政作用，所依據之法律為行政程序法、行政罰法、警察職權行使法以及警察個別行政法等，而刑事追緝之舉發為刑事司法作用，所依據之法律即為刑事訴訟法。因刑事追緝之舉發，在程序與職權上均依據刑事訴訟法，在研究上偏屬於刑事法學，故本文著重於危害防止之舉發行為，即聚焦於警察行政法學之觀察。

又警察基於維護治安之目的，依據行政法令所為之危害防止與依據刑事訴訟法所為之追緝犯行，狀似各自獨立，事實上警察必須於同一時間面對該兩項任務[3]。前述廣義之警察機關包含著行政調查，而當警察機關實施行政調查時，後續發現犯罪事實，實施行為將從行政程序轉換為犯罪偵查程序，則產生典型任務競合，在此皆因警察具有雙重功能（Doppelfunktion）之角色所引起[4]。而刑法與行政法在本

查，政大法學評論，第53期，1995年6月，頁91。

2　Vgl. Wolf-Rüdiger Schenke, Polizei- und Ordnungsrecht, 7. Auflage, 2011, S. 121 ff; Krause/Nehring, Strafverfahrensrecht in der Polizeipraxis, 1978, S. 34.

3　例如發現有人縱火正逃逸時，擒火首（犯行追緝）與滅火（危害防止）；肇致車禍者駕車逃逸時，緝拿逃逸者（犯行追緝）及營救傷者（危害防止）。

4　Vgl. Würtenberger/Heckmann/Riggert, Polizeirecht in Baden-Württemberg, 5. Auflage, 2002, Rn. 188.

質、目的、手段各有其不同，因此從警察任務與作用中區別
雙重功能，避免警察利用行政手段爲犯罪偵查，或利用司法
作用以防止行政危害，有其必要，惟在實務運作上，往往無
法截然劃分兩項作用。故警察舉發行爲亦可能導致警察雙重
作用交錯之可能，其可能之規範類型爲：（一）行政秩序罰
與行政刑罰並存於一法律[5]。（二）針對同一行爲有採行政作
用與刑事作用之可能[6]。（三）行政法規範中明定以防止犯
罪或預防犯罪爲要件者[7]。而若在同一時間內，雙重任務產
生競合，警察應優先針對危害防止或刑事追緝，則應從指令
權（Weisungsrecht）、衡量權（Ermessensrecht）與調查權
（Untersuchungsrecht）等層面予以判斷[8]。

5　例如集會遊行法中，針對違反該法之制裁有處罰鍰及刑名者，從而有交互運
　用之可能。

6　例如依道路交通管理處罰條例針對違規車輛爲攔停，屬行政作用，其後發現
　駕駛人有該法第35條「酒精濃度超過規定標準」而同時觸犯該法及刑法第185
　條之3「不能安全駕駛」之罪，必須採取刑事罰措施。同理，若法律明定針對
　違反行政義務者之行政制裁效果不彰時，得改採刑事罰，亦會產生雙重措施
　之競合現象。

7　例如行政執行法第36條第1項規定：「行政機關爲阻止犯罪、危害之發生或避
　免急迫危險，而有即時處置之必要時，得爲即時強制。」又例如警察職權行
　使法第6條「犯罪嫌疑」、第10條「可能發生犯罪案件」等，其中涉及有犯罪
　之虞及可能發生犯罪之預測與判斷。此種爲符合警察功能之立法設計，係造
　成行政與刑事手段交錯之重要原因。

8　在指令權方面，是一種指揮命令之權，係偏重警察於具體事件下，執行任務
　時，指令權歸屬問題，針對行政上之危害防止，因純係行政作用，原則上僅
　有服從其上級長官就監督範圍以內所發命令之義務（公務員服務法第2條）。
　針對刑事追緝而言，警察執行偵查犯罪之任務時，受檢察官之指揮命令，在
　法制上並無爭議。當任務競合時，警察應依法益及義務衡量以判斷具體案件
　中，犯行追緝與危害防止何者法益較高，並決定優先順序，情況急迫，檢察
　官不及介入時，才依警察指令決定之。針對衡量權，若遇競合時，亦依法益
　衡量合理判斷。另針對調查權，必須透過立法配套解決，例如在警察法與刑
　事訴訟法中，皆需各配置一套近似的警察職權，以利接軌。警察則須在轉換
　過程中，踐行其告知義務及相應之程序。參閱李震山，警察行政法論，元照
　出版公司，2007年9月，頁362-364。

　　而有關警察舉發之法律性質如何判斷，依據任務法理論，警察舉發可分為危害防止舉發與刑事追緝舉發。依據前述理由，本文認為警察舉發應以危害防止之舉發為主要討論重點，因刑事追緝舉發係以刑事訴訟法之規定實施，其性質非屬行政作用，係為刑事司法作用，有關職權措施與救濟等均與法院之運作相關[9]，例如警察舉發飆車行為，若符合違反刑法「不能安全駕駛」之罪，即移送地檢署，至於舉發行為即屬刑事司法作用之一，並非行政作用。而危害防止之舉發行為，即為警察行政作用，究其性質，亦應從廣義之警察舉發與狹義之警察舉發而分別論述之。因狹義之警察舉發行為係僅指取締行為或舉報違規事實之行為，所指主要為一個定點行為，若依傳統類型化行政行為觀察，取締行為應為行政事實行為（Realakte），而舉報違規亦應為事實行為。然若從法律效果觀察，有可能視為一種即時性行政處分（Sofortiger Verwaltungsakt），且可視為多階段處分（Mehrstufiger Verwaltungsakt）之一環或暫時性處分（Vorläufige Verwaltungsakt）[10]。至於廣義之警察舉發行為，前述因包含行政調查行為，而論其性質亦分為二部分，前部分之調查行為被認為係行政處分之先行程序、準備行為或輔助行為，而屬行政事實行為[11]。而第二部分有關取締或舉報違規事實之舉發行為，如前已述可被視為事實行為或即時性處分。由此觀點，交通舉發應屬於廣義之警察舉發行為。

9　Vgl. Pieroth/Schlink/Kniesel, Polizei- und Ordnungsrecht, 2. Auflage, 2004, S. 91 ff.

10　例如違規交通之舉發，因舉發機關與裁處機關之不同，故使舉發行為只成為暫時性處分，最終處分由公路主管機關裁處。

11　洪文玲，行政調查制度之研究，警察法學，第4期，2005年12月，頁49。

二、交通舉發之多階段程序

　　一般而言，交通違規之處罰可視爲一種多階段處分程序，所謂多階段處分指行政處分之作成，須二個以上機關本於各自職權共同參與而言[12]，此際具有行政處分性質者，亦即直接對外生效之部分，至於先前階段之行爲則仍爲內部意見之交換，例如某一特定營業其執照之核發，雖屬直轄市建設局之職權，但建設局准許與否係根據事先徵詢目的事業主管機關警察局之意見，整個過程中雖有多次之意思表示存在，原則上仍以建設局之准駁爲行政處分。例外情形，如法規明定其他機關之參與行爲爲獨立之處分，或其參與行爲（許可或同意）（Erlaubnisse），依法應單獨向相對人爲之者，則亦視爲行政處分[13]。

　　多階段處分係處分之作成須其他機關參與並提供協力，而協力之機關主要可以區分爲平行機關與垂直機關，就行政機關平行關係而言，此類處分以往多於營業許可、減免稅捐事件存在，近年限制入出境處分常以多階段處分方式出現。而行政機關之垂直關係中，凡下級機關之處分須經上級機關核准始對外生效者或上級機關之決策已定，而指示其下級對於人民爲行政處分者[14]，均屬多階段處分之例。惟此類垂直關係之多階段處分，有時亦發生誰是原處分機關判斷上之困難。例如在人事行政行爲中，以公務人員考績事件爲例，年度考績常由三個階段之行爲構成，及考績機關（原服務機關）、核定機關（上級主管機關）及審定機關（銓敘部）共同參與，以法官而言乃各級法院、司法院及銓敘部。採取多階段處分之概念，除有助於確

12　Vgl. Wolff/Bachof, Verwaltungsrecht, Bd III, 7. Auflage, 2010, S. 178.

13　吳庚，行政法理論與實用，三民書局，2012年8月修訂12版，頁80-83。

14　參閱司法院院字第2650號解釋。

定何者係直接對外生效而應視爲行政處分，何者尚在內部行爲
階段並非處分外，尚有兩項實益：第一，當事人提起爭訟時審
查範圍之認定，在訴願階段屬共同上級機關，在行政訴訟程序
則爲行政法院，應審查各個階段行爲之適當性或合法性，若只
以對外生效之行爲作爲審查對象，將無法達行政救濟之目的。
第二，法規明定須其他機關協力時，如欠缺協力行爲，行政處
分即有撤銷原因[15]。

　　依據上述法理，交通違規之處罰程序，依據道路交通管
理處罰條例第7至8條及違反道路交通管理事件統一裁罰基準
及處理細則第三至六章之規定，道路交通違規之處罰過程，
其程序主要可分爲三個階段，第一階段爲稽查，第二階段爲舉
發與移送，第三階段爲受理與處罰。針對第一階段，所謂「稽
查」程序，係指稽查人員，對車輛或行人執行道路交通管理之
查察，藉以發現違反道路交通管理行爲之程序。由於稽查係對
人或物之查驗、干涉，勢必影響人民行動自由、財產權及隱私
權，依法律保留原則，除實施稽查之要件、程序及救濟程序，
均應有法律明確規範外，執行稽查人員亦須依法有執行之權
限。而執行稽查人員依道路交通管理處罰條例第7條之規定，
係由交通勤務警察、依法令執行交通稽查任務人員、交通助理
人員擔任之。員警執行道路交通管理稽查，採機動巡邏之方
式，遇有違規行爲時，即依法加以舉發取締。道路交通管理處
罰條例規定之稽查，如由交通警察勤務執行時，於解釋上，應
認係相當於警察勤務條例第11條之巡邏與臨檢勤務方式，故應
遵照依釋字第535號解釋意旨爲之，對於稽查之要件、程序及
對違法稽查之救濟，亦有警察職權行使法相關規定之適用。

　　針對第二階段，所謂「舉發與移送」程序，係指稽查人員

15　參照行政法院75年判字第1518號判決，收錄於裁判要旨彙編，第6輯，頁
　　1257；吳庚，前揭註13，頁355。

發現違反道路交通管理處罰條例行為時，填製舉發交通違規通知單送達違規人，並由稽查人員所屬機關將該違規事實及違規資料，移送管轄本案之處罰機關。舉發移送程序，雖可細分為前階段之「製單舉發」及後階段之「移送」，但由於移送僅係舉發機關與處罰機關間之行政機關作業流程，一般並不影響違規人之權益，故如以裁決或處罰處分言，可將視為內部程序。如依舉發者分類，可分為「機關舉發」及「民眾舉發」，依規定舉發機關可分為公路主管機關或警察機關。因道路交通稽查多由交通警察執行，而員警於執行道路交通管理稽查，遇有違規行為時，即依法加以舉發取締，故依目前實務狀況，一般舉發機關多為警察機關。如前所述，一般道路交通違法之舉發多係此種方式，但亦有係因民眾之檢舉而舉發之情形。依道路交通管理處罰條例第7條之1規定，民眾發現違反道路交通管理處罰條例之行為時，得敘明違規事實或檢具違規證據資料，向公路主管機關或警察機關檢舉違規行為；公路主管機關或警察機關受理檢舉，查證屬實者，應即舉發。對於公路主管機關或警察機關接獲檢舉後，如何進行查證及是否進行舉發等，於違反「道路交通管理事件統一裁罰基準及處理細則」第20條至第24條，則有詳細規定[16]。

　　針對第三階段，依道路交通管理處罰條例第8條第1項規定，根據依違規行為之不同而異其處罰機關，分別由公路主管機關或警察機關加以處罰，即舉發交通違規通知單上所載之應到案處所。關於被舉發人之交通違規事件之處罰，應由處罰機關於受理舉發單位所屬機關移送之舉發違反道路交通管理事件有關文書等物件，給予違規人陳述意見機會後，作成之行政處

---

16 此細則第20條規定，有關民眾以言詞或其他方式舉發內容；第21條規定，受理民眾舉發機關應依法辦理；第22條規定，機關受理民眾檢舉，經查證屬實者，應即舉發等；第23條規定，民眾檢舉案件不予舉發之情形；第24條規定，機關受理民眾檢舉不得洩漏檢舉人個人資料。

分，性質上為學理上所稱之行政處分。而經前述舉發程序所填製之交通違規通知單，即俗語通稱之「紅單」，關於此一「舉發交通違規通知單」之法律性質係屬行政處分，自大法官釋字第433號解釋以來，應無爭議。不過，此一行政處分究為何種類之處分，仍有不同意見。例如有學者認為應類似德國之「暫時行政處分」或稱「暫時效力之行政處分」[17]，亦有其他學者認為此通知單僅係「確認違規事實」之處分[18]，而另有學者認為，因交通裁決係最後對外發生法律效果（Rechtserfolg）之行政行為，係行政處分，性質上為學理上所稱之行政罰或秩序罰，而因整個行政行為過程中之「舉發交通違規通知單」未對民眾直接產生法律效果，並非行政處分[19]。

三、交通舉發之正確責任人

我國道路交通管理處罰條例第85條以下，對於責任人仍有所規定，例如本條例第85條第1項規定略以，依本條例之受處罰人，認為受舉發之違規行為應歸責他人者，應於違規通知單應到案日期前，檢附相關證據即應歸責人相關證明文件，向處罰機關告知應歸責人，處罰機關應即另行通知應歸責人到案依法處裡。依據本條，此種立法方式將交通違規責任歸責於行為責任人，其主要類型是為自己之交通違規責任負責，盡量促使原先受處罰人找到確實行為違規者，避免頂替或附帶責任之發生，其效用亦以法律明文規定，而能解決多數責任人競合問

---

17 參閱陳敏，行政法總論，新學林出版公司，2009年9月，頁322；吳庚，前揭註13，頁338。

18 李建良，行政程序法實用，學林出版公司，2001年8月，頁203。

19 參閱林素鳳，交通標誌及違規車輛拖吊等法律問題—兼評高雄高等行政法院89年度訴字第1269號判決及最高行政法院91年度判字第1548號判決，月旦法學雜誌，第104期，2004年1月，頁230。

題。

　　本條例第85條第2項規定，本條例之處罰，其為吊扣或吊銷車輛牌照者，不因處分後該車輛所有權移轉、質押、租賃他人或租賃關係終止而免於執行。此項規定牽涉責任繼受之問題，亦即主管機關為防止危害之狀態發生，對責任人為行政處分，若因事實變更而產生繼受人，繼受人應否繼受原行政處分，如否認繼受的可能性，則行政機關必須另一行政處分，如此一來曠日廢時，勢將無法達成防止緊急危害之功能，且原受處分人亦可能以轉讓的方式，逃避責任，行政機關疲於應付，將因而付出極大的社會成本，不僅違反防止危害的有效性，亦違背效率性。反之，如認繼受人應無條件繼受原行政處分，則繼受人可能因為對原行政處分不知情，而須面對超過原處分內容之法律後果。然而為有效達成防止危害的效果，權利繼受者固應概括繼受前任義務人的責任。所以考量有效防止交通管理上的危害，該項條文規定不因處分後該車輛所有權移轉、質押、租賃關係終止而免於執行，實則賦予繼受人繼受原處分之責任。

　　另本條例第85條之4規定，未滿十四歲之人違反本條例之規定，處罰其法定代理人或監護人，此為受處罰人係為附帶責任而負責者，在此值得注意的是，在行政法上之責任，法定代理人及監護人所負的責任卻是自己責任，且是同等責任，無法如民法上之責任，可以舉證免責。是故，父母、監護人或法定代理人之所以須為其監督責任負責而成為責任人，乃因自己或為不足的監管行為，或不為監管行為而負責。該監管行為就是其自己的責任，而非為他人行為而負責。換言之，此類因自己所監護之人之行為而負干涉行政法上的責任，從刑法的觀點來看，實難想像，由此可知，行政法為求危害防止之任務無漏洞，對監護之人仍應科以責任。

　　有關附帶責任之探討，除了上述未滿十四歲之人違反本

條例之規定，處罰其法定代理人或監護人之外，另有擬議該條例第35條有關酒醉駕車之處罰，增列對於同車乘客之處罰，行為駕駛人經測試酒精濃度超過規定標準固應受罰，然而同車乘客將連帶受處罰，亦即賦予同車乘客勸阻之義務責任[20]。而處罰同車乘客是否認定為株連九族、窒礙難行，若從責任人理論而言，此項規定亦不同於監護責任，乃為共同責任之承擔，此與上述針對兒少從事性交易而未通報之責任人範圍之立法類似，完全以法律明定之法定責任人，若不考量同車乘客對於事物掌領之期待可能性[21]，同樣缺乏理論基礎，同時亦有違反憲法保障言論與行動自由之嫌。針對責任人範圍之界定，若無理論基礎，此種共同責任之承擔確實容易淪為「連坐」法而受到批評，因此仍應基於行政法上之責任人理論，以行為責任人中「為自己本身責任負責」為主要重點，另輔以「狀況責任」作為界定基礎，才能符合法治國依法行政之原則。

20　參閱警政署交通組長何國榮，中國時報，A19/時報論壇，2007年4月5日投書略以：我國酒後駕車違規，逐年增加，95年已達115,785件。但酒後駕車肇事死亡人數，卻不降反升，95年已達727人，占全盤交通事故23.15%，更創下歷史新高。喝酒雖為社會文化的一元，但「酒後駕車」卻是社會大眾「零」容忍的。連日來社會各界對內政部警政署研擬防制酒後駕車肇事的具體對策（草案）引起廣泛討論，有人認為降低酒測值不合情理且處罰同車乘客認定為株連九族、窒礙難行。但防制酒後駕車的責任，必須由餐廳、KTV及販賣酒類業者配合宣導「酒後不開車」、「指定駕駛」及提供「代客叫計程車」或「代客停車」的服務，計程車業者也要提供「代客開車」服務，以避免駕駛人酒後開車上路，加上有效的教育宣導、同車乘客的勸阻，而且對於「酒醉駕車」移送法辦，累犯經判處有期徒刑、拘役者，也應落實入監執行，始能竟其功。

21　同車乘客與酒醉駕駛者之監督或其他關係，以法律條文無法盡其闡明，倘若親人朋友或許仍有可能勸阻，共事者或不相關第三者亦有可能為乘客，此種為他人行為負責之責任人，除了監護等關係，實難以想像如何界定，有可能勉強界定為狀況責任，然而狀況責任一般而言針對物之所有權人或事物之掌領力，因此此項建議之理論基礎不足。

參、責任原則理論

一、責任原則之概念

　　在行政罰法體系中，責任原則所處之地位如同刑事法，亦即爲制裁行政不法行爲而裁處之行政罰，除要求行爲人必須違反法規上所應履行之義務外，亦如同刑法般必須具備責任條件及責任能力[22]，在行政罰中，以行爲人具有責任條件爲前提時，則必須在行爲人有故意或過失時，始得以處行政罰，因此責任條件之具備與否影響甚大，亦即影響行政罰之成立[23]。另行爲人受行政罰之制裁，必須具有對自己行爲負責之能力爲前提，若行爲人有能力判斷其行爲之價值，而仍爲違法之行爲時，即應對此行爲負責，並受到非難，亦得施以適當之制裁。行政罰既係對行爲人違反行政法規之制裁，則同樣應以行爲人具有責任能力爲前提，此爲國內多數學者所贊同[24]。

　　接續值得探討的課題是有關行政罰法之責任原則相對於個別行政法規之地位，亦即行政罰法是普通法或是基本法，若是普通法，那麼其責任原則只能是補充地位，當特別法未規定時才適用行政罰法之責任原則，倘若是基本法之性質，則所有行政法規有關責任原則應優先適用行政罰法之規定。然而依目前我國行政罰法之制定，係以普通法之地位而存在[25]。對此學

---

22 Vgl. Bohnert, Joachim, Grundriß des Ordnungswidrigkeitenrechts, 1996, S. 12-15; Titzck, Zur Frage der Verfassungsmäßigkeit der polizeilichen Generalmächtigung zum Erlass von Rechtsverordnungen, DÖV 1995.

23 Vgl. Rosenkötter, Günter, Das Recht der Ordnungswidrigkeiten, 9. Auflage, 1995, S. 79.

24 洪家殷，行政制裁，收錄於行政法，2006年10月3版，頁723-728。

25 我國行政罰法並未特別強調排除他法之規定，且在第1條即明文規定：「……但其他法律有特別規定者，從其規定。」因此在性質上仍是普通法，且行政院法規委員會認爲：「……本法既爲統一性、綜合性或總則性之規定，爲免

者有不同看法認為，將行政罰法定位為基本法時，其範圍可侷限在「總則」的規定上，亦即，作為其他有相關規定法規之總則，類似於刑法總則之於其他特別刑法的地位，而其他個別行政法律的規定，則為分則性的規定，亦即除總則部分適用行政罰法外，其餘個別規定，則仍適用各該法規之規定。如此可解決行政罰法理論與實務之紛爭，同時兼顧各個特別行政法領域不同之狀況與需要[26]。

　　行政罰係對違反行政法義務行為責任之追究，稱之為「責任」者，乃行為具有「可苛責性」與「可歸責性」的一種應報，期使行為人能避免再次違反義務。可苛責性包括作為與不作為義務之違反，而其內容依法律保留原則應以法律或法律授權之法規命令定之[27]。此一部分係屬個別行政法就行政罰構成要件應如何規範之領域，係屬客觀之構成要件問題[28]。「可苛責性」或稱「有責性原則」，係指行為人如果不具備責任能力（欠缺規範認識能力），且沒有故意或過失之責任條件（欠缺可歸責條件），就不應課以責任，即本文所稱「責任原則」。換言之，「規範認識能力」即「責任能力」與「責任條

對於現存之行政法體系造成嚴重衝擊，施行之初似仍宜將本法定位為普通法。此於其他各種行政法有特別規定時，固因優先適用各該法律，至本法適用之機會減少……如施行後長期運作，未嘗不具有導正之作用，其他各種行政法所訂之裁處原則如有不妥者，仍難免加以檢討修正，故本法之功能似尚不至於因未優先適用而弱化。」請參閱蔡震榮，行政罰法草案評析，月旦法學雜誌，第111期，2004年8月，頁11-15。

26　同前註，2004年8月，頁12-13。蔡震榮教授進一步指出，行政罰法訂有許多程序性規定，雖然仍未臻完備，但仍較許多現存之零散法規完備，若將行政罰法定為基本法，則在無特別法之狀況下，行政機關勢必須適用行政罰法之規定，誠然，此將課予行政機關相當多的程序義務，而增加行政機關之勞費，對現行行政法體系造成衝擊，然而基於法治國家對依法行政與保障人民基本權利之要求，行政機關有依循此等規定之必要。

27　Vgl. Wessels, Johannes, Strafrecht (Allgemeiner Teil), 25. Auflage, 1995, S. 66.

28　Vgl. Göhler, Erich, Gesetz über Ordnungswidrigkeiten, 9. Auflage, 1990, § 10 Rn. 8.

件」，是成立責任之兩要素，此一原則本屬刑事法上之原則，但於行政罰上亦適用。而此種「責任能力」與「責任條件」乃屬受處罰人個人主觀構成要件之事由，應個別調查判斷之[29]。

二、責任條件

所謂的責任條件，主要係指行為人之主觀犯意，即行為人能對其行為有一定之意思決定，因此若其決定從事侵害法益之行為，即得對其非難，要求其承擔責任[30]。申言之，行為人除具有理解事理之責任能力外，並有自由決定其意思之心理狀態。而責任條件有兩種，即故意與過失[31]。行為人之主觀意識上，如其以積極作為或消極不作為方式，有意地發生違反秩序之結果，則屬於「故意行為」的基本形態。此外，相對人亦有可能在一個積極的作為中，無意地涉及特定的構成要件，或是消極作為中亦可能在完全無意中產生違反秩序之結果，此種情形即可歸屬於「過失行為」的形態[32]。

關於故意與過失之法定定義，規範行政罰之法規範未有一般性之規定，即令是行政罰法第7條，亦缺乏解釋規定。是故，考量到行政罰與刑法之規範目的都在於，藉由懲罰制度而防止、誘導行為人之一定行為方向，其均以行為人之行為可以因規範之要求而受到影響為前提，據此，應認行政罰與刑法關於故意與過失有無之認定，依其規範目的有類似性，因此刑法第13、14條規定之故意與過失形態，應可類推適用於行政罰

---

29 李惠宗，行政罰法之理論與案例，元照出版公司，2005年6月，頁57。

30 Vgl. Wessels, Johannes, Strafrecht (Allgemeiner Teil), 25. Auflage, 1995, S. 68-72.

31 蘇立琮，社會秩序維護法回歸行政罰法體系之探討，中央警察大學行政警察研究所碩士論文，2004年6月，頁111。

32 洪家殷，行政法院裁判中有關違反秩序行為態樣之檢討，收錄於行政法實務與理論（一），2003年3月，頁7。

法[33]。換言之，強調刑事犯與行政犯乃「質」之差異已逐漸消失，而確認二者常屬「量」的不同已成為通說，制裁之目的往往為立法政策上之考量，而與本質上之必然性無關[34]。因此基於二者之責任條件，其基於基本結構、規範目的均有共同之處，應值肯認其間得以類推適用[35]。

　刑法第13條就故意定為：「行為人對於構成犯罪之事實，明知並有意使其發生者，為故意。行為人對於構成犯罪之事實，預見其發生而其發生並不違背其本意者，以故意論。」行政法之故意、過失之基本意義與刑法同。換言之，在行政罰法上之故意係指「人民對違反行政法義務行為之事實，明知並有意使其發生者或預見其發生而其發生並不違背本意者」。是以故意包含「知」（知情）與欲（任其發生）兩個要素。而不問「直接故意」或「間接故意」，皆屬行政法上之故意。對於故意之概念與定義在行政罰法上並沒有規定，一般通說認為仍適用於刑事法上之概念與定義，故意作為犯具有主觀不法構成要件所規定的故意，刑法學上稱為構成要件故意，簡稱為故意。所謂構成要件故意乃指行為人對於實現客觀構成犯罪事實的認知與實現不法構成要件的意欲。易言之，即行為人對於客觀不法構成要件的所有行為情狀有所認識，並進而決意實現不法構成要件的主觀心態。申言之，行為人首先對於客觀的構成犯罪事實有所認識或有所預見，而後基於這種主觀的認識或預見，進而決意使其認識或預見者成為事實，或者容任其認識或預見者成為事實。這種有認識或有預見，並進而決意使犯罪發

33　陳愛娥，行政處分的對外效果、「保證」與行政罰的責任條件—行政法院88年度判字第4081號判決評釋，台灣本土法學雜誌，第15期，2000年10月，頁92。

34　吳庚，論行政罰及其責任條件，法令月刊，第42卷第5期，1991年4月，頁175。

35　蘇立琮，前揭註31，頁112。

生，或容任犯罪發生的內心情狀或主觀心態，即爲故意[36]。

　　刑法第14條就過失定義爲：「行爲人雖非故意。但按其情節應注意，並能注意，而不注意者，爲過失。行爲人對於構成犯罪之事實，雖預見其能發生而確信其不發生者，以過失論。」此之過失，可分爲「無認識過失」與「有認識過失」。刑法上的「有認識過失」與「無認識過失」之概念上區分，並無特別意義，因刑法上過失係「有」或「無」的問題，只要有過失，不論是「無認識過失」與「有認識過失」，在構成要件上皆屬等價，只是量刑上可以列入考慮[37]。行政法上之過失意義與刑法並無二致，意指「人民對違反行政法義務行爲之事實，按其情節應注意，並能注意，而不注意，致其發生或雖預見其能發生而確信其不發生者」。但行政法上的過失類型上與民事法的過失相同，分爲「重大過失」、「具體輕過失」與「抽象輕過失」。

　　依上述說明，行政罰之處罰，應出於故意或過失，迨無疑義。惟目前行政法規及立法技術上，的確難以發現有處罰過失犯之明文，因此若在條文中依刑法第12條第2項之立法例規定[38]：「過失行爲之處罰，以行爲時之法律有特別規定者爲限」，則過失行爲之處罰，幾無適用之可能。故應考量行政目的之貫徹，並斟酌立法體例與社會現象，原則上只要有故意或過失，即予處罰，而過失行爲之處罰，依現行法制規定，不以法律有特別規定爲限，但我國不採「推定過失」之規定。至於過失行爲應否減輕裁罰，宜保留由裁罰機關裁量，亦無規定一

36　林山田，刑法通論（上冊），2003年11月增訂8版，頁238-242。

37　Vgl. Dahs, Hans, Die Revision im Strafprozeß, 5. Auflage, 1993, S. 85.

38　參閱法務部行政罰法研究制定委員會歷次會議紀錄及委員發言要旨彙編（一），民國91年11月22日，頁60-79。

律減輕之必要[39]。但若從個別法律條文看出，其責任條件已含有處罰故意在內，通常情形不應及於過失，亦即若條文涵義已含有只處罰故意之個別規定要件，則不處罰過失犯[40]。

關於過失之法定定義，規範行政罰之法規範並未有一般性規定，考量到行政罰與刑法的規範目的都在於，藉由懲罰制裁而防止、誘導行為人的一定行為方向，其均以行為人之行為可以因規範要求受到影響為前提，也因此兩種制裁的科處，至少都以行為人具備「過失」之責任條件為前提[41]。據此，應認行政罰與刑法關於「過失」有無之認定，依其規範目的而言，有其類似性，因此刑法第14條所規定之兩種過失形態，應可類推適用於行政罰法：「雖非故意，但按其情節應注意，並能注意，而不注意者」（即是所謂的無認識之過失）、「雖預見其能發生而確信其不發生者」（即是所謂的有認識之過失）。但無論是哪一類過失，都要求違法行為之發生，須可歸責於行為人的未盡必要之注意義務以防止行為之發生。如果再進一步觀察此一過失要件，則一方面必須行為人主觀的認識、能力上，並無其他足以妨礙其履行前述注意、防止違法行為發生之義務事由存在（主觀之可歸責性）。如已盡善良管理人之注意義務，或違法行為之發生，行為人並無主觀的可歸責性，則此違法行為之發生乃無可避免，行為人就此即無過失可言[42]。

我國行政罰法第7條第2項規定：「法人、設有代表人或管理人之非法人團體、中央或地方機關或其他組織違反行政法上義務者，其代表人、管理人、其他有代表權之人或實際行為

39　林錫堯，制定行政罰法之理論與實務，收錄於行政命令、行政處罰及行政爭訟之比較研究，2001年8月，頁182。

40　吳庚，前揭註13，頁465。

41　Vgl. Dahs, Hans, Die Revision im Strafprozeß, 5. Auflage, 1993, S. 90.

42　陳愛娥，前揭註33，頁90-92。

之職員、受僱人或從業人員之故意、過失，推定爲該等組織之故意、過失。」亦即法人與其他團體責任條件之認定，經由其代表人或管理人之行爲推定故意、過失[43]，因爲現行法律規定或實務上常有以法人、設有代表人或管理人之非法人團體、中央或地方機關或其他組織作爲處罰對象，爲明其故意、過失責任，爰規定以其代表人、管理人、其他有代表權之人或實際行爲之職員、受僱人或從業人員之故意、過失，推定該等組織之故意、過失[44]。

三、推定過失之責任

奧地利是行政法法典化之先趨，尤其行政罰法之立法亦是走在各國之前，當然在行政罰法之研究尤其獨特之處[45]，這從責任原則更可以看出，值得在此探討的是，其在責任條件之規定則採取所謂「推定過失」責任，乃係藉由立法技術，將原應由行政機關擔負之舉證責任改由行爲人負擔，其除具有減輕行

---

43 學者李惠宗教授認爲，從法人本質採法人實在說角度來看，代表人係居於法人的地位而行爲，故法人代表人或其他團體管理人之行爲，既然稱之爲「代表」人，即應「視同」法人或團體之行爲。蓋如果只是發生推定之效果，到頭來還可以由代表人、管理人、其他有代表權之人舉證證明其本身無故意或過失。惟既然已經認定「代表人、管理人、其他有代表權之人」有故意過失，怎可能再由其本身反證其無故意或過失，故此種規定屬矛盾之法例。但「實際行爲之職員、受僱人或從業人員之故意、過失，推定爲該等組織之故意、過失」未必可以直接視同該法人或團體之故意過失，故規定爲「推定」爲該組織之故意、過失，則屬適當。前揭註29，頁67-68。

44 李震山，行政法導論，2011年10月增訂9版，頁395；參閱法務部編印，行政罰法第2條條文說明，2005年3月，頁30-32。

45 參閱城仲模，行政法之基礎理論，增訂初版，1991年10月，頁491。針對行政罰法其他國家立法例而言，以奧地利爲主要論述，是選擇一個以相當深厚的學理及累積的判決爲基礎，而創制的行政罰法制，及經半世紀以上的實踐經驗仍能昂然屹立之相關制度，加以學理性之分析，俾供我國學術研究或立法定制之參考，或有裨益。

政機關負擔之作用外，應亦有利於行政目的之達成[46]。由於此
立法例有別於我國及其他國家在責任條件上之規定，因此將奧
地利之規定列為探討之重心。

　　從行政罰理論發展之趨勢而言，其所要求之責任條件愈
來愈趨嚴格，晚近各國之立法例已幾乎與刑事罰之責任條件相
一致。最先是1925年奧地利行政罰法公布以來，「無責任即
無行政罰」與「法無明文不處罰」、「禁止溯及既往」等，已
成為行政罰上確定不移之原則[47]。奧國行政罰法第5條第1項規
定：「於行政法規無關於責任條件之特別規定時，過失行為
已足為處罰之理由，僅係違反禁止或作為命令之行為，而無須
以引起損害或危險作為違反行政義務行為之構成要件者，如行
為人不能證明其無法避免行政法規之違反，應認為有過失。」
依照此一規定，行政罰之責任形態有三：故意、過失及推定責
任[48]。

　　關於故意及過失之涵義，在解釋上與刑法之故意及過失並
無不同，而所謂推定責任，實為奧國所獨創，學者吳庚教授參
考奧國文獻按其通說及實務上之見解，綜合下列三點分析[49]：
（一）以行政法規對於構成行政罰之責任條件別無規定，為其
適用之前提，故法規如明文規定應以故意或過失為必要者，自
應從其規定。（二）所謂違反禁止或作為命令不以發生損害或

46　Vgl. Walter/Mayer, Grundriß des österreichischen Verwaltungsverfahrensrechts, 4. Auflage, 1987, S. 264 ff.; Caspar, Die neuen Regelungen des Bundes und der Länder zum Schutz vor gefährlichen Hundesn, DVBl. 2000, S. 1587 f.

47　Vgl. Ress, Georg, Entwicklungstendenzen im Verwaltungsverfahrensrecht und in der Verwaltungsgerichtsbarkeit: rechtsvergleichende Analysen zum österreichischen und deutschen Recht, 1990, S. 80.

48　吳庚，前揭註34，頁177。

49　吳庚，前揭註13，頁467-469；Walter/Mayer, Grundriss des österreichischen Verwaltungsverfahrensrechts, 4. Auflage, Wien 1987, S. 264 f; L. Adamovich, Handbuch des österr. Verwaltungsrechts, Bd. I, Wien 1954, S. 266.

危險構成要件者，即學理上所指之不服從犯，亦即純正之違警犯，換言之，僅限於輕微之違反行政法規上義務的行為。
（三）所謂行為人不能舉證證明其無可歸責時，應認為有過失，係關於舉證責任之規定，行為人原則上受過失之推定，但許其以無可歸責之反證加以推翻。然而奧國關於推定過失責任之規定，僅是從立法技術上將舉證責任倒置，俾有利於行政上目的之實現及公共秩序之維護，與嚴格的人權保障之要求並不一致，因之，曾發生是否違反歐洲人權公約而構成違憲之爭議[50]。

　　針對奧地利此項規定，學者城仲模教授亦認為，此與刑事法之一般原理恰正相反，而充分表現行政罰之特質，並分析重點如下：（一）行政罰法固然與刑事法同樣適用「責任原則」，亦即歸責條件之責任形態，包括故意、過失及不知法規，但「因行政義務要在履行或不履行，有意或無意，在行政執行上所發生之影響，與結果相同。為使行政效能之提高，客觀之行為或不行為，為取決是否為行政違反之唯一標準，以達行政上迅速簡約之要求，否則曠日持久，多費周章，殊有違乎行政目的」，故過失行為，以處罰為原則，此與刑事法之原理恰正背道而馳。（二）何謂故意、過失，因未具立法解釋須援引刑法所規定之概念。（三）凡客觀上有違反行政禁止命令之行為結果固應予以處罰，即一般違反遵從義務之行為，不問其責任條件亦同，前者之舉證責任在行政官署，後者應由不遵從義務人舉證說明其應為無責，否則即予推定為過失[51]。

50　吳庚教授進一步指出，歐洲人權公約第6條第2項規定：「因可處罰性行為被控告者，在依法認定其責任之前……應推定為無辜。」奧國行政罰法第5條之推定責任與之正好相反，因此發生憲法訴訟，奧國憲法法院以該國加入歐洲人權公約時，曾經對公約條款有所保留，而作成行政罰法第5條不違憲之裁判。前揭註13，頁232-235。

51　城仲模，行政法之基礎理論，1991年10月增訂初版，頁509-510。

四、責任能力

　　所謂責任能力，主要係指行為人必須在行為當時具有自我決定之能力，亦即具有判斷非法，並依此判斷而能夠不為違法之能力，始有罪責可言[52]。申言之，行為人具有判斷非法之意識能力，並依其判斷而為行為之控制能力[53]。依據我國行政罰法第3條規定：「本法所稱行為人，係指實施違反行政法上義務行為之自然人、法人、設有代表人或管理人之非法團體、中央或地方機關或其他組織。」就自然人而言，責任能力係由「年齡」與「規範認知的精神狀態」組合而成。就法人或其他具有行政法上當事人地位之團體或機關而言，應依法人之代表人或為法人或其他當事人之精神狀態而定。而依據行政罰法第9條規定，自然人可分為無責任能力人、減輕責任能力人及完全責任能力人三種類型[54]。

　　在規範責任能力方面，通常由行為人之年齡與精神狀態為斷[55]。在年齡方面：刑法第18條第1、2項、社會秩序維護法第8條第1項第1款、第9條第1項第1款分別規定未滿十四歲人之行為不罰、十四歲以上未滿十八歲人之行為得減輕處罰，適用多年來，並無太大爭議，行政罰方面援此立法例。至於刑法第18條第3項、社會秩序維護法第9條第1項第2項分別規定滿八十、七十歲人之行為得減輕處罰，而刑法第63條第1項尚規定，未滿十八歲或滿八十歲人犯罪者，不得處死刑或無期徒刑，本刑為死刑或無期徒刑者，減輕其刑。然而在行政罰法有關責任能力之規定，並不包括老人[56]。

52　Vgl. Rosenkötter, Günter, Das Recht der Ordnungswidrigkeiten, 1992, S. 89.

53　林山田，前揭註36，頁328。

54　李惠宗，前揭註29，頁58。

55　林錫堯，前揭註39，頁178-180。

56　在刑法與社會秩序維護法有關老人責任能力之規定，乃依我國古律，對於老

　　針對精神障礙方面，在刑法學及實務上，通說均認爲是影響刑事責任能力之判斷，與責任條件之故意、過失有別，亦與行爲之違法性判斷不同[57]。我國就精神障礙者得以減免責任者，在刑法以及社會秩序維護法向以「精神喪失」、「精神耗弱」爲規定[58]，而行政罰法第9條第3項規定，則以「精神障礙」、「其他心智缺陷」等不確定法律概念之用語，此乃以概括規定賦予行政機關較大之行政判斷。學者林錫堯教授認爲，對於精神障礙之判斷，宜以通常可理解之敘述，即是否因生理或心理障礙致無辨識事理能力（或嚴重減退）或無法依其事理之辨識而行爲，作爲判斷可否減免之依據。至於是否達到此程度，則宜由實務機關就個案爲處理認定。

肆、闖紅燈案例評析

一、概說

　　本文就台北地方法院針對闖紅燈交通違規之行政訴訟判決，將其案例事實與判決要旨作一簡述，並針對主要爭點與判決予以評析。尤其針對判決評析，將法院判決所運用之法理與法規予以分析。在此所探究之判決係爲法院撤銷原處分之判決，因此重點亦在於撤銷交通違規處分之重點評析。經由評

人，素有矜恤之典，然而由於近代醫藥、衛生保健發達，國人平均壽命均提高，學者間對老人已有法規之相當保障與優惠，既然享受許多權利，則在義務方面亦擔負其責任，因此一般認爲在行政罰上，無需就老人違反行政法上之義務，再予以減免責任之必要。

57　Vgl. Bohnert, Joachim, Grundriß des Ordnungswidrigkeitenrechts, 1996, S. 15 ff.

58　有認爲此係法律上名詞，並非精神醫學之用語，亦非日常生活之用語，在較爲慣用之行政法規中，使用「心神喪失」、「精神耗弱」或「精神病者」者，亦常多見，因此欲從精神醫學或法律學上對此再做明確之定義規定，事實上有困難。

析闖紅燈之判決，將判決評析所關係適用之法理論予以整理論述，並將案例所常運用之法理論整理論述，以供理論與實務參考。

二、案例事實

依據台灣台北地方法院行政訴訟判決102年度交字第45號案件事實與判決要旨概述，原告甲於民國101年11月12日駕駛新北市私立劍聲幼兒園所有之自小客車，在新北市新店區環河路與碧潭橋頭處，自碧潭橋頭紅燈左轉至環河路（往新店方向），為員警逕行舉發，並移送被告。被告依道路交通管理處罰條例第53條第1項、第63條第1項第3款規定，裁處罰鍰2700元，並記違規點數3點之處分。原告甲不服，遂提起本件行政訴訟。

原告甲主張略以，原告甲任職新北市新店區私立劍聲幼兒園娃娃車駕駛，於101年12月份接獲紅單，違規事項為碧潭橋紅燈左轉至環河路。經查閱違規時日，原告確有行經該處，然原告駕駛娃娃車十二餘年，未曾違規及肇事，心中甚感疑惑，遂決定申請調閱採證照片或錄影存檔，豈料始知並無採證照片或錄影，僅有員警之目視，且路口監視器亦時日長久而遭覆蓋。原告聲明原處分撤銷。

被告答辯略以，本件原告甲所駕駛自小客車於101年11月12日行經新北市新店區環河路與碧潭橋頭交岔路口，未依該交岔路口行車管制號誌為紅燈時停等，逕自碧潭橋頭紅燈左轉至環河路，惟值勤員警目擊，逕行舉發，由於事發突然，員警將違規車號、時間記下，製單舉發依道交條例第7條之2規定，當場不能或不宜攔截者，得逕行舉發，原告違規事實明確。依上述規定意旨，員警於執行勤務舉發交通違規案件，不以採證照片或錄影、監視器錄影為唯一之證明方法，亦不限於

科學證據之採證，須就事件所涉相關證據資料等。此乃因交通違規之情狀、態樣多變，多有稍縱即逝之特性等。又員警舉發交通違規，係依法行使職權，對於立即性之違規舉發，多以員警之認定、判斷為足，無須另有其他積極佐證。若謂公務員一切行政行為均須預留證據以證其實，則國家行政勢必窒礙難行。再者，員警稽查交通違規，本有不同之執法方式，員警本其維護交通秩序、安全之職責所為之舉發，應受合法、正確之推定。故原告稱須有採證照片或錄影，始足認定違規事實云云，應不可採等語。答辯聲明原告之訴駁回。

三、判決要旨

查本件非屬經科學儀器取得證據資料之交通裁決事件，原處分所認定之事實僅係以舉發員警之陳述為依據，然員警於本院以證人身分受訊問時，其數次翻異前詞，證詞之可信度令人質疑。又證人員警未親眼目睹原告係在碧潭橋頭行車管制號誌為紅燈之狀態下，逕下碧潭橋穿越路口左轉至環河路，而係依周遭之車流及燈號情況予以推論，惟就該路口燈號之連動情形說詞反覆，無法排除有誤判之可能，是尚難憑其片面之指述，遽認原告確有原處分所指之違規情事。被告訴訟代理人雖再稱，北新路方向來車可右轉至環河路時，下碧潭橋之燈號不可能允許左轉至環河路，環河路口之燈號如果允許右轉，下碧潭橋之燈號就允許左轉至環河路，但環河路口之燈號如果是禁止右轉及直行之紅燈，下碧潭橋之燈號就是綠燈云云，然碧潭橋頭之行車管制號誌呈綠燈狀態時，下碧潭橋之車輛可直行，亦可左轉至環河路，此時，北新路方向之路口雖禁止直行，然仍有允許右轉至環河路之燈號；環河路方向之路口雖禁止直行及左轉，然亦有允許右轉上碧潭橋之燈號，此有新北市政府交通局函附現況號誌時制計畫資料可資參照，是被告訴訟代理人所

述之燈號連動情形，亦非實在。然無論該路口燈號如何連動，證人證述之內容既有上述瑕疵，本院即難遽予採信，是在其陳述之基礎上論述燈號之連動情形，尚無實益。綜上，被告就原告有原處分所認定違規情節之舉證尚有未足，無從證明原告確有闖紅燈之違規情事，原告訴請撤銷，為有理由，應予准許。

四、判決評析

本案主要爭點在於行政機關對於人民有所處罰，必須確實證明其違法之事實，倘所提出之證據不能確實證明違法事實之存在，其處罰即不能認為合法，尤其本案證據係為警察逕行舉發，有關證據之認定存有疑問。本件原告甲所駕駛自小客車於101年11月12日行經新北市新店區環河路與碧潭橋頭交岔路口，未依該交岔路口行車管制號誌為紅燈時停等，逕自碧潭橋頭紅燈左轉至環河路，惟值勤員警目擊，逕行舉發。針對逕行舉發之證據而言，所謂「逕行舉發」，又稱「逕行告發」，係指針對汽車駕駛人違反道路交通管理事件，因當場不能或不宜攔截製單舉發，由道路交通執法人員記明該違規車輛之牌照號碼、車型、車身顏色等，先向交通資料機構查對後，再行製單舉發之一種交通違規舉發制度。然以取締交通違規，固以及時攔停違規車輛予以舉發為宜，但如駕駛人違規後逃逸，或因違規當時，受客觀環境之限制，不能或不宜攔截製單舉發時，設若無其他救濟方式，則對法令效果與交通執法人員權威，即「法律秩序上之嚇阻性」勢將受到嚴重之破壞，乃有逕行舉發制度產生[59]。

闖紅燈之違規行為處罰主要規定於道路交通管理處罰條例

59　劉嘉發，道路交通秩序罰救濟法制之研究，中央警察大學犯罪防治研究所博士論文，2009年6月，頁167。

第53條，汽車駕駛人行經有燈光號誌管制之交叉路口闖紅燈者，處新台幣1800元以上5400元以下罰鍰，而紅燈右轉行為者，處600元以上1800元以下罰鍰。另依第48條第2款規定，汽車駕駛人轉彎時，不依標誌、標線、號誌指示者，處600元以上1800元以下罰鍰。經由上述，警察針對交通違規逕行舉發所取得違規證據，一般即為警察觀察所得結果，依據交通法規之理論並無不妥。本案法院判決並非否定警察所為之「逕行舉發」，而係認為被告就原告有原處分所認定違規情節之舉證尚有未足，而無從證明原告甲確有闖紅燈之違規情事。然而針對此，現行科學儀器日益發達，如攝影照相等，進一步有所謂行車紀錄器日益普遍，因此若依據科學證據原則，人民要求足夠證據已屬當然，而非僅憑警察觀察即逕行舉發，固未來仍有探究空間。

而針對闖紅燈之行為認定，除了上述認定逕行舉發之證據問題，另針對責任原則之適用亦有故意或過失之區別，在此亦包含舉證責任之問題。現行責任原則，依據行政罰法第7條規定：「違反行政法上義務之行為非出於故意或過失者，不予處罰。」在行政罰法體系中，責任原則所處之地位如同刑事法，亦即為制裁行政不法行為而裁處之行政罰，除要求行為人必須違反法規上所應履行之義務外，亦如同刑法般必須具備責任條件及責任能力[60]，在行政罰中，以行為人具有責任條件為前提時，則必須在行為人有故意或過失時，始得以處行政罰，因此責任條件之具備與否影響甚大，亦即影響行政罰之成立[61]。以該條例第53條為例做說明，處罰闖紅燈之行為並沒有區分故意或過失，然而實際情況卻會有「過失」行為存在，因許多情

60　Vgl. Bohnert, Joachim, Grundriß des Ordnungswidrigkeitenrechts, 1996, S. 12-15.

61　Vgl. Rosenkötter, Günter, Das Recht der Ordnungswidrigkeiten, 9. Auflage, 1995, S. 79.

況未注意到交通號誌之變換，有可能符合「行為人雖非故意。但按其情節應注意，並能注意，而不注意者，為過失。行為人對於構成犯罪之事實，雖預見其能發生而確信其不發生者，以過失論」。其中「無認識過失」與「有認識過失」均有可能[62]，一般來說大部分應為無認識之過失，然而許多駕駛者有搶黃燈之行為，以其所駕駛之車輛確信可以在變換紅燈之前通過，實際上卻來不及，因而構成闖紅燈之行為，似可符合「有認識之過失」。不過就如前述情況，因為認定上之困難，交通執法人員在開立罰單時並不會標明行為主觀意識，因此在概念上就沒有所謂「過失」闖紅燈[63]。雖然在此，法院並無針對故意或過失闖紅燈予以考量分析，然未來在修正交通法規時，對於重大交通違規事件，應可考量區別故意或過失之違規處罰。

五、小結

有關闖紅燈案例，主要爭點在於警察逕行舉發之爭議，因現場並無攝影錄像資料等佐證，主管機關僅憑警察目視即以逕行舉發而裁罰。本案法院判決並非否定警察所為之「逕行舉發」，而係認為被告就原告有原處分所認定違規情節之舉證尚有未足，而無從證明原告甲確有闖紅燈之違規情事。然而針對此，現行科學儀器日益發達，如攝影照相等，進一步有所謂行車紀錄器日益普遍，因此若依據科學證據原則，人民要求足夠證據已屬當然，而非僅憑警察觀察即逕行舉發，固未來仍有探究空間。而處罰闖紅燈之行為並沒有區分故意或過失，然而實際情況卻會有「過失」行為存在，在此法院並無針對故意或過失闖紅燈予以考量分析，然未來在修正交通法規時，對於重大

62　林山田，前揭註36，頁327-329。

63　洪家殷，行政罰法論，五南圖書，2006年2版，頁139。

交通違規事件，應可考量區別故意或過失之違規處罰。

伍、結語

　　整體而言，在法治國家依法行政原理下，交通違規之取締均關係交通執法正當程序之實踐，在此包含交通舉發執法之概說、多階段程序、正確責任人理論。此正當程序首先係由交通舉發啟動，本文認為交通舉發應屬於廣義之警察舉發行為。又最主要之正當程序在於交通執法應符合多階段程序之法理，道路交通違規之處罰過程，其程序主要可分為三個階段，第一階段為稽查，第二階段為舉發與移送，第三階段為受理與處罰。另交通執法應適用責任人理論以及選擇正確責任人，我國道路交通管理處罰條例第85條以下，對於責任人有詳細規定。依據各條文，此種立法方式將交通違規責任歸責於行為責任人，其主要類型是為自己之交通違規責任負責，盡量促使原先受處罰人找到確實行為違規者，避免頂替或附帶責任之發生，其效用亦以法律明文規定，以解決多數責任人競合問題。

　　經由上述地方法院行政訴訟判決之評析，整體而言，相對上法院判決撤銷原交通處罰處分之案件在比例上並不高，然而此種趨勢與其他一般行政訴訟案件相比並無太大差異，惟人民涉及交通違規處分之普遍性較其他一般行政事件為多，故此趨勢顯示人民在行政訴訟中勝訴之機率仍不高，因此相對人應提出相關證據並有充分理由才能達成訴訟目的。法院撤銷原處分並非否定警察所為之「逕行舉發」，而係認為被告就原告有原處分所認定違規情節之舉證尚有未足，而無從證明原告甲確有闖紅燈之違規情事。然而針對此，現行科學儀器日益發達，如攝影照相等，因此若依據科學證據原則，人民要求足夠證據已屬當然，而非僅憑警察觀察即逕行舉發，固未來仍有探究空

間。而處罰闖紅燈之行為並沒有區分故意或過失，然而實際情況卻會有「過失」行為存在，在此法院並無針對故意或過失闖紅燈予以考量分析，然未來在修正交通法規時，對於重大交通違規事件，應可考量區別故意或過失之違規處罰。

（發表於國立中正大學法學集刊，第45期，2014年10月）

6

集會自由權走不盡的坎坷路

——評釋字第718號

本案事實

2014年3月21日作成的釋字第718號，其聲請事實有二：

首先，台北地方法院爲審理甲於民國97年間未經許可率眾至行政院前集會，抗議海協會會長來台所生違反集遊法案件，另桃園地方法院審理乙於民國96年間未經許可率眾至慈湖陵寢停車場，舉辦「兩蔣入土爲安活動」而違反集遊法案件，各依其確信所應適用之集遊法相關規定，聲請解釋。其次，丙爲抗議學費調漲，未經許可聚眾至教育部前集會陳訴，遭以違集遊法而判處拘役確定，認判決所適用之罰則規定有違憲疑義，聲請解釋。大法官就各案先後受理後，併案審理。

爭　點

集會遊行法申請許可規定未排除緊急性及偶發性集會遊行之部分，違憲？

解釋要旨

爲保障集會遊行之自由，國家應在法律規定與制度設計上使參與集會、遊行者在毫無恐懼的情況下行使集會自由。主管機關就集會、遊行利用公共場所或路面之時間、地點與進行方式爲妥善之規劃，並就執法相關人力物力妥爲配置，以協助集會、遊行得順利舉行，並使社會秩序受到影響降到最低程度。在此範圍內，立法者有形成自由，得採行事前許可或報備程序，使主管機關能取得執法必要資訊，並妥爲因應。此所以集會遊行法第8條第1項規定，室外之集會、遊行，原則上應向

主管機關申請許可，爲本院釋字第445號解釋所肯認。

就事起倉卒非即刻舉行無法達到目的之緊急性集會、遊行，實難期待俟取得許可後舉行；另就群眾因特殊原因未經召集自發聚集，事實上無所謂發起人或負責人之偶發性集會、遊行，自無法事先申請許可或報備。爲維持社會秩序之目的，立法機關並非不能視事件性質，以法律明確規範緊急性及偶發性集會、遊行，改採許可制以外相同能達成目的之其他侵害較小手段，故集會遊行法第8條第1項未排除緊急性及偶發性集會、遊行部分；同法第9條第1項但書與第12條第2項關於緊急性集會、遊行之申請許可規定，已屬對人民集會自由之不必要限制，與憲法第23條規定之比例原則有所牴觸，不符憲法第14條保障集會自由之意旨，均應自中華民國104年1月1日起失其效力。就此而言，本院釋字第445號解釋應予補充。聲請人等併聲請就集會遊行法相關規定部分，與本院釋字第371號、第572號、第590號解釋意旨或司法院大法官審理案件法第5條第1項第2款規定不符，應不受理，併此指明。

評　析

壹、許可制之爭議仍未終結

目前我國集會遊行法所採的「許可制」，仍是最受批評侵害人權的設計，因該法制定時，我國正值動員戡亂時期，執政者態度仍屬保守。當時統治者以國家安全爲考量來制定該法，在此種傳統高壓政權下所制定的法律，當時人民也莫可奈何，雖經由大法官釋字第445號的肯定，然該法似將人民憲法保障

之集會自由權，仍繫於警察的許可上，有如人民集會自由權利之行使是警察機關之恩賜[1]。又集會遊行既是憲法明文保障之基本人權，亦為實施民主政治最重要之基本權利。該項權利之行使若基於公共利益之考量，警察機關對於集會遊行申請之准駁，主要應在權衡該集會遊行是否對公共福祉或其他大眾權益產生重大侵害，而非逐一審視所有條件是否齊備而給予許可。集會遊行既屬人民基本權利，但依現行集會遊行法之規定，人民欲舉辦集會遊行須於六日前申請，須完備填寫數十種資料之申請書，不得在禁制區舉行，不得危害國家安全、社會秩序或公共利益，須取得場地同意文件等等，如此眾多限制加諸在人民身上，實質上已嚴重限制了該項基本權利之行使，如此規範顯然已過當，極易產生限制，乃至剝奪人民集會遊行之結果[2]。

　　有關規範人民室外集會之制度，大多數國家採預防制，其中有報備制與許可制。對於報備制，原則課予負責人應在於舉辦集會之前，應向主管機關報備；主管機關受理後，除非有特殊情形，認為會造成重大公共秩序之危害，否則不得禁止[3]。本制度在強調集會乃人民之自由，本不待主管機關之許可，人民自有權利舉行，屬於原則許可、例外禁止之制度。因採取許可制，有理論上之爭點，即集會屬於人民之基本權利，又何須

1　集會遊行採許可制的正當性，應係建構於「重國權、輕人權」的保守心態上，若一方面坐享前人依集會遊行爭取人權後的甜美果實，另一方面卻因缺乏同理心，對當今以集會遊行爭取人權者不願多加寬容，「國家是為人民而存在」的憲法核心理念，在這塊土地上實難有真正落實的一天。至於現代民主憲政國家，本就屬於人民「基本」權利的集會自由，緊箍其上的「許可制」，若尚須魁首期待釋憲者的「恩賜」才能有機會改制，就真不知今夕究竟是何夕了。參閱釋字第718號李震山大法官部分不同意見書，頁36。
2　蔡震榮，集會遊行法修法之探討與建議，警察法學，第9期，2010年11月，頁16。
3　陳正根，譯著：德國巴登符騰堡邦與漢堡市集會遊行報備程序規定，警察法學，第10期，2011年12月，頁355-362。

得主管機關之許可。原來依許可制之理論，即強調屬於「原則禁止，例外才許可」之意。因此，為防止此種被誤導傾向，實務上又有稱我國之集會許可制，屬於「準則許可制」，主管機關並無自由裁量之權。近年來我國民主政治日漸成熟，集會遊行活動亦趨理性，政府主管機關亦認同人民所提出之修改集會遊行意見，有意改採報備制[4]。然而經由本號解釋，只認為緊急性及偶發性集會之許可規定係違憲，認同現行集會遊行法之許可制，在此等同於對現行制度之背書，對於前述有志之士之改革恐有阻礙，未來部分人士有本號解釋作為基礎，將以「準則許可制」抵制報備制之改革，恐非國家之福。

　　近年來已經有很多專家學者對於集會遊行法提出很多觀點與看法，並且也引起社會大眾普遍重視，尤其最近因政治抗議事件增多，對於集會遊行的意見更多，甚有學者針對集遊法問題組成聯盟表達意見，所以這個主題至今已成為最熱門課題之一。警察所扮演的是一個執法者的角色，針對集會遊行，當然以執行集會遊行法保障人民在憲法上所規定集會自由的基本人權，並維持社會秩序等為目的[5]。因此集會遊行法本身的問題影響警察執法的成敗，下列為許可制與報備制之優缺點：

一、許可制的優點：（一）事先可詳盡規劃因應，對於沒有把握掌控的集會遊行並可事先禁止危險集會。（二）對於善於惹

4　相較於1980年代集遊法制定時之時代背景，今日台灣的政經及社會結構，已不可同日而語。政治上，已從硬式威權、柔性威權，到現今民主鞏固時期，再加上經濟的平穩發展、多元社會下民眾對於公共事務之參與與熱烈等，均提供政府大刀闊斧之改革契機。目前尚在立法院審議的各項草案，最後會激盪出何種面貌之法制，雖然仍不可知，但可預見的，如能經過修法，我國集遊法將朝人權保障之方向邁進。參閱張維容，我國集會遊行法政策之研究──以2012年各修正草案為中心，警學叢刊，第44卷第1期，2013年7月，頁37-39。

5　劉靜怡，歐洲人權法院近年主要集會遊行相關判決評析，台灣法學雜誌，第204期，2012年7月，頁61-62。

事生非者有嚇阻作用。二、許可制的主要缺點：（一）對於偶發性集會因時間緊迫無法申請產生爭議。（二）集會自由為基本權，事前須經同意是否已遭侵犯引起爭議（釋字第445號認為許可制並未侵犯基本權）。三、報備制的缺點：上述許可制優點的反面。四、報備制的優點：除了上述許可制缺點的反面外，值得注意的是經學者之研究，我國警察機關對於集會遊行許可之作業，亦大多採「原則許可，例外禁止」之態度，在實務上已趨報備制，若能改為報備制，一方面改善警察形象，同時彌補許可制所產生的缺點。

　　本號解釋只針對緊急性及偶發性集會遊行排除許可制，其他一般集會遊行則認同現行制度，並以釋字第445號為基礎，以集會遊行法第8條第1項規定，室外之集會、遊行，原則上應向主管機關申請許可。一般集會遊行在實務上已趨報備制，是否就認定目前集會遊行法之許可制已受認同，有稱為現行許可制度屬於「準則主義之許可制」，然而「準則主義」的概念與用語，並不會影響「許可制」事前抑制的「本質」，也不會因集遊法第11條中出現「應予許可」一詞，即推斷集遊法所採者形同報備制。「準則許可」，只是為賦予執法機關更寬廣的裁量空間鋪路，從而隱藏恣意的危機，就如同披著羊皮的狼，總有露出猙獰臉孔的時候，只是時機問題。即當集會遊行之內容、目的、訴求嚴重挑戰當政者意識形態或政治利益的「紅線」時，平時備而不用的許可制，一夕間成為可以揮舞的大刀。維持集會自由的制度，搖身一變成為箝制集會自由的制度，隱藏著「制度性」的危機，成為孕育「人治」的沃壤，是為法治主義所不許，違憲審查者似乎對此共同生活經驗毫無警覺[6]。

6　參閱釋字第718號李震山大法官部分不同意見書，頁6。

貳、部分正義卻爲德不卒

　　集會遊行乃憲法所保障之人民基本權利之一，爲免憲法之規定流於口號或形同具文，進而保障該自由之遂行，實有賴集會遊行法之實施，所以集會遊行法頒行的主要目的就在於保障憲法賦予人民之基本權利，其次方是維持社會秩序[7]。從自由民主觀點，當人民享有和平集會遊行機會時，才能創就多元化、有選擇性之意見，因此集會遊行權不但要保障其不受國家侵犯，國家甚至有義務使集會遊行順利進行。雖然集會遊行權爲自由公開意見及意思形成之不可或缺之保障，對國家社會秩序之根本意義上而言是積極的，但爲了避免自由與權利被濫用，集會遊行自由亦有可能被限制。依據我國憲法第23條，此時公權力就有介入集會自由行使之可能性[8]。

　　集會自由之保障，不僅限於集會遊行法中所指之集會自由，因爲集會遊行法在消極意義上，只不過是立法者本諸「憲法委託」精神，爲落實憲政理念而在例外情形有必要時，才用以限制集會自由之法律。因此集會遊行所未限制之集會遊行，仍是憲法所應保障[9]。此乃實質法治國家強調法位階，追求實質法正義下「法無明文禁止者，皆應受允許」理念之闡揚[10]。再從集會自由與人民爭取自由密不可分之歷史觀點言，今日吾人實不必再將集會標準，鎖定於共同意見形成及意見表示之既有政治取向模式，而是應強調集會是以集體形式保障人格發展

7　Vgl. Georg Huttner, Handbuch für die Ortspolizeibehörden Baden-Württemberg, 3. Auflage, 2005, S. 166 ff.

8　李震山，警察法論─警察任務編，正典出版公司，2002年10月，頁259-260。

9　Vgl. Tettinger/Erbguth/Mann, Besonderes Verwaltungsrecht, 10. Auflage, 2009, Rn. 740 ff.

10　陳新民，憲法導論，2005年10月修正5版，頁47-50。

的意義上，藉以擴大集會自由之保障範圍[11]。集會遊行是一種包括言論自由的表現自由，司法院大法官釋字第445號解釋即說明其為實施民主政治最重要的基本人權，且國家為保障人民之集會自由，從而國家在消極方面應保障人民有此自由而不予以干預，而在積極方面應提供適當場所集會，並保護集會遊行之安全，使其得以順利進行，有謂此種古典基本權之行使，往往就是對基本權的有力捍衛[12]。

　　司法院大法官從言論自由雙軌理論出發，於釋字第445號中認為：「集會遊行法第8條第1項規定室外集會、遊行，除同條項但書所定各款情形下，應向主管機關申請許可。同法第11條則規定申請室外集會、遊行，除有同條所列情形之一者外，應予許可。其中有關時間、地點及方式等未涉及集會、遊行之目的或內容之事項，為維持社會秩序及增進公共利益所必要，屬立法自由形成之範圍，於表現自由之訴求不致有所侵害，與憲法保障集會自由之意旨尚無牴觸。」針對此解釋，一再強調相關不予許可之規定，與憲法第23條之規定並無牴觸，意即不違反比例原則。而本號解釋針對非緊急性與偶發性集會之許可制，即認同此項解釋觀點，僅予以補充，並不全面否定許可制。

　　故本號解釋遵循憲政主義實現集會遊行之人權正義，認為緊急性及偶發性集會應排除許可規定，卻認同一般集會之許可制度，此乃部分人權正義獲實現，但未能全面檢視許可制之違憲規定，仍屬為德不卒。就集會遊行採許可制是否合憲問題，本件解釋顯係採取鋸箭法，僅鋸除本質上無從事前許可的集會

11　Vgl. Dietel/Gintzel, Demonstrations- und Versammlungsfreiheit, 11. Auflage, 1994, Rn. 6-19.
12　葉俊榮，憲政方向盤，行政院研究發展考核委員會主編，五南圖書，2008年，頁290。

遊行事件，其他部分，則仍基於釋字第445號解釋認屬「立法自由形成」範圍，並未違憲。結果是將「許可制」的箭頭，仍留存在前揭第445號稱為「實施民主政治最重要基本人權」的體內，或只能規避一時而根本病灶未除。此項解釋係為避重就輕且治標不治本的違憲審查態度，又在此價值多元的社會，系爭規定並無解釋為合憲的空間，且堅信以我國的民主發展程度，應有資格與條件光明磊落地改採同樣能達成集遊法目的，而又較許可制侵害更小的報備制，既可與國際人權體系接軌，提升我國集會自由水準，又有助法律秩序和平發展[13]。

　　另本件釋憲聲請人請求解釋之集遊法條文繁多，諸如集遊法第8條第1項、第9條第1項但書、第12條第2項關於集會前應申請許可之規定，及其他相關規定有違憲疑義，如第4、6條、第11條第2款、第25條第1項第3、4款、第29條等等。查其內容，基本上率皆涉及人民集會自由之限制，且彼此間具有重要之關聯性。惜乎，本號解釋只挑選集遊法第8條第1項、第9條第1項但書與第12條第2項規定作為釋憲標的，格局過小，難成大器。嚴格審視內容，僅第9條第1項但書「關於緊急性集會、遊行之申請許可規定」被宣告違憲，謂之「補充性解釋」，循名責實，不如說是「解釋性解釋」，來得貼切[14]。

參、執法規範更複雜且衝突仍不斷

　　由於本號解釋僅針對緊急性與偶發性集會許可規定解釋違憲，則如何認定係緊急性與偶發性集會，可能產生爭議衝

13　參閱釋字第718號李震山大法官部分不同意見書，頁1-2。
14　李建良，集會自由與群眾運動的憲法保障─釋字第718號解釋，台灣法學雜誌，第246期，2014年4月，頁16-17。

突。釋字第445號解釋理由書已對緊急性與偶發性集會有如下闡述：「所謂偶發性集會、遊行，既係群眾對不可預見之重大事故所爲之立即反應而引起，即不可能期待負責人於二日前提出申請，亦不可能期待於重大事故發生後二日始舉辦集會、遊行。是許可制於偶發性集會、遊行殊無適用之餘地。憲法第14條規定保障人民之集會自由，並未排除偶發性集會、遊行，若依集會遊行法第9條第1項規定之要件以觀，則凡事起倉卒者，因不及於法定期間內提出申請，其集會、遊行概屬違反第9條規定而應不予許可，依此規定而抑制人民之集會、遊行，於憲法保障之基本人權，未盡相符，亟待檢討改進。」然而按照本號解釋的說法，「緊急性」與「偶發性」差別在於前者是「事起倉卒非即刻舉行無法達成目的」，後者是「群眾未經召集自發聚集」，也就是二者區分之點在於「有無發起人或負責人」。故緊急性與偶發性集會，是否有負責人亦成爲執法之爭議關鍵，蓋現行集遊法並不罰未經許可集會、遊行之「參加人」，僅針對負責人或其代理人及「首謀者」設有處罰規定。因此，縱使事出突然引致群眾自發聚集、偶合發聲，而未經事前許可，只要沒有帶頭者或首倡不遵制止者，主管警察機關至多爲強制驅散之措施，而不得以未經許可集會、遊行，經解散而不解散予以處罰或移送法辦，尤其不得以參加人爲現行犯予以逮捕。故與「是否應經事前許可」之要求具有法律上緊密關聯者，仍爲有負責人或發起人之集會、遊行。

　　而以「緊急性」或「偶發性」集會、遊行作爲豁免事前許可的理由，實則相對地肯認事前許可之合憲性。表面上，人民或可執緊急性或偶發性爲由而抗拒須經許可的限制。事實上，集會遊行之執事者，除將緊急性或偶發性的時間壓力與訴求困境外，誰來定義及認定「緊急性」或「偶發性」集會、遊行，亦是一大問題。本號解釋強調緊急性與偶發性集會，反而讓主管機關以非緊急性或偶發性集會爲由，要求人民提出申請

許可，然而此乃違背集會遊行基本權實現的精神[15]。在非常態性集會遊行上，若採部分的報備制，而在一般常態性集會遊行上，仍然採取不合比例、更嚴格的許可制，則民眾將更會利用非常態性集會遊行，例如增加非常態性集會遊行的頻率以及延長舉行其時間，讓形式上非常態性的集會遊行，實質上轉變爲常態性的集會遊行，而規避了事前許可的申請[16]。亦即，民眾未來可能多數採取所謂的偶發性集會來規避一般需申請許可之常態性集會，如此許可制的精神將無法實施，而徒爲具文。而針對此，警察主管機關是否有權認定上述情形確認違法，並依第25條相關規定予以命令解散，仍將引發爭議。

　　另釋字第718號並未針對第25條有關命令解散之要件與正當程序予以檢驗解釋，致使未來仍需沿用此項規定，誠屬憾事。集會遊行中產生最大衝突應在於命令解散，由於現行集會遊行法所採許可制，若未依法申請許可之集會遊行，就遭到主管之警察機關命令解散，往往成爲抗爭衝突之引爆點。而經由本號解釋後，若未來修法因應，緊急性與偶發性集會將採取報備制，故同樣依法舉行之集會遊行，至少有二種或三種制度，即許可制、報備制與無須報備制，對於警察機關之執法產生挑戰，如執法警察機關應先判斷何種類型集會，應報備而未報備或應申請許可而未申請，均屬違法，而無須報備者，警察亦應有所蒐證，若有違反其他法律則採事後追懲。其中挑戰最大者應爲命令解散，由於本號解釋對命令解散等均無解釋，亦即至少應聲請人之請求，檢驗目前命令解散之規定是否符合正當法律程序。目前相關規定程序仍須依目前集遊法規定，違法者應依程序命令解散，而在命令解散之如何執行過程中，不斷的衝突亦將而來。而依集遊法之命令解散程序並不單純，警察

15　同前註，頁22-23。

16　參閱釋字第718號陳新民大法官部分不同意見書，頁21。

要求違法集會遊行的人民離去，屬於警察的下令處分之要求效果[17]。爲執行法律、維護公共秩序，禁止人民繼續舉行違法集會，其原因爲所舉行的集會或該集會有重大違法原因，警察衡量公共利益與人民集會權益的關係後，所爲的決定。對具體的個案，所爲的判斷決定，須衡量違法的性質、程度、對公共秩序與利益所造成的影響，而依比例原則作判斷[18]。

　　警察所爲的命令解散，其下達的方式與程序，事前亦應盡可能讓參與的人民，可以明確的知悉，而後始有遵守的可能。首先該「命令解散」，亦是警察職權之一種；法律在此狀況下，授權警察在遇有符合法定要件，且達必要情況下，得以實施此職權。對於合法舉行之集會，如有任意變更集會遊行路線、或演變暴力集會情形，得適時制止、禁止該集會之舉行[19]。從警察舉發之觀察，即爲警察制止之流程，依序爲警告、制止、命令解散；命令解散，爲警察執法的第三次程序下令，係在接續警告、制止之後，所爲的要求不得再持續舉行集會的下令處分。從參加之人民的權利言，會限制參加人的集會自由。另從首謀不解散人的責任言，其可能構成首謀不解散罪之證據。因此，警察在實施程序及下達的方式上，均應謹慎及明確[20]。

　　針對上述舉發之警告程序而言，在實務上有一特別作爲，即所謂舉牌警告，因集會遊行屬群體行爲，違反者可能夾

17 Vgl. Claudia Neuner, Zulässigkeit und Grenzen polizeilicher Verweisungsmßnahmen, 2003, S.178 ff.

18 Vgl. Franz-Ludwig Knemeyer, Polizei-und Ordnungsrecht, 10. Auflage, 2004, S. 540 ff.

19 Vgl. Stefan Zeitler, Allgemeines und Besonderes Polizeirecht für Baden-Württemberg, 1998, Rn. 1167-1175.

20 許義寶，論集會自由與警察職權－兼論法院對警察解散命令之審查，警察法學，第9期，2011年11月，頁142。

雜其中，連自身違反規定還不自知，因此在實務上有必要以舉牌及廣播方式，讓其清楚自身行為已觸犯法令。所以警察機關實務上使用的舉牌行為，其主要目的乃是要告知該行為已違反相關法令規定，應即刻停止或自行解散，否則將遭受行政處分或其他處罰。而依照舉牌執行方式而言，第一次舉牌應屬警告性質之行為，亦即告知違反者其行為已屬違法，其並未附加任何法律效果，故應屬行政作為之「事實行為」。至於第二次舉牌，甚至是第三次或更多次之舉牌，其與第一次之情況相同，並未附加法律效果，所以本質上皆為相同，差別在於現場情形有無達到制止或命令解散等無法控制的情況。因此舉牌次數的多寡，乃是賦予現場指揮官裁量空間，並在舉牌的間隔時間中，能與聚集的群眾溝通與協調，讓事情圓滿解決[21]。至於警察之舉牌行為若出於違法或錯誤，人民如何提出救濟，有學者認為可循行政訴訟之確認訴訟以及在現場提出「異議」之途徑著手[22]。而目前集會遊行法針對命令解散僅以第25條規定，主管機關得予警告、制止或命令解散，並於第26條規定，應符合比例原則，有關舉牌及廣播等重要程序在本法並未規定，警察在執法上在此容易引起爭議，故針對此條文有關法律明確性或比例原則之憲法解釋仍有其必要。

---

21 蔡震榮，警察處理集會遊行案件與人民權利義務的保障，收錄於變遷中的警察法與公法學──皮特涅教授70歲祝壽論文集，五南圖書，2008年8月，頁7。

22 由於舉牌警告屬事實行為，並無法律效果。至於命令解散或制止之舉牌是屬於行政處分，因而產生行政罰與刑事罰之法律效果，有謂以提起撤銷訴訟作為救濟管道，但如此已無法恢復當事人權益，只能依據撤銷訴訟之判決作為日後提出國家賠償。但警察處分一經執行即已完畢，提起撤銷之訴已無實益，而應提起行政訴訟法第6條第1項後段所稱「確認已執行完畢之行政處分」的確認訴訟。至於是否現場異議，依據集會遊行法第1條第2項及警察職權行使法第29條規定，人民可對現場指揮官提出「異議」，雖然「異議」並無相當之拘束力，但對於正在行使之職權有相當幫助，至少可讓指揮官思考其行為是否合法，對於人民之權利更有保障。同前註，頁11。

肆、結語

　　集會遊行業經大法官解釋，包括之前的釋字第445號以及本號，均肯定既是憲法明文保障之基本人權，亦為實施民主政治最重要之基本權利。然而集會遊行是否獲得許可，除主管機關所掌握的法定許可條件具有相當彈性的詮釋空間外，尚可連結到禁制區、處所使用事前同意，包括路權使用之同意、許可之後附負擔的處分等限制條款。故每項決定中皆有甚大的裁量空間，以許可為核心交錯多重限制，產生環環相扣的加乘效果，將從事前許可規定延伸至事後之限制事項。集會遊行誠如前述大法官所言，為實施民主政治最重要的基本人權，何以人民遂行該項權利尚須事先經主管機關之許可，因而引起集會遊行採許可制合憲性爭議。然而本號解釋只針對緊急性及偶發性集會遊行排除許可制，其他一般集會遊行則認同現行制度，並以釋字第445號為基礎，以集會遊行法第8條第1項規定，室外之集會、遊行，原則上應向主管機關申請許可。由此，現行法制歷經大法官解釋，許可制合憲性的爭議仍將延續，如同進入走不盡的坎坷路，至為遺憾。

　　本號解釋遵循憲政主義實現集會遊行之人權正義，認為緊急性及偶發性集會應排除許可規定，卻認同一般集會之許可制度，此僅部分人權正義獲實現。又本號未解釋其他相關規定有違憲疑義，如第4、6條、第11條第2款、第25條第1項第3、4款、第29條等等，查其內容，基本上率皆涉及人民集會自由之限制，且彼此間具有重要之關聯性，且如前述未能全面檢視許可制之違憲規定，仍屬為德不卒。如第25條有關命令解散之相關規定，警察在執法上在此容易引起爭議，故針對此條文有關法律明確性或比例原則之憲法解釋仍有其必要。本號實現部分正義，其餘部分，又要留待下一次大法官解釋之補充，然

而此種過程又要歷經多少的衝突與苦難。為避免集會自由權再繼續走向坎坷道路，既然大法官解釋有關集會遊行所採行之事前許可或報備程序，係屬立法形成自由之範圍，故在此誠摯呼籲行政與立法機關，針對未來修法設計，無論任何集會均排除許可制，才能將街頭還給人民，以符民主時代的潮流。

（發表於月旦裁判時報，第29期，2014年10月）

7

從人權保障探討警察內部行政調查

❧ 目次 ❧

壹、前言

　　行政調查係行政機關為掌握現實狀況、發現真實，以達成特定行政目的，對相關之人、處所或物品，實施詢問、觀察或檢驗等資料蒐集活動，其亦為行政機關作成各種決定前不可缺少的準備程序，在行政程序中居於重要之一環。惟由於傳統行政法學研究目的重在對行政權之控制以保障人權，故對行政調查的研究概念大多限縮於外部調查。然而現今依據行政法理論之發展，可以觀察的是特別權力關係已然解體，行政機關本身成員亦應同樣適用相關行政法理，包括行政程序或行政救濟，如此才能符合依法行政之法理。故有關行政調查之研討亦應可延伸至內部範疇，尤其警察機關係國家行政之基礎與最前線，本文擬對警察內部行政調查作一深入探討。首先針對警察作用與行政調查之概念探討，此二者均係警察內部行政調查之上位概念，如此探討可更進一步認識與了解警察內部行政調查。又警察內部行政調查中，主要分為風紀調查、人事查核與業務檢查等三項主要具體類型，其中風紀調查關係人民（受調查人與關係人）權利最鉅，故本文將警察風紀之人權保障列為重點，擬針對所涉重要基本人權以及其實踐與保障予以探討，包括正當法律程序與行政救濟制度之概述。終究，針對此課題並提出立法或修法等改革建議，以供理論與實務參考。

貳、警察作用與行政調查

一、概說

　　警察作用係為各類警察行政行為之上位概念，就如同行政作用一般，從警察作用之內涵與意義而衍生各類行為，並由

不同的分類方式產生不同類型之警察行政行為，包含本文所論述警察內部行政調查，由此可知警察作用之概念論述，有其重要性，本章先就警察作用之概念作一論述。又警察內部行政調查係為行政調查之一環，故其次再針對行政調查之概念作一論述，如此以上所提二者之論述亦作為本文立論之基礎。

二、警察作用

　　所謂警察作用，係警察機關或警察人員為達成法定警察任務，依法所採取之作為或措施。警察法定任務揭櫫於警察法第2條，包括「依法維持公共秩序，保護社會安全，防止一切危害，促進人民福利。」經論證分析，得將警察法第2條規定為：（一）主要任務為：「依法防止與公共秩序或社會安全有關之危害」，其所防止者為「公共性之危害」。此外，既然「依法」防止危害，就不可能防止「一切」危害。（二）輔助任務為：依法協助其他行政機關排除「公共性」危害，藉此達到追求人民福祉的目的，並非指從事福利行政事項，因此係以職務協助為中心之「依法促進人民福利」。而警察作用，即是以警察任務之達成為依歸[1]。

　　而「公共性危害」不只是存在於警察行政領域，亦發生在刑事領域，此由警察法第9條有關職權之各項規定，其中第3項協助偵查犯罪與第4項執行搜索，係屬於典型刑事作用[2]。此外，警察職權行使法第2條第2項規定：「本法所稱警察職權，係指警察為達成其法定任務，於執行職務時，依法採取查證身分、鑑識身分、蒐集資料、通知、管束、驅離、直接強制、物之扣留、保管、變賣、拍賣、銷毀、使用、處置、限制

1　李震山，警察行政法論─自由與安全之折衝，元照出版公司，2007年9月，頁191-193。

2　Vgl. Josef König, Eingriffsrecht, 2. Auflage, 2001, S. 29-33.

使用、進入住宅、建築物、公共場所、公眾得出入場所或其他
必要之公權力之具體措施。」該職權之規定，側重在警察作用
中，具物理作用性質之公權力措施[3]。

綜上，警察作用的主要內涵為「防止與公共秩序及社會
安全有官之危害」，其可二分為行政與刑事之公共性危害[4]。
據此所採取之行為或措施，前者屬行政法各論領域，後者屬刑
事訴訟法中，警察協助檢察官偵查犯罪之領域[5]。而警察作用
之類型，可從四個面向分類，第一個面向可依行政作用形式為
分類，一般可分為警察處分、事實行為、執行處分、司法行政
處分、警察不作為、提示與告誡。第二個面向可以具體措施為
分類，現行我國警察職權行使法即以此分類，如資料蒐集、驅
離、管束以及行政搜查等。第三個面向從警察作用所涉及基本
權利分類，可分為單純高權行政行為與警察干預行為。第四個
面向則因危害防止或預防為分類，包括行政上的危害預防及犯
罪預防[6]。而依行政作用形式為分類者，為警察法學研究者所
常用，故針對此分類，警察內部行政調查之性質應可歸屬為事
實行為或執行處分。

三、行政調查

行政機關為適正行使處分及其他權限，常須蒐集、分析
構成其前提之事實或資訊。為此，法律常規定各種申請、申
報、報備等由私人提供資訊之制度，或授權行政機關得行使質

3　蔡庭榕、簡建章、李錫棟、許義寶，警察職權行使法逐條釋論，五南圖書，
　　2005年2月，頁45-50。

4　Vgl. Jost Benfer, Rechtseingriffe von Polizei und Staatsanwaltschaft, 3. Auflage,
　　2004, S. 8-15.

5　Vgl. Wolf-Rüdiger Schenke, Polizei- und Ordnungsrecht, 4. Auflage, 2005, Rn. 405
　　ff.

6　李震山，警察作用法論，月旦法學教室，第41期，2006年3月，頁77-79。

問、進入、檢查等調查手段。此種行政機關為達成一定行政目的，對私人所為之各種資訊蒐集活動，即被概括稱為「行政調查」。行政調查，一方面係適切行使權限所不可欠缺之行政活動，他方面亦時有侵害、牴觸受調查者其權利、自由之可能，兩者之調整於實務上極具重要意義。然而，此種行政上一般制度，尚未成為我國行政法學之研究對象，於學說、判例上，對於「行政調查」之用語，甚至很少曾被述及。考其理由，或因我國行政法學向來僅注重行政機關之決定行為，對於準備階段之事實行為，則忽略其存在意義，更因行政調查之種類、對象複雜多樣，欲將之作為法律上之道具概念或分析上說明概念，實有困難之故[7]。

　　縱使在我國學理上以及實定法上，對於行政調查未能予以明確定義，然而在實務上仍因行政目的或程序之運作，常被提及論述，因行政機關為達成公行政之目的，必須採取各種不同的行政行為方式作為手段，其中程序部分的進行，攸關著行政機關最後作成各種行政決定之適法性與否，特別是關於行政作用的部分。也由於近代以來，國家行政事務之日趨龐雜，越來越多的行政法規，對於行為人違反行政法上義務之行為予以犯罪化[8]。從而，行政程序的進行已不僅僅是屬於行政行為的範疇而已，在相當部分已包含了犯罪行為的調查，這一方面自也涉及了相對人的人身自由、住居自由與財產權及隱私權保障等基本人權之問題。目前我國通說，將行政機關為達成特定行政目的，而對於特定行政客體所為之查察、蒐集資料活動，或行政主體以蒐集、查察、驗證相關事實與資料為目的，就特別具

7　劉宗德，日本行政調查制度之研究，政大法學評論，第53期，1994年12月，頁111-113。

8　Vgl. Andreas Hanewinkel, Die Relevanz von Verfahrensnormen im Polizeirecht, 2004, S. 8 ff.

體事件，針對特定人民行使公權力之行政檢查措施，概稱之為行政調查或行政檢查[9]。

　　而近來學者對於行政調查之研究，則以行政作用為主軸，單純作為行為之一種形式，係行政機關為掌握現實狀況、發現真實，以達成特定行政目的，對相關之人、處所或物品，實施詢問、觀察或檢驗等資料蒐集活動[10]。此措施為行政機關作成各種決定前，不可缺少的準備程序，在行政程序中居於重要的一環。另各個行政領域都有實施行政調查之必要，為維護社會秩序及公共安全，防止危害，行政機關平時透過定期檢查與加強監督，遇有檢舉個案違法情事，則實施臨檢稽查與取締舉發。隨著案件性質影響公共安全之程度，調查之密度與強度有所差異，而其調查方法無論是對人、對物或對處所，均會造成人民生活作息、個人隱私、財產或營業活動之干擾[11]。而行政調查之初步分類為外部調查與內部調查，然而兩者均與基本人權有密切關係與影響，本文即先以內部調查為重心予以探討研究。

9　陳文貴，行政調查與行政檢查及行政搜索之法律關係，法令月刊，第60卷第3期，2009年3月，頁67-69。針對行政調查與行政檢查之概念，學者陳氏於上揭文中亦指出，行政調查、行政檢查與行政資料蒐集等概念，在行政實定法上與學者間常交互使用，其內涵亦多所重疊。然而行政調查與行政檢查之間實有加以區別之必要，因為「調查」通常係屬於任意性、且不具有物理上之強制性與侵入性之行政行為。而另一方面，通常「檢查」則係普遍具有物理上之強制性等行為，且相關法規通常對此種行為，賦予行政機關有對於拒絕「檢查」之行政客體，以強制實施檢查，或裁處行政罰或刑罰之擔保手段。

10　胡博硯，金融監理與行政調查—證卷交易法中當事人之協力義務，台灣法學雜誌，第168期，2011年1月，頁66-68。

11　洪文玲，行政調查制度之研究，警察法學，第4期，2005年12月，頁404-409。

四、小結

　　警察作用的主要內涵為「防止與公共秩序及社會安全有關之危害」，其可二分為行政與刑事之公共性危害，而依行政作用形式將其分類者，為警察法學研究者所常用，一般可分為警察處分、事實行為、執行處分、司法行政處分、警察不作為、提示與告誡。針對此分類，警察內部行政調查之性質應可歸屬為事實行為或執行處分。目前我國通說，將行政機關為達成特定行政目的，而對於特定行政客體所為之查察、蒐集資料活動，或行政主體以蒐集、查察、驗證相關事實與資料為目的，就特別具體事件，針對特定人民行使公權力之行政檢查措施，概稱之為行政調查或行政檢查。在此擬深入探討警察內部行政調查，則上述警察作用與行政調查之概念係為必備之法理基礎。

參、警察內部行政調查

一、概說

　　警察內部行政調查之研討，最重要可針對其性質與類型著手，上述認為依行政作用形式為分類者，警察內部行政調查之性質應可歸屬為事實行為或執行處分。然而更重要的是，探討警察內部行政調查之類型，因警察內部行政調查之各式態樣相當繁多，依其特性可分為干預性或任意性，又可分為一般調查或個別調查、監督調查或許可調查等等。然而影響當事人權利較大者應為具體化之類型，亦即係在組織分工上之行政具體型態最為重要，如此依據組織法規，警察內部行政調查主要可分為風紀調查、人事查核與業務檢查等三大項，本章擬在各節一一論述，以此進一步探討警察內部行政調查。

二、風紀調查

　　隨著時代進步，社會多元發展，其所衍生的外在貪瀆誘因，亦較往昔為多，警察人員雖本著職權對易滋生治安問題場所執行臨檢、查察與取締作為，然不肖業者為謀求不法暴利，無不以威脅、利誘、請託、關說等手段影響員警執法公正性，進而加深員警違法或違反風紀之可能性。倘若警察本身保持不住，而不能堅守立場嚴正執法，或為謀求不當利益鋌而走險，如此警察風紀問題自然容易產生[12]。一般政府機關風紀案件，大體上可分為違法與違紀案件。而警察機關亦將風紀案件區分為違法與違紀案件兩類，其中違法行為即依刑法及刑事特別法等相關要件予以查處。而針對違紀行為，在警察機關係指警察人員違反內政部警政署函頒「端正警察風紀實施要點」有關工作風紀與品操風紀相關規定之行為[13]。

　　警察人員亦為公務人員之一環，在警察風紀方面，故亦應適用公務員有關規定。有鑑於公務員廉潔度與國家競爭力息息相關，為確保公務員清廉自持、公正無私與依法執行職務，行政院訂定「公務員服務法」及「公職人員利益衝突迴避法」等規定。又明確規範相關受贈財物、飲宴應酬與請託關說等事項，訂定「公務員廉政倫理規範」，並自民國97年8月1日起生效。此外，內政部訂定「警察人員服務守則」，自民國99年1月1日生效，該守則明確規範警察人員應依法行政、廉潔

12　吳國清，警察風紀對策略諮詢之研究，警學叢刊，第26卷第5期，1996年3月，頁113-116。

13　有關警察風紀之工作風紀，係指警察人員在勤務與業務上應遵守之紀律，依據要點，警察人員應不枉法、不貪贓、不遲到等十項行為，並大致分為四類行為。而在品操風紀方面，警察人員平日生活不得有驕恣貪惰、奢侈放蕩及冶遊、吸食毒品等二十項行為，並分為十三類行為。參閱內政部警政署93年12月23日警署督政字第0930191811號函頒「端正警察風紀實施要點」之規定。

自持，不受任何請託、關說，不參加不正當之飲宴應酬活動等等。故所謂警察人員違反警紀之行為，即違反內政部警政署所頒「端正警察風紀實施要點」中，有關工作風紀與品操風紀等三十項違紀行為及行政院所頒「公務員廉政倫理規範」相關受贈財物、飲宴應酬、請託關說等規定與內政部核定「警察人員服務守則」等相關規範，其違反效果按情節輕重依警察人員獎懲標準分別予以申誡、記過、記大過等處分。同一考績年度中，其平時考核獎懲互相抵銷後累積已達二大過者，應予以免職。而如有違法行為，除依各該法令移送司法機關法辦外，另依情節輕重或是否「嚴重影響警譽」而予以停職或免職[14]。

警察風紀案件之調查是警察機關為端正警察風紀，提升警察形象與工作績效，建立優質警察文化，所為調查警察違反紀律行為之資料蒐集活動。警察風紀案件之行政調查，如同一般行政調查，依其調查對象，包含對人、對物、對處所之調查；就其目的則含預防性或制止性之調查，而如從調查屬性觀之，可分為一般調查與個別調查，一般調查如風紀誘因場所之調查，個別調查如具體個案違反風紀案件之調查；從手段上區分，則又可分為任意性調查及強制性調查[15]。而違法案件之犯罪偵查，則依刑事訴訟法相關規定，調查犯罪嫌疑人，蒐集犯罪證據，進而移送檢察機關偵辦，其手段即屬刑事訴訟法上配合檢察官所為之通知、傳喚、搜索、扣押、逮捕、勘驗等強制處分行為，其與前揭行政之調查行為，最大之不同在於其手段應受嚴格的令狀主義拘束，不得任意為之，有關證據之認定亦受證據排除法則之適用[16]。

---

14 參閱警察人員人事條例第29條、第31條。

15 Vgl. Pieroth/Schlink/Kniesel, Polizei- und Ordnungsrecht, 2. Auflage, 2004, S. 346-350.

16 柯柏勳，警察機關之內部行政調查研究—以調閱通聯紀錄為例，國立高雄大學法律學研究所碩士論文，2010年6月，頁55-57。

　　警察風紀案件的發生，不僅重挫警察形象，連同使民眾對警察喪失信心，減損政府施政滿意度。警察風紀，屬於警察組織內部成員及制度上的問題，爲督察工作主要業務。有關警察風紀案件之調查，調查對象爲警察人員，調查方式則透過督察人員以查察、探訪、搜證、錄影、搜索等手段，取得證據，並據以爲處分，屬行政機關內部管理機制一環。前揭手段，或規定於警察機關內部的行政規則、或未依正常法律程序，及嚴格證據法則，採便宜行事，如依附司法警察犯罪偵查程序當中。相對於近年來政府施政作爲（如「刑事訴訟法」修正案、積極加入國際人權組織等），可以看出政府及社會大眾對「人權保障」之要求日趨強烈，警察人員於此一趨勢的影響下，對於自身權益之保障以及督察法令與督察人員之調查手段，產生矛盾與質疑，借由各種媒體的力量，強烈表達反彈的聲浪，此時，所產生之問題，如涉及到人民權利義務事項以行政上單方的調查是否妥當？其調查的方法與手段是否應有限制？加上未經完整調查程序，單憑民眾片面憶測而檢舉、或未經證實之媒體負面報導等消息，所發動之調查與處分，是否對警察人員之人格權及工作權等基本人權產生侵害？以及應如何救濟及對於回法回復之權利該如何補償等問題，殊值研究與討論。在此所論述之警察風紀調查係爲本文重點，本文擬於後面肆、警察風紀調查之人權保障，予以深入探討[17]。

三、人事查核

　　人事查核係爲人事行政之一環，人事行政也稱爲「公務員制度」或「文官制度」，係指政府機關爲完成其使命時，對

17　鄭陽錫，警察風紀案件調查制度之研究，中央警察大學行政警察研究所，2007年6月，頁12-16。

其需要的人員所做的選拔、任用以及管理等制度而言。人事行政著重在人，有稱爲「官僚體制」，係指政府機關爲達成任務及使用時，對其所需要人員的考試、任用、考績、級俸、陞遷、獎懲、保障、撫卹、退休、訓練等行爲與措施[18]。人事行爲爲機關組織有關「人力資源運用」及「人員行爲管理」之措施[19]，行政行爲係指行政機關爲遂行行政目的所爲之一切行爲，舉凡作成行政處分、締結行政契約、訂定法規命令及行政規則、裁決行政計畫，以及爲行政指導或行政調查等事項，均屬行政行爲之範疇[20]。人事查核即爲人事行政調查，爲前述人事行政之一環，一般而言，通常此類之調查行爲，係依此藉以獲取相關事實證據資料，主要作爲人事行政具體行爲類型中之決定行爲依據。

　　針對人事行政具體行爲類型，一般可區分爲任免遷調、考績獎懲、待遇福利與退撫資遣等重要行爲。任用遷調行爲應包括任用、陞遷、遷調、降調等人事行政行爲之調任，其影響公務人員權益甚鉅，而其中職務陞任、遷調、調任、任務指派等，屬於未限制或剝奪公務員服公職之基本權事項，機關首長對屬員有依法任用遷調權。公務人員之陞遷及調任係屬機關內部職務派令，僅爲一機關內部管理措施之範疇。而考績獎懲行爲包括考績、免職、獎勵、懲處及懲戒等人事行政行爲，又可大致區分爲考績、懲處以及懲戒三部分。待遇福利行爲包括薪俸、加給及其他給與等福利措施之人事行政行爲，亦可以分爲提敘俸級、降級減俸以及福利津貼等三部分。退撫資遣行爲，係因公務員達到法定退休年齡或因無服務能力而退休開始時，

18 蔡良文，人事行政學：論現行考銓制度，五南圖書，2001年10月，頁3-5。
19 朱金池，警察人事管理理念與規劃，警學叢刊，第37卷第2期，2006年9月，頁78-80。
20 Vgl. Post/Braun, Öffentliches Dienstrecht, Bd I, 1992, S. 375 ff.

有請求國家照顧之權利，此種權利以德國法觀點是一種照顧請求權[21]，此種請求權範圍不僅退休金請求權，也包括撫卹以及資遣等，亦即包括退休、撫恤、資遣等人事行政行為，重要部分可區分服務年資採計、專案資遣裁減以及彈性退離制度等等[22]。

人事查核行為，針對上述人事具體行為，最重要仍集中於任免遷調與考績獎懲之兩種類型行為。經由此種內部行政調查，蒐集公務員在工作與生活上之各項資料，例如針對生活與工作狀況之調查，對於公務員本身所提出之遷調申請，作出正確適才適所之任用，包括職務調整或調地服務。另針對考績獎懲作出決定前，更應有積極之調查，尤其是懲處前之調查，必須有相關資料證據，其重要性不下於外部行政調查[23]。此種懲處前之內部行政調查有時亦多屬干預性行為，不像針對待遇福利與退撫資遣之行為，縱使有內部行政調查，終究屬於確認資料性質，相關資料多屬當事人直接或間接提供，如各項補助金之申請或公保事項，均多屬給付行為，也可歸屬於廣義給付行政之範圍。

四、業務檢查

業務檢查之基本性質仍為行政檢查，只是此種行政檢查之對象並非人民，而是針對行政組織內部機關與單位以及其成員，因各機關或單位分別職掌不同業務，而業務檢查即針對所

21 Vgl. Fritijof Wangner, Beamtenrecht, 9. Auflage, 2006, S. 220 ff.; Walter Wiese, Beamtenrecht, 3. Auflage, 1988, S. 224 ff.
22 陳愛娥，強制資遣公務人員之法適用問題—最高行政院90年度判字第1221號判決評釋，台灣本土法學，第33期，頁17-20。
23 許義寶，警察人事懲處相關案件之探討與評釋，警大法學論集，第4期，1999年3月，頁5-7。

設定對象實施行政檢查，往往是上級對下級監督考核之重要事項[24]。進一步所言，行政檢查之對象爲人或物，而業務檢查之對象主要爲各機關單位所職掌之事物，對於人員之檢查往往在業務檢查中屬於附帶相關事項。亦即，業務檢查應主要係資料審查與相關業務人員考核之活動，而行政檢查往往亦涉及人身自由、財產權與身體權等干預行爲。

我國法制上，針對所謂之行政檢查，並無統一定義。因而我國實定法上與行政檢查概念相當之用語，在行政法規上爲數甚多，諸如：檢驗、勘查、查證、檢查或鑑定、採取樣品或索取資料、抽查或抽樣、搜查，勘驗或搜索等不一而足，但是類此概念通常可規劃屬於行政檢查之範疇，因爲此等行政措施不論其法律用語如何，依各該法規之規定內容觀之，同屬憲法上對於人身自由、居住自由與財產權、隱私權保障之侵害，且具有物理上之強制力，其與行政調查措施顯然有別，不能拘泥於其所使用之法律用語，而應從各該規定之實質實施內容而加以判斷。又行政檢查措施，若對人員而言，通常係屬對於人之身體、處所或物件所實施之物理上強制性檢查，此與行政調察措施係非干涉對於人、處所、物件所爲實施物理上之強制力者有別，從而行政檢查在法律保留要求的程度與要件上，顯然亦應與行政調查有所不同，始合於行政行爲應符合比例原則之要求[25]。

從警察內部行政調查觀察，業務檢查即爲內部行政調查之重要一環，其目的在於經由業務檢查之結果，予以驗收行政之功效，或發現行政存在之困難或仍應努力之未來目標與方向。針對警察外部行政檢查，目前規定最爲具體及詳細者，應爲警

---

24 董保城，德國行政檢查法制—以工商業爲例並兼論我國工商業檢查，政大法學評論，第53期，1995年6月，頁91-93。

25 陳文貴，前揭註9，頁72-74。

察職權行使法，例如查證身分、攔停與檢查交通工具等等[26]。而業務檢查即應定位於警察內部行政檢查，所依據法規大都為行政規則，主要包括內政部警政署針對保安、交通、戶口、民防、刑事、安檢、教育、組織等等業務，所訂定之各項辦法、細則與規定等。

五、小結

依據組織法規之具體行政態樣，警察內部行政調查主要可分為風紀調查、人事查核與業務檢查等三大項。警察風紀案件之調查是警察機關為端正警察風紀，提升警察形象與工作績效，建立優質警察文化，所為調查警察違反紀律行為之資料蒐集活動。有關警察風紀案件之調查，調查對象為警察人員，調查方式則透過督察人員以查察、探訪、搜證、錄影、搜索等手段，取得證據，並據以為處分，屬行政機關內部管理機制一環。人事查核係為人事行政之一環，人事行政也稱為「公務員制度」或「文官制度」，係指政府機關為完成其使命時，對其需要的人員所做的選拔、任用以及管理等制度而言。人事查核行為，最重要仍集中於任免遷調與考績獎懲之兩種類型行為。經由此種內部行政調查，蒐集公務員在工作與生活上之各項資料，例如針對生活與工作狀況之調查，對於公務員本身所提出之遷調申請，作出正確適才適所之任用，包括職務調整或調地服務。而業務檢查即為內部行政調查之重要一環，其目的在於經由業務檢查之結果，予以驗收行政之功效，或發現行政存在之困難或仍應努力之未來目標與方向。而由此三項內部行政調查觀察，仍以警察風紀調查行為影響人民權利最鉅，故本文著重警察風紀調查之探討。

---

26 蔡秀卿，行政檢查，東吳法律學報，第18卷第2期，2006年12月，頁60。

肆、警察風紀調查之人權保障

一、概說

　　警察風紀調查行為關係人民權利甚鉅，尤其是基本人權，無論是受調查之人或關係人，均可能因此行為之實施而受制約或重大影響，而現代法治國家之核心目標係人權之保障，故在此有深入研討之必要性。本文首先探究警察風紀調查行為所涉基本人權之範圍，再論述相關內涵。在風紀調查中，查證身分、通知到場或約談等均涉及人身自由、人性尊嚴與人格權等，而對內部人員或關係人實施身體搜索或檢查則涉及身體權，另保管、扣押、搜索、鑑定、勘查及檢查作為亦涉及財產權。又風紀調查行為有關蒐集、運用資料或調閱通聯紀錄等所涉及之基本人權，其重要者即為資訊自決權。本文針對上述所涉及基本人權作一概述，併一同論述經由正當法律程序與行政救濟制度，能使上述憲法保障之基本人權得以實踐並獲得保障。

二、所涉重要基本人權

（一）人身自由、身體權與財產權

　　人身自由，又可稱人身不可侵犯權，指人民有「身體活動自由」的權利，不受國家權力的非法侵犯，防止國家非法的逮捕、拘禁，以及加諸在人身上的強制行為。由於人身自由代表人民是一個「自由人」，所以人身自由是一切自由權利的基礎。因此，人身自由的涵義其實很廣，憲法第8條規定的只是特別的人身自由，係指對抗國家的逮捕、拘禁、審問與處罰，即如何將有犯罪嫌疑的人民拘禁起來。但是對人身自由

的侵害，除了憲法第8條的規定之外，尚有許多其他不同的可能[27]。例如警察風紀調查之通知到場、約談、檢查或查證身分等將產生限制人身自由的法律效果。

　　人身自由乃包括動靜坐臥的自由，此種自由主要是用以抵抗國家不法之任意逮捕，與憲法第10條居住遷徙自由比較，人身自由係屬一種消極的行動自由，亦即人身自由是不被支配的身體自由，只要制度中會使人民身體自由受到強制力支配之效果者，該制度即須有法律的明確規定始具有合法性。易言之，拘束人民身體自由不是其理由正當即為已足，縱使該作為限制人身自由之事由正當，該事由仍必須透過形式合法性以確立其規範地位，亦即須有法律的明文規定，始符合狹義法律保留原則[28]。在此觀察，警察風紀調查行為中，督察或政風人員若係強制人民離開其所欲停留之處所或檢查身體等，亦即強烈干預人民靜態的人身自由。倘若督察或政風人員行使調查職權干預人身自由，即有侵犯基本人權之可能，因此必須遵守正當法律程序，至於干預方式或程度之檢驗，若有爭議則應經由司法審查裁判，基本人權才能獲得保障，有關正當法律程序或司法審查裁判相關理論將於本文後段論述。

　　針對身體權，在風紀調查行為中，則以鑑定或人身搜索所牽涉之基本權利，其中最常發生的事實，往往可能對於人民之身體造成重要影響。此權利在憲法保障意義下稱為身體權，泛指身體的自主性與完整性，其至少應包括身體行動的人身自由、身體健康的健康權及身體不受傷害權。而我國憲法第二章有關權利之規範中，亦並未明文揭示人民「身體權」之保障。在國際人權規範中，涉及身體權之保障者，如世界人權宣言第3條規定：「人人有權享有生命、自由與人身安全。」歐洲人

27　許育典，憲法，元照出版公司，2008年，頁183。

28　李惠宗，憲法要義，元照出版公司，2004年，頁129-131。

權公約第3條規定：「任何人不得加以酷刑或使受非人道的或侮辱的待遇或懲罰。」在國外憲法中，以德國基本法第2條第2項第一句，最具代表性的規定：「任何人均有生命與身體之不受傷害權。」而身體權之中，其與鑑定、搜索與檢查相關的基本權利，則以身體不受傷害權爲討論重心，而身體不受傷害權[29]也一直是警察行使干預性措施時，首先應考慮是否受侵害的基本人權[30]。

我國憲法雖未明示保障身體權，但個別法律已有相關保護規範，例如：殘害人群治罪條例、家庭暴力防治法、性侵害犯罪防治法、兒童及少年性剝削防制條例、刑法分則中妨害性自主罪、傷害罪等，皆屬適例。另對公權力發動涉及身體不受傷害權之規制，亦有如：毒品危害防制條例第25條、去氧核醣核酸採樣條例第5條、刑法第205條之1等[31]。而依據警察職權行使法與警察法規等個別法律，其爲防止警察干預措施侵犯人民生命、身體與財產等規定，尤其風紀調查措施之行使，除了牽涉人民生命與財產外，常見的即是在此所論述的身體權，倘若有違反等情事或致人民有所損失，亦應有請求賠償或補償之

---

29 所謂身體不受傷害權（Recht auf körperliche Unversehrtheit），旨在確保人身體之完整性，包括外在之形體與內在之器官、組織。從人的物質（肉體）而言，是指每個人有權主張，其作爲人生命之物理、生物基礎之肉體與健康應不受傷害。而從人的精神層面而言，是指人在心理、精神、靈魂上，對其身體完整性有不受外在操控之主體地位，此種身體自主性屬人格權中自我型塑表現形式，其不應受傷害。所以對身體構成傷害，是指直接或間接影響到身體本質，改變其特質。至於心理、精神受到傷害，必須已危及健康，方屬對人體造成傷害，於此，自需客觀科學判斷根據；Vgl. Günter Dürig, in: Maunz/Dürig, Kommentar GG, Art. 2, Abs. II. 42, 1. Auflage, 2003. Dieter Lorenz, in: Isensee/Kirchhof, Handbuch des Staatsrechts, VI, § 128, 1989.

30 例如警察下令抽血檢驗酒精濃度值之干預措施，首先考慮的就是相對人可否主張身體不受傷害權。請參閱李翔甫，警察下令抽血檢驗酒精濃度值正當性問題之探討（上），台灣本土法學，第92期，2007年3月，頁9-11。

31 李震山，從憲法觀點論身體不受傷害權，收錄於人性尊嚴與人權保障，元照出版公司，2000年，頁179-182。

途徑，如此才能實踐與保障此基本人權，相關理論將於本文結論詳述。

　　在風紀調查行為中有關保管、扣押或搜索等以及其他措施如對相關物品變賣、毀壞、銷毀或沒入等，皆主要針對物品關係著人民之財產權。保障財產權之目的在於，確保個人在經濟上之基礎及一個個人自我私領域之存在。申言之，財產權就如同所有最基礎之基本權，確保基本權主體在財產法領域範圍內之自由，並使得個人生活能夠自我發展與自我負責[32]。因此財產權保障與個人自由存有內在關聯性，所以財產不是奢侈、不是享受，而是具生存確保及促進個人自我發展之意義。簡言之，財產創造個人之獨立性，依此財產權之保障即在保障個人依財產之存續狀態行使其自由使用、收益及處分之權能，並免於遭受公權力或第三人之侵害，俾能實現個人自由、發展人格及維護尊嚴，此時財產權之保障目的不僅視為實現生存權之手段，亦是具有實現個人自由、發展人格及維護尊嚴之作用[33]。就財產之定義而言，主要特徵為可以為私人支配與利用。因此凡歸屬於私人可利用與支配者就為此基本權主體，為個人生存基礎，也是自我負責地使用支配私人利益之範疇。簡言之，財產就是指所有現行法秩序下，被視為具有財產價值之權利及物體，為私人所使用支配者均屬之，例如動產、不動產及股份等，還包含無體物，如精神上之創作等。

　　風紀調查行為之實施可能對物品之管理與使用權產生重大影響，甚至產生損害行為，保管或扣押之物品係屬於人民之動產部分，自應為憲法財產權所保障之範圍。而針對他人侵犯財產權的部分，是國家自古以來應該擔負的保護職責，此為財產權的國家保護義務。也就是說，國家所制定的刑事法律體系，

32　管歐，憲法新論，五南圖書，2006年，頁119-121。

33　陳慈陽，憲法學，元照出版公司，2005年，頁601。

制止偷竊、強盜等行為。另外，國家必須建立妥善的商事法律
體系，以及有關人民商品、土地與房屋管理等制度，使得個人
的財產權利與範圍受到他人的尊重，並在受他人侵犯時，可藉
由國家的實力作為自己財產權利的後盾[34]。依此類推，國家在
所制定的行政法體系，亦應有效達成保障與實踐人民在憲法上
擁有之財產權，其中包括風紀調查措施之行使。因此在警察法
規中應規定風紀調查行為之實施要件與原則，即仍應遵守正當
法律程序，避免人民之財產受到非法傷害，並規定有關行政救
濟方式，以此實踐與保障基本人權，相關理論將於結論詳述。

（二）人性尊嚴、人格權

　　另人性尊嚴與人格權，在風紀調查行為實施措施時，亦常
為討論之重心，例如經由約談、埋伏與跟監等行為均有影響。
人性尊嚴（Menschenwürde）被稱為憲法秩序之基礎，又被稱
為基本權利之核心範圍，而人性尊嚴對於典型措施之影響與制
約，最重要者應為落實於具體個案中，由於人性尊嚴之不可定
義性，但做為法之妥當性根據的憲法，在實踐上針對具體個
案，仍可自我限定予以具體化、類型化。人性尊嚴保護的防禦
性格，主要強調當事人若不是國家行為之目的，而成為手段、
客體與工具時，人性尊嚴即受到侵害，例如使之為奴、酷刑、
剝奪最低生活水準等。其次，係以正面方式闡明人性尊嚴，例
如，對拒絕服兵役之制裁，並未摧毀人之本質，對謀殺者判
處無期徒刑，依目前認識之情況，尚不能確認其已傷害人性尊
嚴。另藉保護內在領域自由之理由，以維護人性尊嚴，例如國
家以不當或非法方式蒐集、儲存、傳遞、利用個人資料，已侵
害資訊自決權，其屬人內在自由權領域，當然傷及人性尊嚴。
亦即不能把人當成物，應重視自由內在領域，皆是肯定人應自

---

34 許育典，前揭書，頁281。

治、自覺的另外一種表達方式[35]。

人格權乃與人之人格有不可分離關係，而受法律保護之社會利益。例如：生命、身體、自由、貞操、肖像、姓名、名譽、信用等權利，為構成人格之要素，具有排他性，得對任何人主張，並有專屬性質，不得由他人代為行使。人格與人的尊嚴有關，互為表裡。而人格權的內容，有分殊化為個別指涉之權利，但在避免個別化所產生之漏洞，一般人格權（allgemeines Persönlichkeitsrecht）仍有存在之價值。一般人格權，乃是相對於具體人格權。若發生人格權保障之具體事件，在個別法律如民法、刑法中所保障之個別人格權，尚無法包括，而憲法列舉權保障範圍亦無法涵蓋時，則可適用憲法第22條作為一般人格權之來源承接保障之，以免人格權保障發生漏洞。德國基本法第2條第1項規定：「在不侵害他人權利及侵犯憲政秩序或道德規範，每個人有權發展其人格。」其中有兩大特點：其一，保障個人對自己事務衡酌之權，即一個人生活領域中內在的、個人、私人的領域可由個人自我決定、自我擁有及自我表述。其二，是保障一般行為自由。就前者言，衡酌權確保，是於利益及傷害利益具體衝突之時，賦予個人斟酌、衡量，優先承認其利益，尤其是人格之利益。至於一般行為自由之重點，不在於因為特別人格有關之特別自由利益，而在於人格之自由發展。人格自由發展應以個人自我型塑權為核心，即自我決定「我是什麼」的權利。其結果應是個人的意見及行為皆允許由自己決定，並由自己負責，人格權才能獲平衡保障[36]。

基於上述，人性尊嚴與人格權之概念相當抽象，必須經

35　李震山，人性尊嚴之憲法意義，收錄於人性尊嚴與人權保障，元照出版公司，2001年，頁1-25。

36　李震山，多元、寬容與人權保障－以憲法未列舉權之保障為中心，元照出版公司，2007年7月，頁144-148。

由個案的審視才能呈現出來，因風紀調查行為之實施有時係為警察干預措施，對於人民（受調查人或關係人）實施行為過程中，往往在具體事實中，倘若對人民之意志與行為有所強制，而違背其自由意志或強制影響個人自我決定之行為，即有侵犯人性尊嚴與人格權之虞，因此此兩種基本人權亦為警察重要措施所涉重要之範圍，在風紀調查措施之行使時，須注意如何實踐與保障此人權，係應經由正當法律程序與行政救濟，將於後面深入論述探討。

（三）資訊自決權

　　風紀調查行為之實施，常必須蒐集或運用當事人之個人資料，例如調閱通聯紀錄或向金融機構調閱財產狀況等，甚至埋伏與跟監已及錄音、錄影、照相等行為，此等均涉及憲法所保障人民之資訊自決權。個人資料之被警察機關所蒐集、傳遞、利用，此種警察資訊作用涉及對個人隱私權、資訊自決權及一般人格權之干預，此均為憲法保障基本人權之範圍。在美國法，對個人資料之保護為「資訊隱私權」，在德國稱為「資訊自決權」（Informationelles Selbstbestimmungsrecht），我國則概稱為「人格權」。從權利保護之觀點言，資料保護係從隱私權保護發展而來，此一發展是漸進且有軌跡可循的，在探討資料傳遞之同時，亦須兼顧人民資訊隱私之保護[37]。其中資訊自決權之憲法概念，經由我國實務上之法律爭議探討，已成為保護個人資訊之一般權利概念，例如大法官釋字第599號解釋，針對戶籍法第8條按捺指紋規定作出暫時停止適用處分等有關個人資料保護之法律爭議，另有我國修訂個人資料保護法之立法作為，均特別重視資訊自決權之落實。從此有關資訊作

37　許文義，德國警察資料處理職權之探討，中央警察大學學報，第35期，1999年，頁185。

用之基本人權保障與落實，即以資訊自決權為探討核心。

　　資訊自決權是德國法上之用語，旨在尊重個人資料當事人之自我決定權，資訊隱私權旨在保障屬於隱私範圍之個人資料保護。個人有權決定涉及其個人資料之蒐集、儲存、利用等事宜，但該個人資料不必然皆在隱私權保障範圍內[38]。質言之，個人資料皆與資訊自決權有關，個人資料中之主體在主觀或客觀上對該資料有隱私保護之意願與期待時，方涉及資訊隱私權。況且資訊隱私權在實際運作上，需先經他人或公權力確定是否屬隱私權保障範圍。余雪明大法官於釋字第603號解釋「部分協同不同意見書」中就指出：「指紋是個人資訊之一種，本身不涉隱私權。」由此可知，極有可能有些雖屬個人資料者卻被認為不屬隱私權保障範圍。綜上，賦予人民資訊自決權對個人資料保護相較於賦予人民資訊隱私權更為完整且有效[39]。

　　而個人資訊自決權係屬自然人人格權的一環，係由德國聯邦憲法法院1983年「人口普查案」判決所發展出來的「獨立基本權」。個人資訊自決權係指「每個自然人基本上皆有權自行決定，是否將其個人資料交付與供利用之權利」[40]。學者認為，最廣義的隱私權固可以包含個人資訊自決權，但某種法律地位已獨立成為基本權時，即不必再以衍生的方式，認為其由另一基本權所包括[41]。而上述判決同時亦說明，個人之資訊自決權並非毫無限制地受到保障。個人並非有絕對、無可限

38　Wolf-Rüdiger Schenke, Polizei-und Ordnungsrecht, 4. Auflage, 2005, Rn. 176 ff.

39　李震山，警察行政論—自由與秩序之折衝，元照出版公司，2007年9月，頁309-311。

40　李震山，論資訊自決權，現代國家與憲法—李鴻禧教授六秩華誕祝賀論文集，月旦出版公司，1997年3月，頁712-715。

41　李惠宗，裁判書上網公開與個人資訊自決權的衝突，月旦法學雜誌，第154期，2008年3月，頁24。

制地擁有「他自己的」資訊，其是一個在社會共同體中形成的人格體。即使涉及個人之資訊，亦是社會現實的投射，而非僅僅專屬個人支配。如同憲法法院判決一再強調，在個人與共同體之關聯性以及個人受共同體之拘束性意義下，基本法已經決定了個人與共同體的緊張關係（die Spannung Individunm-Gemeinschaft）。

因此個人之資訊自決權，原則上應受重大之公益（das überwiegende Allgemeininteresse）所限制。但是根據基本法第2條第1項規定，此項限制仍須具備一個合憲的法律基礎，始得為之[42]。具體言之，基本權利僅得基於保護公益之必要始得被加以限制。由於個人資料自動化處理之利用可能造成之危險，為了防止立法者對人格權加以侵害之危險，必須進一步強調組織與程序法上預防措施之必要。由此觀察，基於落實人民資訊自決權，我國個人資料保護法之制定，係為規範個人資料之蒐集、處理及利用，以避免人格權受侵害，並促進個人資料之合理利用[43]。而前述依據德國各邦警察法新修正內容已將警察資料蒐集與處理等資訊作用之原則及其措施，規定甚而大量與詳細，而我國警察職權行使法第16至18條，針對警察資訊之傳遞、利用與註銷亦有一般性規定，均為實踐資訊自決權所規定。

三、基本人權之實踐與保障

（一）經由正當法律程序之實踐

警察風紀調查仍為行政行為之一環，針對正當法律程序

42　Vgl. Ruder/Schmitt, Polizeirecht Baden-Württemberg, 6. Auflage, 2005, S. 287 ff.

43　程明修，資訊自決權─遺傳基因訊息，法學講座，第19期，2003年7月，頁3-5。

之實踐，首先亦應考量遵守行政程序法，然而內部行政行爲是否亦應適用行政程序法相關規定，則可從行政程序法第3條之適用範圍觀察，因爲基本上從依法行政而言，所有行政行爲應適用行政程序法，然而若有法律規定排除行政程序法之適用，基於特別法優於普通法之原理，則應適用個別法，例如行政罰法第42條與第43條有關陳述意見與聽證之規定，應優先適用行政罰法。除法律規定外，某些行政行爲基於特殊因素並不適用，即行政程序法第3條所規定之行爲則不適用，行政程序法第3條規定：「行政機關爲行政行爲時，除法律另有規定外，應依本法規定爲之。下列機關之行政行爲，不適用本法之程序規定：一、各級民意機關。二、司法機關。三、監察機關。下列事項，不適用本法之程序規定：一、有關外交行爲、軍事行爲或國家安全保障事項之行爲。二、外國人出、入境、難民認定及國籍變更之行爲。三、刑事案件犯罪偵查程序。四、犯罪矯正機關或其他收容處所爲達成收容目的所爲之行爲。五、有關私權爭執之行政裁決程序。六、學校或其他教育機構爲達成教育目的之內部程序。七、對公務員所爲之人事行政行爲。八、考試院有關考選命題及評分之行爲。」

基於上述規定，內部行政調查是否符合上述第3條所規定各項行爲，首先觀察的是，從上述各項行爲屬於內部行爲者，主要只有第3條第3項第7款：「對公務員所爲之人事行政行爲」，然而行政程序法制定之主要意義乃在於確保人民享有正當法律程序保障之基本權利，並嚴格監督行政機關合法適用法律，貫徹行政負責之態度[44]，爲免行政機關推卸責任，或排除行政程序法中最低正當程序保障條款之適用，對行政程序法第3條排除規定應從目的考量嚴格限縮解釋，此爲最基本之出發點。所以，人事行政行爲應依司法院大法官歷年解釋所爲之

44　Vgl. Rolf Schmidt, Allgemeines Verwaltungsrecht, 12. Auflage, 2008, S. 66 ff.

分類，分成對公務員服公職權利「有重大影響者」與「無重大影響者」之行為兩類，而該條項內容宜從嚴解釋，故應作目的性限縮認為只含對公務員權利有重大影響者，因其已有事後救濟途徑可循，其程序之保障以臻健全，而對公務員權利無重大影響者，仍應依行政程序法之程序規定以保障其程序權。又部分人事行政行為縱受排除而不適用行政程序法之規定，亦僅排除程序規定，然而行政程序上之實體規定，行政機關仍受拘束[45]。故警察風紀調查行為應不屬前述行政程序法第3條第3項第3款之各項行為，自應遵循行政程序法各項程序規定。

行政機關內部紀律案件調查之制度，不論稱為調查、查處或是監察，都是行政機關所不得缺少的機制。風紀案件調查是行政機關為達端正風紀目的之必要手段，惟其具體法制內容，因不同國情、及不同行政機關而有差異。然而無論如何，各項調查行為均應遵守正當法律程序，可依據內政部警政署函頒「端正警察風紀作業規定」第30條規定：「風紀案件之調查處理，應視案件性質分別依行政程序法、刑事訴訟法等相關規定，踐行法律規定之調查正當程序，依據證據認定事實，並遵守調查職務倫理。[46]」又在行政程序法方面，前述自應適用行政程序法所規定之原則，如一般各項法律原則、平等原則與比例原則等，另行政程序法關於行政機關在調查事實的程序部分規定自應遵守，如第一章總則在第六節規定調查事實及證據，明定第36條至第43條總計共8條的原則性宣示。各條項之規定指出行政機關應依職權調查證據（第36條），基於調查事實及證據之必要，得通知相關人到場陳述意見（第39條）

---

45 林明鏘，論行政程序中「對公務員所為人事行政行為」之意義，臺大法學論叢，第29卷第4期，2000年7月，頁7。

46 參閱內政部警政署93年12月23日警署督政字第09301918811號函頒「端正警察風紀實施要點」之規定。

及要求當事人或第三人提供必要之文書、資料或物品（第40條），為了解事實真相並得實施勘驗（第42條）或選定適當之人為鑑定（第41條）。

　　而從專業執行層面，警察風紀案件調查之程序規定，主要援附於「端正警察風紀作業規定」之內，基於實有建立警察風紀調查法制之必要性，爰就有關前述有關不同風紀調查制度之比較，以其調查權之發動依據、調查對象與方法、調查程序、調查後之處理、以及調查之救濟之比較，提出正當法律程序之主要建議：首先，警察風紀調查之依據應有專法規定：風紀案件之調查行為，就其形態實可分為違紀行為之一般行政調查行為，與犯罪偵查行為。但其調查活動，均涉及當事人隱私權，因此，其調查權之發動，應有法律授權之依據為必要。其次，風紀調查之目的應明確：風紀調查之項目，含括警察人員違法以及違紀之行為，其調查權發動之目的，係在於查處違法或違紀行為，決定調查人員得採取之方法與手段，因此，對於警察風紀案件調查之目的應明確建立案件審查制度，為案類之區分，以及案件查處完畢之審查，及處分之決定。第三，調查方法應重程序原則：警察風紀調查方法之程度範圍，涵攝範圍，從行政調查至犯罪偵查，亦即其得以使用之調查方法，從行政程序法之任意手段，至刑事訴訟法之強制處分，無論調查深度、廣度，均屬機關行使裁量之範圍，此係職權調查主義之當然結果。然而，就現行警察風紀案件之調查活動，常以過當之手段取得證據，此種不計代價之完全調查有違比例原則，過度調查或調查怠惰並不符合公益原則，行政機關宜盡量避免之。因此，有關調查之方法不論行政不法或為刑事不法，事先審查其不法性質，以決定其採取之手段，以及應踐行之正當法律程序，以配合違法不或不當調查行為之救濟。此外，應針對其他規定予以補充：如調查人員之迴避規定、禁止程序外接觸原則、調查不公開原則、調查時效等規定，均為建構警察違紀案

件調查法制重要規定[47]。

（二）經由行政救濟制度之保障

　　有關警察風紀調查行為所涉基本權之保障與實踐，除了前述在實施調查行為時遵守正當法律程序外，另即為在實施調查後，因其行為損害人民（受調查人或關係人）之權利，如何提起行政救濟（Verwaltungsrechtweg）以實踐權利保護（Rechtsschutz），因涉及行政爭訟以及國家責任之賠償與補償之探討，其範圍廣泛且深入，並非本文探討重點，在此僅以略述。警察風紀調查行為之相對人，即為警察機關內部人員為公務員，若受調查之警察人員針對調查行為有所不服，在理論上應優先適用公務人員保障法。另涉及警察風紀之關係人有可能並非機關內部之警察人員，亦可能為機關外部之一般人民，針對此類人民則適用訴願法、行政訴訟法等，然而本文所論及主要係以針對受調查人之行為救濟為主，在此一併敘明。

　　有關警察風紀調查行為之法律性質即關係著行政爭訟之途徑，若可能係歸屬於警察行政處分，依據公務人員保障法第25條規定：「公務人員對於服務機關或人事主管機關所為之行政處分，認為違法或顯然不當，致損害其權利或利益者，得依本法提起復審。非現職公務人員基於其原公務人員身分之請求權遭受侵害時，亦同」，如此可向公務人員保障暨培訓委員會提起復審。然而若許多警察風紀調查行為通常並非典型之行政處分，許多查證、通知到場等行政調查行為往往係屬於事實行為，依據公務人員保障法第77條第1項規定：「公務人員對於服務機關所為之管理措施或有關工作條件之處置認為不當，致影響其權益者，得依本法提起申訴、再申訴」，如此則可以向公務人員提起申訴與再申訴。然而針對服務機關之管理措施

47　鄭陽錫，前揭註17，頁20-25。

或有關工作條件，在此服務機關對警察人員所實施之風紀調查行為是否完全歸屬於管理措施或工作條件，不無疑問。

　　因此不服警察風紀調查行為之行政救濟是否僅得依公務人員保障法提出申訴、再申訴，可否逕向行政法院提起訴訟，值得探討。在此觀察，因特別權力關係理論已經解構且基於權利保護之有效性與完整性，係可以考量警察風紀調查行為中有關事實行為部分之行政訴訟容許性，如此可針對此類事實行為提起行政訴訟。然而基本問題卻在於，當面對已執行完畢之事實行為可否救濟，吳庚教授認為依目前我國行政訴訟法之設計，並無任何一種訴訟類型可資運用，因針對事實行為，在理論上應提起一般給付之訴（allgemeine Leistungsklage），但此種必須有公法上結果除去請求權之存在，而才得以訴請回復原狀或給付賠償金額，我國對此並無明文規定，恐難採行[48]。但有學者認為可藉由德國法實務與理論之觀點來解釋[49]，我國仍可依行政訴訟法第6條第1項前段「確認公法上法律關係成立或不成立」之訴訟來適用事實行為。當事人得以「警察無權行使措施」之干預性事實行為，而要求確認該法律關係「不成立」之訴訟[50]。

　　而有關警察風紀調查行為之性質，往往可能在事實行為或即時性處分難以區別，至於如何判別，往往須經由個別具體調查行為中判斷，應無法一概而論。此性質之進一步探討攸關行政程序法與行政爭訟法之適用，尤其在行政訴訟上將有不同之行政爭訟途徑。因為倘若重要措施係屬事實行為，則如前段所述之行政爭訟途徑，而若判定為一即時性行政處分，即

48　吳庚，行政法理論與實用，2010年10月增訂11版，頁640-642。
49　Vgl. C. H. Ule, Verwaltungsprozeßrecht, 9. Auflage, München 1987, S. 88-90.
50　蔡震榮，論警察職權行使強制措施之法律性質與救濟，中央警察大學學報，第41期，2004年7月，頁308。

為一經實施完成之處分，其途徑則不同於事實行為，且亦不同於一般可撤銷之警察行政處分，因此種處分應先依據公務人員保障法提起復審，若未達救濟結果，再向行政法院提起撤銷訴訟。然而警察風紀調查之處分，若係為執行完畢而無回復原狀可能之行政處分或已消滅之行政處分，則仍應依據行政訴訟法第6條第1項後段，則應提起學理上續行確認違法之訴訟（Fortsetzungsfestellungsklage）。倘若即時性行政處分有回復原狀利益（Rehabilitationsinteresse）之可能，其途徑則循行政訴訟法第196條規定訴求在撤銷訴訟中判決命其回復原狀[51]。

　　另警察風紀調查行為若損害人民權益而符合國家賠償[52]或損失補償[53]之要件，在理論上，人民（受調查人）仍可依法請

51　Vgl. Hufen, Friedhelm, Verwaltungsprozeßrecht, 8. Auflage, 2011, S. 241-243.

52　國家賠償法在國家責任的類型上，基本上區分為「公務員國家賠償責任」（國家賠償法第2條第2項）及「公有公共設施之國家賠償責任」（國家賠償法第3條第1項）兩大類型。其中公務員之國家賠償責任，又可區分為公務員之作為與不作為所引起之國家賠償責任，前者採「過失責任」，後者則採「無過失責任」，而就公有公共設施之責任則採「無過失責任」。但國家賠償法係普通法，在適用國家賠償法之前，如有其他特殊的國家賠償事件，依「特別法優於普通法的原則」，應先適用其他特別法。例如針對警察風紀調查行為之國家賠償，係屬特別國家賠償法，應適用個別法之規定。然而雖優先適用個別法之賠償規定，亦應由普通國家賠償法之理論體系予以補充適用，如針對公務員作為之國家賠償責任（國家賠償法第2條第2項前段規定），有關構成要件，亦應先符合一般國家賠償要件，例如公務員、執行職務、行使公權力、行為不法、公務員有故意或過失以及造成人民自由權利之損害與直接因果關係等要件。參閱葉百修，國家賠償法之理論與實務，元照出版公司，2008年5月，頁93-100。

53　行政補償制度主要雖係從財產權之保障出發，但在今日已不限對財產權損失的補償，涉及到各種基本權，甚至包括生命權、人身自由等一身專屬之權利。這些損失補償請求權屬「公法債權」，而國家對此種損害何以應予補償，理論上有：第一，既得權說；第二，公用徵收說；第三，恩惠說；第四，社會職務說；第五，特別犧牲說等基礎理論，而學理上即實證上的通說係採「特別犧牲說」。在我國亦經大法官解釋確認了行政補償之理論，亦即人民對於國家合法行為所造成損失之結果，不能依國家賠償法請求國家賠償，但基於平等原則與衡平的法理，對該些權益受到特別犧牲的特定人，仍

求。又警察風紀調查行為若屬事實行為,雖非屬行政處分,然確有可能事實上影響或規範人民之權益。因此針對非行政處分之具體行政措施行為,仍有考量一般形成訴訟之行政訴訟類型[54],即在行政訴訟類型之選擇運用考量下,即有一般形成訴訟存在之功能性與必要性,以保障人民完整與有效之救濟權利。

四、小結

警察風紀調查行為所涉基本人權之範圍主要為人身自由、身體權、財產權、人性尊嚴與人格權,以及資訊自決權等。而上述基本人權之實踐,應係在實施風紀各項調查行為時確實遵守正當法律程序,即依據內政部警政署函頒「端正警察風紀作業規定」等相關規定以及行政程序法所規定之原則,如一般各項法律原則、平等原則與比例原則等,另行政程序法關於行政機關在調查事實的程序部分規定自應遵守。而當基本人

應予補償,始合乎法治國家之精神。在社會連帶理論的前提下,人民雖有特別承擔不利益之義務,但義務承擔仍符合平等原則,若只有令特定族群之人忍受犧牲,而其他人民則分沾其利益,國家基於「平均正義」的實現,即有義務透過補償制度予以均衡。參閱李惠宗,行政法要義,元照出版公司,2007年2月,頁646-649。

54 如果所針對之行為係為行政處分,其所運用之訴訟類型為撤銷訴訟或確認訴訟,然而若為事實行為,則所運用的是一般給付訴訟,不過仍有新訴訟類型開展之可能性,在此所提即為「一般形成訴訟」,或稱「一般撤銷訴訟」。通說上認為,行政訴訟法第3條應並非列舉之規定,因此在撤銷訴訟、給付訴訟以及確認訴訟之外,仍應存在其他訴訟類型。進一步言,此種一般形成之訴,針對整體行政行為而言,係主要針對非屬行政處分之行政機關行為以及其他非已發生直接對外法律效果作為目的,但卻涉及原告法律地位者,例如傳統特別權力關係下不直接發生對外法律效果的規制行為、監督機關的指令等等,甚至亦可包括行政規則、法院的職務分配與行政計畫之上。而在具體行政事務上,例如公務員訴請撤銷長官對其所下達之違法內部職務命令,亦即如內部職務調整或調地,或地方自治團體下設之委員會成員訴請撤銷該委員會命其迴避之決議等。盛子龍,第3條:訴訟類型,收錄於翁岳生主編:行政訴訟法逐條釋義,五南圖書,2006年7月,頁58。

權受到侵害，則應循行政救濟制度予以保障，針對警察風紀調查行為措施，若係針對警察行政處分則循訴願、撤銷訴訟或確認訴訟之救濟類型與途徑，而許多通知到場、查證身分、鑑定或行政搜索等內部行政調查行為往往係屬於事實行為，可循一般給付或確認訴訟（公法上法律關係存在或不存在）。而針對警察風紀調查行為之行政訴訟類型，除了傳統撤銷訴訟與確認訴訟外，針對非行政處分之具體行政措施行為，仍有考量一般形成訴訟之行政訴訟類型，以保障人民完整與有效之救濟權利。

伍、結語

　　警察內部行政調查係屬警察作用與行政調查之一環，且在法律體系上係為兩者之下位概念，故其性質與概念之法理基礎亦均源於此兩者，因此應先針對上述兩者之內涵與概念予以研究探討，才能更進一步了解警察內部行政調查。而依據組織法規之具體行政態樣，警察內部行政調查主要可分為風紀調查、人事查核與業務檢查等三大項。而由此三項內部行政調查觀察之，仍以警察風紀調查行為影響人民權利最鉅，故本文著重探討警察風紀調查之人權保障。針對此，經研討觀察，警察風紀調查行為所涉基本人權之範圍主要為人身自由、身體權、財產權、人性尊嚴與人格權，以及資訊自決權等。而上述基本人權之實踐，應係在實施風紀各項調查行為時確實遵守正當法律程序，即依據內政部警政署函頒「端正警察風紀作業規定」等相關規定以及行政程序法所定之法律原則與各項程序規定。而當基本人權受到侵害，則應循行政救濟制度予以保障，針對警察風紀調查行為措施，若係針對警察行政處分則循訴願、撤銷訴訟或確認訴訟之救濟類型與途徑，而內部行政調查行為往往係

屬於事實行為，可循一般給付或確認訴訟（公法上法律關係成立或不成立）。而針對警察風紀調查行為之行政訴訟類型，除了傳統撤銷訴訟與確認訴訟外，針對非行政處分之具體行政措施行為，仍有考量一般形成訴訟之行政訴訟類型，以保障人民完整與有效之救濟權利。

　　針對警察風紀調查行為，若以基本人權作為觀察，並從正當法律程序與行政救濟制度之保障與實踐為重點，顯然應以先遵守正當法律程序為主要目的，因為如此，侵害人民權益之情況得以避免或減少，自然較無行政救濟之需要。故本文提出正當法律程序之主要建議為：警察風紀調查行為應可予以法制化，亦即針對影響人民重大權益事項應落實法律保留之原則。將警察風紀調查行為規定於警察相關法律，甚至於公務人員保障法都可考量訂定風紀調查程序行為之概括規定。故如此應將內政部警政署所頒「端正警察風紀實施要點」、「公務員廉政倫理規範」或「警察人員服務守則」等規定予以綜合整理修正，初步可納入相關法律規範，進一步更可整合為「警察風紀調查法」，如此才能貫徹端正警察風紀之目的，並同時兼顧人權的保障，以符合現代法治國家依法行政之原理。

（發表於警察法學，第13集，2014年7月）

8

超載違規之舉發與一行為不二罰論
——兼評台北地方法院102年度交字第24號行政訴訟判決

壹、前言

交通違規之舉發關係人民權益甚鉅，雖然人民違規所受處罰之罰鍰金額在新台幣幾百元或數千元，並非違法重大案件，然而交通行為之普遍性，幾乎與所有人民相關，更何況交通違規之舉發，若未能達到效果，往往亦衍生未來交通重大事故。另交通舉發針對違規行為所適用之法規，同一違規行為可能有數個，亦即符合產生數個處罰，此係屬於行政法上一行為不二罰理論之適用問題，此亦為重要議題。基此，本文擬先探究交通違規之舉發與一行為不二罰理論，並作為本文立論之基礎。又近年來不服交通違規處罰事件之爭議已由地方法院行政訴訟庭審理，因此已有許多地方法院行政訴訟之判決可供分析參考，本文擬針對地方法院超載行政訴訟之判決予以評析，因該案例部分原處分經法院判決撤銷，且關係上述交通違規舉發與責任人之理論，在此值得一併深入探究。經由上述案件之評析，分別論述所適用之法理論，並印證實務之運作，以供參考。

貳、交通違規之舉發

一、交通舉發執法之概說

交通舉發之執法係警察舉發之一環，從機關舉發與人民舉發觀察，在舉發行為之本質定義範圍有所不同，因人民舉發前所為之行為仍屬於私法行為，而非公法行為。在此針對交通舉發等執法措施之觀察，必須進一步探究警察舉發。警察舉發係屬機關舉發之一環，其與人民舉發之不同，應從舉發行為之定義範圍著手區別。蓋人民於發現有違規事實時，能勇於舉發，

而即時通報行政機關，可有效遏止危害之發生或擴大，以此對公共安全與秩序之維護發揮重大作用。然而針對人民舉發之行為，重點在於人民向行政機關舉報違規事實，以促使行政機關發動職權（Befugnisse），對違規行為有所作為之制度，故包含相同意義之「檢舉」在內。亦即，在人民向行政機關舉報違規事實之前，有關人民自行蒐集資料或證據，或者舉發事後有關行政機關之調查，並不包括於人民舉發之行為內。因為人民舉發前之行為，例如舉發違規小廣告，人民自行拍照蒐證等行為，並非屬行政行為，故非行政法法律關係，當非探討重點，而舉發後行政機關之調查行為，則屬行政機關之行為，當亦不歸屬於人民舉發行為。

　　然而相對的，前述警察舉發係機關舉發，而非人民舉發，此概念之定義範圍，其重點自有所區別，因為警察舉發前或舉發後之蒐集證據或調查行為皆屬行政行為，仍屬於行政法法律關係，自仍有探討之重要性，故警察舉發之概念與定義範圍，自可能延伸至警察取締前或舉報違規事實前之行為。由此，本文認為有必要在此區分廣義與狹義之警察舉發行為，若先從狹義警察舉發行為觀之，其應與人民舉發之概念範圍類似，著重於警察取締與舉報違規事實之即時行為，例如警察取締違規攤販，則就攤販違規事實予以認定行為，而不包含認定前對於攤販之合法性調查。至於廣義之警察舉發行為則除了警察取締與舉報之行為外，尚包括舉發前或舉發後之相關調查證據與資料蒐集等行為，且亦可包含至行政檢查[1]。針對此，基

1　參閱蔡震榮、王曰諾，簡論警察公權力措施，警察法學，第4期，2005年12月，頁261-262。所謂行政檢查，簡言之為警察機關為達成特定行政目的，對於特定行政客體所為之查察、蒐集資料活動，或指行政主體以蒐集、查察、驗證相關事實或資料為目的，就個別具體事件，針對特定人民，行使公權力之行為；董保城，德國行政檢查法制—以工商業為例並兼論我國工商業檢查，政大法學評論，第53期，1995年6月，頁91。

於警察調查證據或行政檢查與蒐集資料仍關係人民權利甚鉅，故本文所論述之警察舉發行為大多應屬廣義之警察舉發行為。

另一重點係為警察舉發之特色，根據警察任務法基礎理論，警察負有危害防止（Gefahrenabwehr）與犯行追緝（Verfolgung von Straftaten）之雙重任務，所負危害防止任務係為行政法上之作用，而犯行追緝則為刑事司法作用，因此所產生之法律關係與效果即有區別。所以當探討警察舉發行為時，若由警察任務法之觀點，亦可區分為危害防止之舉發與刑事追緝之舉發，在此亦為警察舉發之重大特色[2]。從公法理論與依法行政分析而言，危害防止之舉發為行政作用，所依據之法律為行政程序法、行政罰法、警察職權行使法以及警察個別行政法等，而刑事追緝之舉發為刑事司法作用，所依據之法律即為刑事訴訟法。因刑事追緝之舉發，在程序與職權上均依據刑事訴訟法，在研究上偏屬於刑事法學，故本文著重於危害防止之舉發行為，即聚焦於警察行政法學之觀察。

又警察基於維護治安之目的，依據行政法令所為之危害防止與依據刑事訴訟法所為之追緝犯行，狀似各自獨立，事實上警察必須於同一時間面對該兩項任務[3]。前述廣義之警察舉發包含著行政調查，而當警察機關實施行政調查時，後續發現犯罪事實，實施行為將從行政程序轉換為犯罪偵查程序，則產生典型任務競合，在此皆因警察具有雙重功能（Doppelfunktion）之角色所引起[4]。而刑法與行政法在本質、目的、手段各有其不同，因此從警察任務與作用中區別

---

2 Vgl. Wolf-Rüdiger Schenke, Polizei- und Ordnungsrecht, 7. Auflage, 2011, S. 121 ff; Krause/Nehring, Strafverfahrensrecht in der Polizeipraxis, 1978, S. 34.

3 例如發現有人縱火正逃逸時，擒火首（犯行追緝）與滅火（危害防止）；肇致車禍者駕車逃逸時，緝拿逃逸者（犯行追緝）及營救傷者（危害防止）。

4 Vgl. Würtenberger/Heckmann/Riggert, Polizeirecht in Baden-Württemberg, 5. Auflage, 2002, Rn. 188.

雙重功能，避免警察利用行政手段為犯罪偵查，或利用司法作用以防止行政危害，有其必要，惟在實務運作上，往往無法截然劃分兩項作用。故警察舉發行為亦可能導致警察雙重作用交錯之可能，其可能之規範類型為：（一）行政秩序罰與行政刑罰並存於一法律[5]。（二）針對同一行為有採行政作用與刑事作用之可能[6]。（三）行政法規範中明定以防止犯罪或預防犯罪為要件者[7]。而若在同一時間內，雙重任務產生競合，警察應優先針對危害防止或刑事追緝，則應從指令權（Weisungsrecht）、裁量權（Ermessensrecht）與調查權（Untersuchungsrecht）等層面予以判斷[8]。

　　而有關警察舉發之法律性質如何判斷，依據任務法理

5　例如集會遊行法中，針對違反該法之制裁有處罰鍰及刑名者，從而有交互運用之可能。

6　例如依道路交通管理處罰條例針對違規車輛為攔停，屬行政作用，其後發現駕駛人有該法第35條「酒精濃度超過規定標準」而同時觸犯該法及刑法第185條之3「不能安全駕駛」之罪，必須採取刑事罰措施。同理，若法律明定針對違反行政義務者之行政制裁效果不彰時，得改採刑事罰，亦會產生雙重措施之競合現象。

7　例如行政執行法第36條第1項規定：「行政機關為阻止犯罪、危害之發生或避免急迫危險，而有即時處置之必要時，得為即時強制。」又例如警察職權行使法第6條「犯罪嫌疑」、第10條「可能發生犯罪案件」等，其中涉及有犯罪之虞及可能發生犯罪之預測與判斷。此種為符合警察功能之立法設計，係造成行政與刑事手段交錯之重要原因。

8　在指令權方面，是一種指揮命令之權，係偏重警察於具體事件下，執行任務時，指令權歸屬問題，針對行政上之危害防止，因純係行政作用，原則上僅有服從其上級長官就監督範圍以內所發命令之義務（公務員服務法第2條）。針對刑事追緝而言，警察執行偵查犯罪之任務時，受檢察官之指揮命令，在法制上並無爭議。當任務競合時，警察應依法益及義務衡量以判斷具體案件中，犯行追緝與危害防止何者法益較高，並決定其優先順序，情況急迫，檢察官不及介入時，才依警察指令決定之。針對衡量權，若遇競合時，亦依法益衡量合理判斷。另針對調查權，必須透過立法配套解決，例如在警察法與刑事訴訟法中，皆需各配置一套近似的警察職權，以利接軌。警察則須在轉換過程中，踐行其告知義務及相應之程序。參閱李震山，警察行政法論，元照出版公司，2007年9月，頁362-364。

論，警察舉發可分為危害防止舉發與刑事追緝舉發。依據前述理由，本文認為警察舉發應以危害防止之舉發為主要討論重點，因刑事追緝舉發係以刑事訴訟法之規定實施，其性質非屬行政作用，係為刑事司法作用，有關職權措施與救濟等均與法院之運作相關[9]，例如警察舉發飆車行為，若符合違反刑法「不能安全駕駛」之罪，即移送地檢署，至於舉發行為即屬刑事司法作用之一，並非行政作用。而危害防止之舉發行為，即為警察行政作用，究其性質，亦應從廣義之警察舉發與狹義之警察舉發而分別論述之。因狹義之警察舉發行為係僅指取締行為或舉報違規事實之行為，所指主要為一個定點行為，若依傳統類型化行政行為觀察，取締行為應為行政事實行為（Realakte），而舉報違規亦應為事實行為。然若從法律效果觀察，有可能視為一種即時性行政處分（Sofortiger Verwaltungsakt），且可視為多階段處分（Mehrstufiger Verwaltungsakt）之一環或暫時性處分（Vorläufige Verwaltungsakt）[10]。至於廣義之警察舉發行為，前述因包含行政調查行為，而論其性質亦分為二部分，前部分之調查行為被認為係行政處分之先行程序、準備行為或輔助行為，而屬行政事實行為[11]。而第二部分有關取締或舉報違規事實之舉發行為，如前已述可被視為事實行為或即時性處分。由此觀點，交通舉發應屬於廣義之警察舉發行為。

9　Vgl. Pieroth/Schlink/Kniesel, Polizei- und Ordnungsrecht, 2. Auflage, 2004, S. 91ff.

10　所謂多階段處分，係指交通違規經警察舉發，此項舉發行為係第一階段行政行為，依據道路交通管理處罰條例等相關規定，經舉發機關應移送交地區監理站，由監理站依法裁決，此裁決為第二階段行為，故為多階段處分行為。另因交通違規之舉發，如上述因舉發機關與裁處機關之不同，而最終處分應係監理站之裁決處分，故使第一階段之警察交通舉發行為只成為暫時性處分。

11　洪文玲，行政調查制度之研究，警察法學，第4期，2005年12月，頁49。

二、交通舉發之多階段程序

　　一般而言，交通違規之處罰可視爲一種多階段處分程序，所謂多階段處分指行政處分之作成，須二個以上機關本於各自職權共同參與而言[12]，此際具有行政處分性質者，亦即直接對外生效之部分，至於先前階段之行爲則仍爲內部意見之交換，例如某一特定營業其執照之核發，雖屬直轄市建設局之職權，但建設局准許與否係根據事先徵詢目的事業主管機關警察局之意見，整個過程中雖有多次之意思表示存在，原則上仍以建設局之准駁爲行政處分。例外情形，如法規明定其他機關之參與行爲爲獨立之處分，或其參與行爲（許可或同意）（Erlaubnisse），依法應單獨向相對人爲之者，則亦視爲行政處分[13]。

　　多階段處分係處分之作成須其他機關參與並提供協力，而協力之機關主要可區分爲平行機關與垂直機關，就行政機關平行關係而言，此類處分以往多於營業許可、減免稅捐事件存在，近年限制入出境處分常以多階段處分方式出現。而行政機關之垂直關係中，凡下級機關之處分須經上級機關核准始對外生效者或上級機關之決策已定，而指示其下級對於人民爲行政處分者[14]，均屬多階段處分之例。惟此類垂直關係之多階段處分，有時亦發生誰是原處分機關判斷上之困難。例如在人事行政行爲中，以公務人員考績事件爲例，年度考績常由三個階段之行爲構成，即考績機關（原服務機關）、核定機關（上級主管機關）及審定機關（銓敘部）共同參與，以法官而言乃各級法院、司法院及銓敘部。採取多階段處分之概念，除有助於確

12　Vgl. Wolff/Bachof, Verwaltungsrecht, Bd III, 7. Auflage, 2010, S. 178.

13　吳庚，行政法理論與實用，自印，2010年，頁354。

14　參閱司法院院字第2650號解釋。

定何者係直接對外生效而應視為行政處分，何者尚在內部行為階段並非處分外，尚有兩項實益：第一，當事人提起爭訟時審查範圍之認定，在訴願階段屬共同上級機關，在行政訴訟程序則為行政法院，應審查各個階段行為之適當性或合法性，若只以對外生效之行為作為審查對象，將無法達行政救濟之目的。第二，法規明定須其他機關協力時，如欠缺協力行為，行政處分即有撤銷原因[15]。

依據上述法理，交通違規之處罰程序，依據道路交通管理處罰條例第7至8條及違反道路交通管理事件統一裁罰基準及處理細則第三至六章之規定，道路交通違規之處罰過程，其程序主要可分為三個階段，第一階段為稽查，第二階段為舉發與移送，第三階段為受理與處罰。針對第一階段，所謂「稽查」程序，係指稽查人員，對車輛或行人執行道路交通管理之查察，藉以發現違反道路交通管理行為之程序。由於稽查係對人或物之查驗、干涉，勢必影響人民行動自由、財產權及隱私權，依法律保留原則，除實施稽查之要件、程序及救濟程序，均應有法律明確規範外，執行稽查人員亦須依法有執行之權限。而執行稽查人員依道路交通管理處罰條例第7條之規定，係由交通勤務警察、依法令執行交通稽查任務人員、交通助理人員擔任之。員警執行道路交通管理稽查，採機動巡邏之方式，遇有違規行為時，即依法加以舉發取締。道路交通管理處罰條例規定之稽查，如由交通警察勤務執行時，於解釋上，應認係相當於警察勤務條例第11條之巡邏與臨檢勤務方式，故應遵照依釋字第535號解釋意旨為之，對於稽查之要件、程序及對違法稽查之救濟，亦有警察職權行使法相關規定之適用。

針對第二階段，所謂「舉發與移送」程序，係指稽查人員

---

15 參照行政法院75年判字第1518號判決，收錄於裁判要旨彙編，第6輯，頁1257；吳庚，前揭註13，頁355。

發現違反道路交通管理處罰條例行為時，填製舉發交通違規通知單送達違規人，並由稽查人員所屬機關將該違規事實及違規資料，移送管轄本案之處罰機關。舉發移送程序，雖可細分為前階段之「製單舉發」及後階段之「移送」，但由於移送僅係舉發機關與處罰機關間之行政機關作業流程，一般並不影響違規人之權益，故如以裁決或處罰處分言，可將視為內部程序。如依舉發者分類，可分為「機關舉發」及「民眾舉發」，依規定舉發機關可分為公路主管機關或警察機關。因道路交通稽查多由交通警察執行，而員警於執行道路交通管理稽查，遇有違規行為時，即依法加以舉發取締，故依目前實務狀況，一般舉發機關多為警察機關。如前所述，一般道路交通違法之舉發多係此種方式，但亦有係因民眾之檢舉而舉發之情形。依道路交通管理處罰條例第7條之1規定，民眾發現違反道路交通管理處罰條例之行為時，得敘明違規事實或檢具違規證據資料，向公路主管機關或警察機關檢舉違規行為；公路主管機關或警察機關受理檢舉，查證屬實者，應即舉發。對於公路主管機關或警察機關接獲檢舉後，如何進行查證及是否進行舉發等，於違反「道路交通管理事件統一裁罰基準及處理細則」第20條至第24條，則有詳細規定[16]。

　　針對第三階段，依道路交通管理處罰條例第8條第1項規定，依違規行為之不同而異其處罰機關，分別由公路主管機關或警察機關加以處罰，即舉發交通違規通知單上所載之應到案處所。關於被舉發人之交通違規事件之處罰，應由處罰機關於受理舉發單位所屬機關移送之舉發違反道路交通管理事件有關文書等物件，給予違規人陳述意見機會後，作成之行政處

---

16 此細則第20條規定，有關民眾以言詞或其他方式舉發內容；第21條規定，受理民眾舉發機關應依法辦理；第22條規定，機關受理民眾檢舉，經查證屬實者，應即舉發等；第23條規定，民眾檢舉案件不予舉發之情形；第24條規定，機關受理民眾檢舉不得洩漏檢舉人個人資料。

分。而經前述舉發程序所填製之交通違規通知單，即俗語通稱之「紅單」，關於此一「舉發交通違規通知單」之法律性質係屬行政處分，自大法官釋字第433號解釋以來，應無爭議。不過，此一行政處分究為何種類之處分，仍有不同意見。例如有學者認為應類似德國之「暫時行政處分」或稱「暫時效力之行政處分」[17]，亦有其他學者認為此通知單僅係「確認違規事實」之處分[18]，而另有學者認為，因交通裁決係最後對外發生法律效果（Rechtserfolg）之行政行為，係行政處分，性質上為學理上所稱之行政罰或秩序罰，而因整個行政行為過程中之「舉發交通違規通知單」未對民眾直接產生法律效果，並非行政處分[19]。

三、交通違規之職權不舉發

　　交通違規取締之舉發，在實務上係以違規臨時停車屬最為常見交通違規態樣之一，其與超速分別居靜態與動態交通違規行為之冠。此類汽車駕駛人多以為，只是臨時停車購物並不會造成交通阻礙或危險，或只是短暫裝卸貨物馬上離開，而認為違規情節輕微，應不具可罰性並應免予被舉發。在此車輛超載違規行為，亦有因只超載所規定重量一些，亦有不具可罰性之可能。然而是類違規行為，終究是所欲處罰之抽象危險的交通行為，不因其違規情節輕微乃至尚未造成實害而認為不具違法性[20]。惟針對違規輕微之案件，若毫無彈性予以處罰，從處

17　參閱陳敏，行政法總論，新學林出版公司，2009年9月，頁322；吳庚，前揭註13，頁338。

18　李建良，行政程序法實用，新學林出版公司，2001年8月，頁203。

19　參閱林素鳳，交通標誌及違規車輛拖吊等法律問題—兼評高雄高等行政法院89年度訴字第1269號判決及最高行政法院91年度判字第1548號判決，月旦法學雜誌，第104期，2004年1月，頁230。

20　Vgl. Janiszewski/Jagow/Burmann, Straßenverkehrsrecht Kommentar, 2006, 19. Auflage, S. 756 ff.

罰相當性、社會妥當性之觀點觀之，亦有檢討空間[21]。在實務上，警察機關對輕微交通違規行為，於兼顧法理情並避免不必要警民對立之原則下，多以柔性勸導，待不聽勸導後，始開單舉發。

針對上述交通違規與職權不舉發之問題，依據現行行政罰法第19條第1項規定：「違反行政法上義務應受法定最高額新台幣3000元以下罰鍰之處罰，其情節輕微，認以不處罰為適當者，得免予處罰。」而為配合行政罰法之制定施行，道路交通管理處罰條例於民國94年12月28日修正時亦新增「職權不舉發」之規定，在此同時考量交通違規事件之數量與種類繁多，且違規原因亦不一，或因出於故意或疏忽，亦可能是為閃避突發狀況、或因測試儀器之誤差等態樣多端，故而授權主管機關參酌具體的違規情狀訂定有關得為勸導代替舉發之處理準則，供作現場警察執法之所據。依據道路交通管理處罰條例第92條第4項規定：「本條例……舉發或輕微違規勸導……等事項之處理細則，由交通部會同內政部定之。」，據此授權訂定之處理細則第12條第1項乃針對交通輕微違規等十六種情形[22]，規定於未嚴重危害交通安全、秩序或發生交通事故，且情節輕微而以不舉發為適當時，得由警察對其施以勸導免於舉發。

在一般行政法領域上實施「職權不處罰」權限，較無爭議，然而有關交通違規事件，因在組織與職權上有其特別制

---

21 Vgl. Göhler, Erich, Ordnungswidrigkeitengesetz, 14. Auflage, 2006, S. 177 f.

22 依據違反道路交通管理事件統一裁罰基準及處理細則第12條規定，交通警察得施以勸導免予舉發，重要情形者諸如第10款規定：因緊急救護傷患或接送身心障礙者上下車，致違反本條例規定者；第11款規定：行車速度超過規定之最高時速未逾十公里者；第12款規定：經測試檢定，其吐氣所含酒精濃度超過規定之標準值未逾每公升0.02毫克者；第13款規定：裝載貨物超過核定之總重量或總聯結重量未逾百分之十者。

度，故產生問題，例如在取締處罰交通違規程序上，係採取「雙主管機關」之制度，故該權限究應歸屬警察機關或公路主管機關，即有疑義。由於警察機關掌理交通違規事件之稽查與舉發，對違規現場之情形以及違規行為之情節是否輕微，宜否施以勸導，遠比職司處罰權之公路主管機關更為清楚，故由現場警察面對交通違規之時刻，即時指導正確之交通用路觀點，當比公路主管機關於日後實施勸導者有效。然而警察是否具有此種「職權不舉發」之職權，應從行政法理上探討，亦即可從「授權明確性」與「權限委託」之觀點著手[23]。在此針對「授權明確性」而言，因道路交通管理處罰條例第92條第4項僅規定，關於「舉發或輕微違規勸導」事項之處理細則，由交通部會同內政部定之，從本條例與處理細則之整體關聯性觀之，或可推知其意在授權相關機關得於斟酌具體交通違規事件之特殊性後，訂定得對「何種違規行為」以勸導代替舉發以及得為「何種處理程序」之準則；但對於勸導之主體，由於行政罰法第19條已明示處罰機關始具有勸導權，且在該條例第8條第1項第1款特別規定公路主管機關係為汽車違規之處罰機關之下，本條例若未就此另為明確規定或授權規定，似難僅從該條例第92條第4項之規定，明確認為警察機關已獲有此項授權。另從「權限委託」而言，依據行政程序法第15條第2項規定，行政機關得依據「法規」為權限委託，所稱法規者，一般認為除法律外，尚包含經法律授權訂定之法規命令在內[24]，且法規命令既由被授權之行政機關訂定，在解釋上，被授權之交通部應得在會同內政部訂定法規命令，即前述處理細則之過程中，基於業務之需要，經內政部同意而直接將勸導權限委託警察機

---

23 Vgl. Vgl. Uwe Thieß, Ordnungswidrigkeitenrecht, 2001, S. 127 ff.

24 林錫堯，行政法要義，元照出版公司，2006年3版，頁97。

關並明定在處理細則[25]。

　　另外職權不處罰之立法意旨固佳，但若同時考量我國之民風國情，似有探討空間。因為現今社會上民眾在守法意識上仍屬薄弱，各種違法、違規行為層出不窮，尤其目前交通秩序常相當混亂，違規數量令人嘆為觀止。究其根本，皆與執法不嚴、公權力並未貫徹、民代關說干涉行政等有關。於此現況下，若行政機關得裁量免予處罰之權限，此對法治國家之建立而言，恐怕是負薪救火之舉。因此警察執法人員擁有過大裁量權限誠屬不宜，故應有行政規則以為限制。例如，經逐條檢視道路交通管理處罰條例之結果，發現該條例之罰鍰在3000元以下之條文為數甚多，幾近於三分之二，亦即均可能適用職權不舉發之規定。是則，交通警察若擁有職權不舉發之完全裁量權，在另一層面將出現風紀或紀律問題。因此，針對此警察機關應就各種交通違規處理情況作成「行政規則」，前述所定處理細則仍有所不足。亦即，統籌規定何種情形始得以勸導或糾正代替舉發，何種情形則不許，並且能考量各地交通狀況，不可將澎湖也當成台北，以便讓基層員警合理合情執法[26]。

參、一行為不二罰理論

一、概念與憲法相關原則

　　我國行政罰法制定實施後，則明文使用一行為不二罰之概念，爾後行政法上一行為不二罰原則均包含一事不二罰之概念

25　陳景發，論道路交通違規事件之舉發與處罰，警大法學論集，第16期，2009年4月，頁105-108。

26　參閱蔡震榮、鄭善印，行政罰法逐條釋義，新學林出版公司，2008年5月2版，頁305-307。

與內涵[27]。由此，前述有關一事不二罰之概念，事實上亦包含一行為不二罰之基本概念，尤其有關憲法條文之依據，一行為不二罰原則仍然可引用美國的雙重危險禁止條款以及德國基本法與秩序違反法之相關規定，而在我國憲法上亦並未有相當之條文為依據，只能從憲法原則中尋找其憲法依據，與此相關之憲法原則即為法安定性原則、比例原則以及信賴保護原則[28]。

　　法安定性原則之主旨在於強調法秩序之維護，避免由於法秩序之破壞，造成人民權益受損。當個人違法行為已受到國家之處罰，等於已就其過錯贖罪，國家即不應再次予以制裁[29]。比例原則為當人民之違法行為已受到國家之處罰，就該違法行為應已達到處罰之目的，若再施以其他的處罰，將超過達到處罰目的之必要程度。且一行為受到國家多次處罰，在手段與目的間亦不成比例。故基於比例原則之要求，一行為不得受到新的處罰，且不得重複處罰。而信賴保護原則在於當人民已就違法行為受到國家之處罰後，其會相信國家不會再就同一行為予以處罰，並藉此而形成自身之生活。此種信賴，國家應予保護，不得輕易破壞，以免侵害人民之權利。因此，人民對於國家公權力行使結果所生之合理信賴，自應予以適當之保障。所以，不論法安定性原則、比例原則或信賴保護原則，皆屬憲法原則且為法治國之重要內容，一行為不二罰原則既可在上述各原則中獲得其憲法基礎，應亦可確認為我國憲法上之原則並具

27　一般而言在行政法之理論與實務上，即出現兩者混合使用之情形。一事不二罰之原則原為刑事法上的概念，是指同一行為不得受到二度或二度以上之處罰，而一行為不二罰原則係單純就事件實體內涵，指出國家不得對於人民之同一行為，以相同或類似之措施多次地處罰。我國行政罰法制定實施後，則明文使用一行為不二罰之概念，爾後行政法上一行為不二罰原則均包含一事不二罰之概念與內涵。

28　洪家殷，違規停車連續處罰相關問題之探討—以釋字第604號解釋為中心，月旦法學雜誌，第129期，2006年2月，頁189-190。

29　Vgl. Dürig, Grundgesetz Kommentar, 6. Auflage, 1991, Rn. 124 ff.

有憲法位階[30]。

　　上述憲法三原則由比較憲法原理以及司法院大法官解釋中可以間接導出，參酌大法官解釋及相關不同意見書，大法官已承認一行為不二罰之憲法定位。法安定性原則從德國基本法第103條第3項可以更明確顯示出，係指人民會因為國家已決定處罰而有利，人民不再長期受到處罰之威脅。另比例原則可以參見釋字第503號解釋，針對納稅義務人違反作為之處罰，必須採用不同之處罰方法或手段，以達行政目的所必要者。而信賴保護原則可以參見釋字第525號解釋，針對公權力行使涉及人民信賴利益而有保護之必要者。而從憲法法理以及大法官解釋中觀察，上述三原則並非以某個原則為核心，而是各有相同比重，同時顯現一行為不二罰在我國憲法具有之位階。

　　學者又有認為憲法第8條所稱之法定程序，已經包含了同一行為受二次以上之處罰原則在內，基於法治國原則亦應有一行為不兩罰之適用[31]。亦有認為釋字第384號解釋理由書中闡明包括同一行為不得重複處罰，故認為已為我國憲法所承認之基本原則，亦有學者認為釋字第503號解釋，已將一行為不二罰原則提升為「現代民主法治國家之基本原則」[32]。一行為不二罰原則存在之目的乃是為避免人民因為同一行為而遭受國家二次以上之處罰，為程序上之保障，應屬正當法律程序之一部分，而為法治國原則中不可或缺的一環，其一方面為保障程序基本權的當然要求，另一方面亦可以防止國家機關之恣意。一行為對當事人之雙重處罰不但違反正當程序，且違反平等原則、比例原則以及法治國原則。衡諸前述一行為不二罰可

30　蔡震榮，論釋字第604號解釋對交通裁量之影響，台灣本土法學，第78期，2006年1月，頁34。

31　參閱吳庚釋字第337號解釋之不同意見書。

32　李惠宗，行政法要義，元照出版公司，2002年10月增訂2版，頁502。

視為具有憲法位階，大法官釋字第384號解釋理由書中已作出解釋，其適用範圍不但包括刑事罰，且及於行政罰，如釋字第503號解釋所稱，故應認為一行為不二罰在我國不但具有憲法之位階，且其適用範圍包括行政法罰在內[33]。

二、行政罰法之規定

　　一行為不二罰又可稱為禁止雙重處罰原則，其本意應係在禁止國家對於人民之同一行為，以相同或類似之措施多次地處罰，理論上包含兩種情形：其一，一行為已受到處罰後，對同一行為再行處罰；其次，一行為同時受到多數處罰。行政罰法對於一行為不二罰原則之適用，有兩種情形：其一為行政罰法第24條「一行為違反數個行政法上義務規定而應處罰鍰者」競合時，採法定罰鍰最高之規定裁處之；其次為行政罰法第26條「刑法與違反行政法上義務規定」發生競合之情形，採刑法優先原則。因此，我國行政罰法，不管一行為是在行政罰管轄內或跨越到刑法領域內，只能就其一選擇處罰之，不得併罰。

　　行政罰法第24條第1項規定違反行政法上義務的行政「同種類想像競合犯」罰鍰的處罰基準，是依法定罰鍰最高的法律規定去裁處，可是如果裁處規定是容許裁量的，也就是屬於裁量條款的，那麼具體的裁處金額，最低也不可以低於各該有關規定的最低額度，這種規定也可以說是「雙重的從重處斷控制機制」。本條第2項規定違反行政法上義務的行政「異種類想像競合犯」的併罰和例外。本項規定，一個行為違反了數個行政法上的義務規定，而該違反行政法上義務的行為，除了

---

33 蔡震榮，論行政罰上一事不二罰之原則，收錄於公法學與政治理論論文集—吳庚大法官榮退論文集，元照出版公司，2004年10月，頁545-547。

應該被處罰鍰以外，如果另外還有沒入或者其他種類行政罰的處罰，包括限制或者禁止從事一定行為的行為、剝奪或者消滅受罰人的資格、權利，影響受罰人的名譽或者具有警告性的處罰，可以依據該規定一併裁處該等處罰。但是如果處罰種類相同的，而如果從一重處罰就已經足以達成行政的目的，就不可以重複裁處。本條第3項規定違反行政法上義務的行政「想像競合犯」行為，如果是既屬於違反社會秩序維護法，同時也屬於其他行政罰法所規定，都要處罰的行為，則只要已經被裁處拘留了，那麼就不再裁處罰鍰，這也是「拘留罰排除罰鍰原則」[34]。

　　行政罰法第26條第1項規定刑事責任和行政責任想像競合時，刑事責任優先，換句話說，只就刑事責任去追究。但是如果行政責任內容屬於「限制或者禁止從事一定的行為」、「剝奪或者消滅受罰人的資格、權利」、「影響受罰人的名譽」或者是「警告受罰人」的處罰、行政罰上可以被處沒入的物，在刑法上剛好可以被宣告「沒收」，而法院並沒有作沒收的宣告，那麼這些其他種類的行政罰和刑事罰想像競合的時候，仍然要被另行處罰。如此看來，行政罰和刑事罰關於「沒收」和「沒入」部分，其實只有備位的想像競合，也就是法院沒有處罰的，行政機關就可以處沒入。本條第2項規定刑事責任不成立或未受罰時，行政責任的裁處。此項規定是基於「刑事責任優先原則」和「行政責任補充原則」而來，在適用的條件上，是以行為的刑事責任，是以如經不起訴處分、緩起訴處分確定或為無罪、免訴、不受理、不付審理、不付保護處分、免刑、緩刑之裁判確定者，得依違反行政法上義務規定裁處之。

---

34 蔡志方，行政罰法釋義與運用解說，三民書局，2006年11月，頁98-100。

三、單一行為論

　　經確認一行為不二罰或一事不二罰之概念後，最重要的探討在於何謂「一事」或「一行為」，前述針對概念的確認探討，可以認定「一事」與「一行為」在行政法上之定義並無太大差別，因此在行政罰法實施後，確認何謂「一行為」自然成為探討的重點。其實違反行政法上義務之行為是否為「一行為」，則係個案判斷之問題，即必須就個案具體事實予以判斷，而不是就某法規與某法規之間的關聯為何，或就抽象事實，予以抽象之判斷。於具體個案判斷時，宜就個案具體情節，斟酌法條文義、立法意旨、制裁意義、期待可能與社會通念等因素決定之。又「行政罰法上一行為」之概念，亦當與「刑法上一行為」有所區別，因為二者判斷標準未必一致。通常「刑法上一行為」即可認為「行政罰法上一行為」，而「行政罰法上一行為」卻可能構成「刑法上數行為」。蓋以刑罰係著眼於保護法益[35]，行政罰則著眼於遵守行政法規，故難免有不同之判斷[36]。雖然是否為「一行為」之問題係屬個案判斷之問題，但為求個案判斷正確，仍有闡釋「一行為」概念之必要。而我國學界與實務上均參考德國法理論與文獻資料，並參酌我國行政罰法立法原則，就行為論予以探討，最通常論述所謂「一行為」，可區分為「自然一行為」（natürliche Handlungseinheit）與「法律一行為」（rechtliche Handlungseinheit）[37]。

　　自然一行為是指外觀上由多數自然行動所構成，即從自然生活觀（natürliche Betrachtung）加以判斷，認外觀上可分割

35　柯耀程，刑法關於行為數之判斷，警察法學，第6期，2005年12月，頁184-186。

36　林錫堯，行政罰法，元照出版公司，2005年，頁51-53。

37　Erich Göhler, Ordnungswidrigkeitengesetz, 14. Auflage, 2006, S. 170 f.

為整個事件之數動作，若行為人係於單一之意思決定，且該數個部分行動在時空上又存有緊密關係，而由第三者觀察，足視為單一之綜合行為者稱之[38]。這些內在關聯的行為，若分別評價論處將被視為不自然的區分[39]。判斷自然一行為共有三項要素：（一）單一與同種類之意思決定：行為不必具有概括之故意，強調除單一的意志決定外，且必須此單一決定設定在同種類之行動意志上，才屬自然一行為。（二）時空緊密關聯：這些行為間，有無時空緊密關係，亦即依通常經驗判斷該行為時空緊密而難以分辨前後關係，得視為一行為，否則屬數行為。（三）第三者的觀察為準：亦即以非當事人角度觀察，這些行為間無法分割為數行為時，則應視為一行為。而所謂法律一行為是從法律觀點將上述所謂多數自然意義的行為，經由法律的構成要件的結合評價為單一行為（Handlungseinheit）。在一時空緊密下重複地實現構成要件則視為單一行為。法律上之一行為通常是指對於該事件雖存在著多數自然一行為[40]，但在立法政策所考量的法律規範上，卻視其為一行為而處罰之。其分別有下列行為：（一）構成要件的一行為：法律的構成要件將多數自然一行為結合成為一行為。上述皆屬數個自然的違反行為，卻同時符合法律上同一構成要件，以一行為論。（二）繼續違法行為：繼續違反是指行為人因故意或過失，持續地維持實現單一構成要件的違反狀態[41]。（三）連續違反行為：指行

---

38 Vgl. Joachim Bohnert, Ordnungswidrigkeitenrecht-Grundriss für Praxis und Ausbildung, 2. Auflage, 2004, S. 34.

39 鄭善印，行政罰法之行為論，行政罰法對警察工作之影響學術研討會，中央警察大學，2005年12月，頁50-52。

40 Vgl. Erich Göhler, Ordnungswidrigkeitengesetz, 14. Auflage, 2006, S. 171 ff.

41 Vgl. Bohnert, Karlsruher Kommentar zum Gesetz über Ordnungswidrigkeiten, hrsg. Karlheinz Boujong 2000, § 19, Rn. 40; Günter Rosenkötter, Das Recht der Ordnungswidrigkeiten, 4. Auflage, 1995, Rn. 168 ff.

爲人基於概括之犯意，連續數行爲實現同一規定之構成要件，且個別行爲間具時空之關聯性者[42]。

　　綜合而言，一行爲不二罰原則之適用，與違反行政法上義務之行爲究係單一行爲或數行爲，有密切之關係，惟兩者間不易區別。依據前述德國理論，所謂「自然單一行爲」係指行爲只有一個動作，或是有多數動作，而在多數動作兼具有直接的時間及空間關係，當第三人以自然觀察方式觀察時，可以認爲其整體的活動是一個單一的綜合作爲[43]。「法律的單一行爲」係指結合多數自然意義的動作成爲單一行爲，而此種單一行爲只構成一個違法，並只得受一個行政罰之處罰。因此，法律的單一行爲著重法律上之意義，而與自然的行爲是否單一，並無必然之關係。其可以再區分成以下幾種重要的類型：多次實現構成要件之行爲、連續行爲、繼續行爲、持續行爲及集合行爲等。連續行爲（fortgesetze Handlung）即如同刑法上之「連續犯」，亦被承認爲法律上的單一行爲，其係從法律的觀點結合多數不同的違反行政法上義務之行爲，而成爲單一行爲。而繼續行爲（dauere Handlung）亦稱爲「繼續犯」（Dauerdelikt），係指行爲人之違法狀態，即由於實現行政罰要件所形成之違法狀態，有意地或無意地維持下去。此種行爲係單一的實現行政罰之構成要件，並在時間上延續下去。不過連續行爲與繼續行爲雖皆可歸屬於法律之單一行爲，惟我國實務界向來並不接受行政罰中有連續行爲類型之存在，仍視爲多數行爲得處以多次之處罰，於行政罰法中亦未將此納入[44]。

　　然而依據德國法理論所建構的「自然一行爲」與「法律一行爲」仍有檢討之處，在「自然一行爲」方面，以自然的觀察

42　蔡震榮、鄭善印，前揭註26，頁53-58。

43　廖義男，行政罰法，元照出版公司，2007年，頁210-212。

44　洪家殷，前揭註28，頁191-193。

方式觀察一個動作或是多個動作，如認為多數動作兼具有直接的時間及空間關係，則可以認為整體的活動是一個單一的綜合行為。在此所謂「自然觀察」、「直接的時間及空間關係」，均屬不確定法律概念，具體的操作標準，仍委諸實務運作，法官的主觀認定，在執行上顯有困難，且易流於法官恣意。而在「法律一行為」方面，係透過案例類型的建立，以類型化的方式，基於法規的目的，將數個自然意義的單一行為在法律上擬制為一個同一行為，以限縮行政罰之處罰，其理論之提出應係出於比例原則。然而此理論所論述的概念類型仍屬高度不確定法律概念，於實際操作運用時，恐有困難。另此理論基本上是援引刑法上關於法律同一行為之理論做參考，以連續犯為例，其原在刑法上有明文規定得做為法源基礎，雖於民國92年刪除，然可從刑法法理觀察，仍得以將自然意義的數行為，在法律上將之「擬制」為一行為。但是現行法制之下，行政罰法並未明文規定法律上單一行為的概念，因此可能被認為欠缺適用之基礎[45]。在德國對於連續行為亦可經由行為理論（多次違反一個法律），擬制為「法律一行為」。

四、處罰的競合

行政罰與刑罰皆為國家對人民不法行為之制裁，對於人民同一之不法行為可否同時施以行政罰與刑罰之問題，首先必須考慮到此兩種處罰在本質是否相同，此亦涉及一行為不二罰之適用問題，尤其是在比例原則之要求。關於行政罰與刑罰間究竟為「質」的差別或「量」的差別，學說上之爭議由來已久，雖無論採取何者，皆有難以克服之缺點存在，惟今之趨勢，

45　呂月瑛，一事不二罰之研究，國立中正大學財經法律研究所碩士論文，2006年，頁99-101。

可說已放棄純粹質的區別，而傾向於量的差異，並由立法者決定，對違反之行為科以刑罰或行政罰。一般以量的區別說而言，則行政罰與刑罰只是處罰手段之不同而已，其間並不存在保護法益或制裁目的等之本質差異。因此，當行為人就其行為已被科以較重之處罰時，國家應已達到制裁之目的，不得再行處罰，否則將逾越必要之程度，不符比例原則之要求[46]。

我國行政罰法第26條第1項及第2項所規定即為一行為同時觸犯刑事法律與違反行政法上義務者之情事，在此規定之前，我國實務素認行政罰與刑罰不適用一行為不二罰原則，對此亦引起學界之討論，後來採取德國法的觀點，德國秩序違反法第21條明文規定，處罰競合以刑事罰為優先[47]。此觀點有鑑於行政罰與刑罰同屬對不法行為之制裁，且因刑罰之制裁功能強於行政罰，刑罰之處罰程序較行政罰嚴謹等立論，而為上述規定，並揭示行政罰與刑罰亦適用一行為不二罰原則及其具體內涵[48]。依據此規定，其處理原則為：（一）刑罰優先，故先進行刑事訴訟程序。（二）依法律或自治條例「得沒入之物」，未經法院宣告「沒入」者，行政機關得另為「沒入」之裁處。（三）依法律或自治條例應處以「其他種類之行政罰」者，行政機關得另為其他種類行政罰之裁處。蓋此非刑罰所能涵蓋或替代，故行政機關可不待法院判決，即為裁處，以達行政目的。（四）案件經刑事訴訟程序處理後，如經檢察官不起訴處分確定，或經法院為無罪、免訴、不受理、不付審理之裁判確定者，行政機關仍得另因其違反行政法上義務，依法律或自治條例規定裁處罰鍰及沒入。此外，案件經刑事訴訟程序處

46　洪家殷，行政罰法論，五南圖書，2006年，頁133-135。

47　Vgl. Joachim Bohnert, Ordnungswidrigkeitenrecht-Grundriss für Praxis und Ausbildung, 2. Auflage, 2004, S. 35 f.

48　Vgl. Wolfgang Mitsch, Recht der Ordnungswidrigkeiten, 2. Auflage, 2004, S. 205 ff.

理後，如經檢察官緩起訴處分，前述看法即宜視同「經檢察官不起訴處分確定」，亦即行政機關仍得另因其違反行政法上義務，依法律或自治條例規定裁處罰鍰及沒入[49]。

惟一行為同時觸犯行政罰與刑罰的情形，在理論上仍與所謂的混合構成要件（Mischtatbestand）有別，其是介於犯罪行為與違反秩序間的法律評價，取決於是否一犯罪行為或一違反秩序實現法律所規定特別情況[50]。例如違反集會遊行法召集的負責人，處予行政罰或刑罰取決於法律上規定之構成要件，因此具體事實只能符合「混合構成要件」的其中一種，或是刑罰或是秩序違反，負責人只能符合其一排除另一的處罰，理論上是不會產生所稱同時觸犯想像「競合」的情形，而是依法規競合的原理或者行政罰構成要件不適用或者其被刑法構成要件吸收，但若就「一行為」定義觀之，只要部分行政罰構成要件成為另一刑罰構成要件時，即成立一行為的概念，若如此，則混合構成要件的情形，正好也是部分構成要件為刑罰之一部分，因此仍有行政罰法第26條第1項之適用[51]。又現今通說就行政犯與刑事犯之區別係採量的區別說，如果行為人所觸犯之刑法規定比其所觸犯之行政法為輕（例如罰金額度少於罰鍰），則其所產生的制裁效果反而會減輕，其中之輕重失衡，顯然可見，故未來立法似可考量若干例外情形，兩者競合時從重處理。

五、小結

我國學界與實務上均參考德國法理論與文獻資料，並參

---

49 林錫堯，行政罰法，元照出版公司，2005年，頁47-49。

50 Vgl. Erich Göhler, Ordnungswidrigkeitengesetz, 14. Auflage, 2006, S. 191 ff.

51 蔡震榮、鄭善印，前揭註26，頁344-346。

酌我國行政罰法立法原則，最通常論述「一行為」，則區分為「自然一行為」與「法律一行為」。依據德國法理論，所謂「自然單一行為」係指行為只有一個動作，或是有多數動作，而在多數動作兼具有直接的時間及空間關係，當第三人以自然的觀察方式觀察時，可以認為其整體的活動是一個單一的綜合作為。「法律的單一行為」係指結合多數自然意義的動作成為單一行為，而此種單一行為只構成一個違法，並只得受一個行政罰之處罰。而在行政罰與刑罰競合處罰時，一般以量的區別說而言。若從評價的觀點而言，當行為人就其行為已被科以較重之處罰時，國家應已達到制裁之目的，不得再行處罰，否則將逾越必要之程度，不符比例原則之要求。因此法律一行為處予一處罰，其操作方法則以實定法上的擬制規定為重要準則，此即在我國行政罰法第26條第1項與第2項所已規範之精神與內涵。然於例外情形，例如行為人所觸犯之刑法規定比其所觸犯之行政法為輕（例如罰金額度少於罰鍰），則其所產生的制裁效果反而會減輕，未來立法似可考量，兩者競合時從重處理。

肆、超載案例評析

一、概說

　　本文就台北地方法院針對超載交通違規之行政訴訟判決，將其案例事實與判決要旨作一簡述，並針對主要爭點與判決予以評析，尤其將法院判決所運用之法理與法規予以分析。又所探究之判決係為法院撤銷原處分之判決，因此重點亦在於撤銷交通違規處分之重點評析。經由評析超載之判決，將所適用之法理論予以整理論述，並從案例所常運用之法理論深入探

究，以供理論與實務參考。

二、案例事實

　　依據台北地方法院行政訴訟判決102年度交字第24號案件事實與判決要旨概述，原告甲所有之營業貨運曳引車載運挖土機，於101年11月12日在桃園市三民路與自強路口，爲桃園縣政府警察局交通警察大隊員警攔查，會同司機過磅後，測得該車總重63.2公噸，其臨時通行證核重49公噸，認超重14公噸，遂依規定舉發，並移送被告乙。被告乙依規定裁處罰鍰4萬元，並記汽車違規紀錄1次之處分，原告甲不服，遂提起本件行政訴訟。

　　原告甲主張略以：原告所有營業貨運曳引車當日確有裝載整體物超重14公噸之違規事實。惟原告所載運者爲整體不可分割之挖土機，應適用道路交通管理處罰條例第29條第1項第2款，而非同條例第29條之2第1項及第3項。依道路交通安全規則第79條第1項第1款規定，貨車裝載貨物不得超過核定總重量，違反者應依道路交通管理處罰條例（以下簡稱道交條例）第29條之2處罰。又裝載整體物品之軸重，總重量或總連結重量超過道路交通安全規則第38條第1項第2款、第3款限制者，應填具申請書等申請核發臨時通行證，憑證行駛，道路交通安全規則第79條第1項第1款定有明文，如有違反應依道交條例第29條第1項第2款處罰。而第29條第1項第2款對於「單一整體物品」之超重既已處罰，自不能再適用同條例第29條之2第1、3項規定，足證同條例第29條之2第1項係對汽車載運超重之一般規定，同條例第29條第1項第2款則係針對裝載整體物品超重所爲之特別規定至明。故原處分有適用法令錯誤之情形，另原告或有違反道交條例第29條第1項第2款規定之情，且原告所有此種巨型曳引車專門吊載重型機具，經常使用

於國家重大工程、救災、急難救助之用，申請時常緩不濟急。
原告聲明原處分撤銷。

　　被告答辯略以，依據交通部函釋，有關汽車裝載整體物品
有超重且未請領臨時通行證之違規行為，應屬兩種違規行為，
參考交通部函，對數行為違反數個行政法上義務規定者，應分
別處罰。又道交條例第29條第1項第2款所處罰之態樣，係著
重在超載時未請領臨時通行證或未懸掛危險標誌，顯與本件原
告超載之違規行為態樣有異，原告認原處分適用法律錯誤，應
屬誤解。原告之營業大貨車核定總重為35公噸，惟經舉發機
關過磅總重為63.2公噸，已逾核重之35公噸，超載違規明確，
原處分據以裁罰並無違誤。答辯聲明原告之訴駁回。

三、判決要旨

　　就道交條例第29條第1項第2款及第29條之2第1項之適
用，實務上曾有見解認為係特別法與普通法之關係，於汽車裝
載整體物品有超重，而未請領臨時通行證之情形，認應優先適
用道交條例第29條第1項第2款規定裁罰，而不得適用道交條
例第29條之2第1項規定。此見解大體係認為道交條例第29條
第1項第2款及第29條之2第1項均係基於管制汽車裝載超重之
目的而定，僅構成要件有所區隔，屬法規競合關係。惟上開見
解為本院所不採，因依道交條例第29條第1項第2款及第30條
第1項第1款規定裁罰，係屬「行為」之管制，與道交條例第
29條第1項第1款及第29條之2第1項管制「結果」之規範目的
不同。而卷附原告所有車牌號碼「貨車裝載整體物品臨時通行
證」為例，該車核定總重為36.8噸，為載運整體物之必要，僅
得放寬至49噸，是載運整體物後之總重逾49公噸者，仍屬違
章，由於非屬未請領臨時通行證之情形，是無道交條例第29
條第1項第2款，僅得依道交條例第29條之2第1項規定裁處。

倘依上開實務見解所主張，裝載整體物超重且未請領臨時通行證者，應適用罰鍰額度較輕之道交條例第29條之2第1項第2款裁處，而領得臨時通行證，惟仍超重者，即超過臨時通行證核定之總重，則適用道交條例第29條之2第1項及第3項裁罰，豈不鼓勵有裝載整體物需求之汽車駕駛人不要申請臨時通行證，以適用處罰較輕之規定，如此一來，即有輕重失衡之情，並衍生管制之漏洞，顯非立法本意。本院以為道交條例第29條第1項第2款與第29條之2第1項規定之規範目的不同，非屬法規競合關係，是汽車所有人之行為同時該當於二者所定之構成要件者，應視其違章態樣，分別依行政罰法第24條第1項想像競合，或行政罰法第25條併罰之規定予以裁處。

　　本件被告依道交條例第29條之2第1項規定予以裁罰尚非無據，故原告雖主張被告應依道交條例第29條第1項第2款予以裁罰，而非第29條之2第1項云云，且被告未另依道交條例第29條第1項第2款規定就其未申請臨時通行證之行為予以裁罰，係原告前開主張，為本院所不採。依據舉發通知單上違規事實記載，本件應可推認原處分認定營業貨運曳引車領有臨時通行證，且超載15公噸。該車駕駛所出示之「貨車裝載整體物品臨時通行證」，係該車之臨時通行證，所載之核定總重為49公噸，故本件之裁罰應屬未領得臨時通行證，而載運挖土機，且有過磅總重（63.2）公噸逾核定總重（35公噸）之超重情事。就此，原處分認定領有臨時通行證及關於超載噸數之計算均有錯誤，而有違法之情，無從維持。綜上，被告依道交條例第29條之2第1項規定予以裁罰，固非無據，原告之主張尚無可採，惟原處分所認定之事實基礎有誤，難認合法，自應予以撤銷，由被告另為適法之處分。

四、判決評析

　　本案主要爭點在於有關道路交通管理處罰條例第29條第1項第2款及第29條之2第1項之適用，上開兩條款是否係特別法與普通法之關係，是否係屬法規競合關係等。本案原告認為其所載運者為不可分割之挖土機，應適用道交條例第29條第1項第2款，即「裝載整體物品有超重、超長、超寬、超高，而未請領臨時通行證，或未懸掛危險標誌。」而非同條例第29條之2第1項及第3項，其規定大略係指汽車裝載貨物超過核定之總重量者，依據超重比例加重處罰。本案法院判決認為，道路交通管理處罰條例第29條第1項第2款與第29條之2第1項規定之規範目的不同，非屬法規競合關係，是汽車所有人之行為同時該當於二者所定之構成要件者，應視其違章態樣，分別依行政罰法第24條第1項想像競合，或行政罰法第25條併罰之規定予以裁處[52]。

　　就上述相關部分評析，首先應針對立法上二條款之設計問題，法院雖認為二條款規範目的不同，並非法規競合，然而整體而言，若以防止超載之目的而言，兩者其實難以論斷區分[53]。就此法院以規範目的不同，並非法規競合，亦即認定此為完全不同之規範條款，如此認定，究其原因，除了依據法理外，主要乃深究其立法本意，故在本案判決書中云：「實務見解所主張，裝載整體物超重且未請領臨時通行證者，應適用罰鍰額度較輕之道交條例第29條第1項第2款裁處，而領得臨時通行證，惟仍超重（即超過臨時通行證核定之總重）者，則適用道交條例第29條之2第1項及第3項裁罰，豈不鼓勵有裝載整

52　蔡志方，前揭註34，頁100-102。

53　Vgl. Josef König, Eingriffsrecht-Maßnahmen der Polizei nach der Strafprozessordnung und dem Polizeigesetz Baden-Württemberg, 2. Auflage, 2001, S. 68 ff.

體物需求之汽車駕駛人不要申請臨時通行證，以適用處罰較輕之規定，如此一來，即有輕重失衡之情，並衍生管制之漏洞顯非立法本意。」

故本文認為道路交通管理處罰條例有關超載之規定，上述第29條及第29條之2應整併修正以明確整體物品之超載以及非整體物品超載等裁罰規定。本案法院判決，汽車所有人之行為同時該當於上述二條款所定之構成要件，應視違章態樣，分別依行政罰法第24條第1項想像競合，或行政罰法第25條併罰之規定予以裁處。亦即，本案應依行政罰法所規定一行為不二罰或數行為併罰之理論予以裁處，故在此必須先論斷原告甲違規超載係屬一行為或數行為，若屬一行為則應就上述二條款，從一重處罰，即適用道交條例第29條之2第1項及第3項裁罰，若屬二行為則依據上述二規定予以併罰[54]。然而超載行為係屬一行為或數行為，究其性質一方面可視為一種作為的「狀態犯」，主要在於其超載之構成要件行為之實現雖已結束，但實際上其違法超載結果仍然存在，然而另一方面也可認為即由於實現違規超載構成要件所形成之違法狀態，有意地或無意地維持下去，而視為「繼續犯」。在此，原告甲之超載行為可視為法律上之一行為，應適用較重之道交條例第29條之2第1項及第3項規定予以裁罰，僅因原處分所認定之超載各項事實之基礎有誤，而予以撤銷[55]。

五、小結

在超載案例中，此項超載行為事涉道交條例第29條第1項

---

54 Vgl. Georg Huttner, Handbuch für die Ortspolizeibehörden Baden-Württemberg, 3. Auflage, 2005, S. 122 ff.

55 洪家殷，行政法院裁判中有關違反秩序行為態樣之檢討，收錄於行政實務與理論（一），元照出版公司，2003年，頁3-6。

第2款與第29條之2第1項及第3項之裁罰，本文認為針對立法上二條款之設計問題，法院雖認為二條款規範目的不同，並非法規競合，然而整體而言，若以防止超載之目的而言，兩者其實難以論斷區分。故本文認為道路交通管理處罰條例有關超載之規定，上述第29條及第29條之2應整併修正以明確整體物品之超載以及非整體物品超載等裁罰規定。又本案超載行為可視為法律上之一行為，應適用較重之道交條例第29條之2第1項及第3項規定予以裁罰，僅因原處分所認定之超載各項事實之基礎有誤，故法院應予撤銷。

伍、結語

　　整體而言，在法治國家依法行政原理下，交通違規之取締均關係交通執法正當程序之實踐，在此包含交通舉發執法、多階段程序與職權不舉發。此正當程序首先係由交通舉發啟動，本文認為交通舉發應屬於廣義之警察舉發行為。又最主要之正當程序在於交通執法應符合多階段程序之法理，道路交通違規之處罰過程，其程序主要可分為三個階段，第一階段為稽查，第二階段為舉發與移送，第三階段為受理與處罰。另交通警察若擁有職權不舉發之完全裁量權，在另一層面將出現風紀或紀律問題。因此，針對此警察機關應就各種交通違規處理情況作成「行政規則」，前述所定處理細則仍有所不足。亦即，統籌規定何種情形始得以勸導或糾正代替舉發，何種情形則不許，並且能考量各地交通狀況，以便讓基層員警合理合情執法。

　　針對一行為不二罰理論之探討，最通常論述「一行為」，則區分為「自然一行為」與「法律一行為」。依據德國法理論，所謂「自然單一行為」係指行為只有一個動作，或是有多數動作，而在多數動作兼具有直接的時間及空間關係，當

第三人以自然的觀察方式觀察時，可以認為其整體的活動是一個單一的綜合作為。「法律的單一行為」係指結合多數自然意義的動作成為單一行為，而此種單一行為只構成一個違法，並只得受一個行政罰之處罰。而在行政罰與刑罰競合處罰時，一般以量的區別說而言。若從評價的觀點而言，當行為人就其行為已被科以較重之處罰時，國家應已達到制裁之目的，不得再行處罰，否則將逾越必要之程度，不符比例原則之要求。

經由上述地方法院行政訴訟判決之評析，整體而言，相對上法院判決撤銷原交通處罰處分之案件在比例上並不高，然而此種趨勢與其他一般行政訴訟案件相比並無太大差異，惟人民涉及交通違規處分之普遍性較其他一般行政事件為多，故此趨勢顯示人民在行政訴訟中勝訴之機率仍不高，因此相對人應提出相關證據並有充分理由才能達成訴訟目的。以本文所評析之超載案件而言，除了交通舉發應符合正當程序外，本文認為道路交通管理處罰條例有關超載之規定，該條例第29條及第29條之2應整併修正以明確整體物品之超載以及非整體物品超載等裁罰規定。又本案超載行為可視為法律上之一行為，應適用較重之道交條例第29條之2第1項及第3項規定予以裁罰，僅因原處分所認定之超載各項事實之基礎有誤，故法院應予撤銷。

（發表於靜宜法學，第3期，2014年6月）

國家圖書館出版品預行編目資料

警察與秩序法研究(三)：任務與作用法制發展
之新趨勢／陳正根著. -- 初版. -- 臺北市：
五南, 2018.08
    面；　公分

ISBN 978-957-11-9847-7(平裝)

1.警政法規　2.論述分析

575.81   107012526

1T84

警察與秩序法研究（三）
——任務與作用法制發展之新趨勢

作　　者 ― 陳正根

發 行 人 ― 楊榮川

總 經 理 ― 楊士清

副總編輯 ― 劉靜芬

責任編輯 ― 蔡琇雀　李孝怡

封面設計 ― 佳慈創意設計　王麗娟

出 版 者 ― 五南圖書出版股份有限公司

地　　址：106台北市大安區和平東路二段339號4樓

電　　話：(02)2705-5066　傳　　真：(02)2706-6100

網　　址：http://www.wunan.com.tw

電子郵件：wunan@wunan.com.tw

劃撥帳號：01068953

戶　　名：五南圖書出版股份有限公司

法律顧問　林勝安律師事務所　林勝安律師

出版日期　2018 年 8 月初版一刷

定　　價　新臺幣380元